一线教师教育科研推动力

"60问"破解课题研究之谜

普利辉　王灿辉　孙　菊　著

团结出版社
UNITY PRESS

图书在版编目（CIP）数据

"60问"破解课题研究之谜 / 普利辉, 王灿辉, 孙
菊著. -- 北京 : 团结出版社, 2024.2
　　ISBN 978-7-5234-0922-0

　　Ⅰ．①6… Ⅱ．①普… ②王… ③孙… Ⅲ．①教学研
究 Ⅳ．①G420

中国版本图书馆CIP数据核字(2024)第077350号

出　　版：团结出版社
　　　　　（北京市东城区东皇城根南街84号　邮编：100006）
电　　话：（010）65228880　65244790
网　　址：http://www.tjpress.com
E-mail：65244790@163.com
经　　销：全国新华书店
印　　刷：武汉鑫佳捷印务有限公司
装　　订：武汉鑫佳捷印务有限公司

开　　本：170mm×240mm　16开
印　　张：22
字　　数：386千字
版　　次：2024年2月第1版
印　　次：2024年2月第1次印刷

书　　号：978-7-5234-0922-0
定　　价：88.00元

中国教育从"双基"到"三维目标",再到"核心素养",每一次教改的真正落实在于作为"实践家"的一线教师如何去面对,不管是在意识上,还是在教育教学素养上。百年大计在教育,而教育大计在教师,所以教师的专业成长成了必然的职业要求!做一名"研究型教师",不仅仅是一种口号,更是迫在眉睫的使命。而要发展研究型教师,从事教育研究是重要的途径之一。可谓"教而不研则浅,研而不教则空"!

而现实却是,不少老师在教育教学中很少对自己的教育进行研究,以致做了十年、二十年、三十年的老师,教育水平仍然停留在"肤浅"层面。闹成"从教数十年,一直重复着昨天"的笑话,起码的本职工作都做不好,更谈不上什么职业幸福。当然,也有不少老师善于教育研究,虽然只做了一年的老师,却具有别人做十年才具有的经验和水平。

善于研究者面对工作所走的是一条"工作——学习——总结——研究——工作"的发展之路,而不善于研究者面对工作所走的是一条"工作——不思索、不提升——工作"的封闭之路。很显然,前者是成长型教师,他们把工作的一切、一切的工作当作成长的机遇;而后者是固定型教师,可以说固守成规、不求进取是他们的特性。

根据近几年的教育新名词,我们索性也把前者称为"研究型教师",把后者称为"教书匠"。其实,"教书匠"与"研究型教师"只有一步之遥。而这一步就是能否注重学习与研究!

作为人民教师,面对教育的不断改革,应该做"研究型教师",今天我们所付出的一切,都是为明天的美好做准备的。

一个教师如果在教育生涯中不甘于平庸和落后,不甘于埋没自己的智慧和才能,就必须投身于教育研究行列,从一个"教书匠"转变为一个"研究型"教师。

众所周知,只有研究才有效率,只有研究才能成长,只有研究才有风格,只有研究才能突破,只有研究才有快乐……

我们深信，每一位教师都有从事研究的意识，都有从研究中提升自我的欲望，甚至曾经为此研究过、努力过。但，由于收效甚微、处处碰壁，或者流于形式，最终未能坚持。

我们更深信，我们教师在教育教学活动中处处、时时都在"研究"，都在针对教学问题进行交流与探讨。但，更多的是口头化、随意性地进行，没有纸质化、系统化，最终对教育教学和自身的帮助有限。

然而，我们从平时的"口头化、随意性"的"研究"走向规范化的"研究"并不遥远。我们三位著者，有在一线从教近三十年并主持完成过十余项省州级科研课题，享有省级骨干教师、省级优秀教师、"兴滇英才支持计划"教学名师荣誉的；有主持全县教研室工作数年的主任、省级优秀教育工作者、正高级教师；有在县教育研究室主管全县教育科研课题工作数年的文山州七乡教学名师。

虽然我们与专业的研究者相比有不小的差距，甚至于所撰写的理念不高、案例肤浅。但是，我们依然鼓足勇气，编写此书，旨在呼吁占极大比例的一线教师（特别是乡村教师），在面对众多的主观、客观制约因素及条件时，仍能积极做好教育科研，从而成长自我、提升自我、幸福自我。

普利辉　王灿辉　孙菊

　　课题研究是教师从事教育研究的较高呈现形态，是探索科学施教的重要途径，是教师专业发展的重要方式，也是校本教研的重要内容。显而易见，我们每一位教师都有一项艰巨的任务，那就是"做好科研，超越自我，从而改变教育"。

　　然而现实是，一线教师们基于种种主客观因素，往往是"谈研色变"。课题研究真的像老师们所想象的那么难吗？或许难吧，因为大多教师面对教育教学研究、面对自己的成长，总是"想着"很难。确实会难，因为"想都是问题"，而"做才是答案"。我们不妨不要靠"想"，先行动起来，也许突然会"柳暗花明又一村"。

　　课题研究来源于我们教育教学的点点滴滴，也服务于我们教育教学的点点滴滴，所以课题研究是每个教师都可以做到、都应该做到而且能够做到的教育研究活动。只要掌握了课题研究的方法和技能，只要不断地付诸实践，每一位教师都可以有自己的研究课题。

　　我们结合一线的教育研究经历，围绕主持完成的十余项省州级课题研究的做法，总结管理全县教育科研的经验，从以下十三个方面撰写著作，为同仁们在教育科研、课题研究方面提供一定的理念和案例支持，同时呼吁同仁们为了更好地提升自我专业发展应积极开展好课题研究工作。

　　本书以"课题小白"的视角"手把手"指导课题研究人员"如何理解课题""如何选择课题""如何设计课题"……直到"如何推广科研成果"。

　　本书共十五章，以"10如何"为主框架，梳理、概括了课题研究整个过程的"60个问题"，为课题研究者提供理念和案例支持。

　　前十章为"10如何"：如何理解课题、如何选择课题、如何设计课题、如何申报课题、如何做好开题、如何实施研究、如何面对"中检"、如何撰写报告、如何做好结题和如何推广成果。其中包含60个开展课题研究的小问题，清晰明了地给课题研究者指明方向，提供支持。

　　第十一章为笔者主持的一项省哲社一般课题结题主要材料，给课题研究者整理、处理材料一定的参考。当然，各省、各地的做法和要求不尽相同，在参照中我们也期待研究者的超越，而不是简单地"画瓢"。

第十二章为笔者依据新要求模拟申报课题时的规范"评审表"案例，为申报者提供具有一定价值的"葫芦"。

第十三章为中小学教育科研的成果表述，指导研究者熟悉课题研究应该包含的成果形式和要求，以促进课题研究保质保量，真正推动教育教学发展。

第十四章为某地区"十四五"课题申报参考指南，为研究者提供最为直接的选题方向。虽然各地不同，也最容易随着教育的发展变动，但是一定程度上让读者具有可参考性，也可以启发读者思考，树立研究意识。

第十五章为近年各地立项成功的比较典型的1000多个研究课题名称，为申报者提供一定的筛选和思考方向，以促进研究更结合教育现实。

我们相信，尊敬的读者只要认真参照并结合当地教育科研的需要"照葫芦画瓢"，甚至超越这种境界，一定能够实现自己的课题梦，更重要的是在真实的科研中成长为自己想要的样子。

普利辉　王灿辉　孙菊

目 录

第一章 如何理解课题

知识结构图：

一、什么是课题

二、课题类型有哪些

三、课题研究以什么为主

四、课题研究价值是什么

五、课题研究过程有哪些

（预申报者有必要提前熟悉的重要内容）

什么是课题？与我们相关的课题有哪些种类？我们一线教师到底需不需要开展课题研究？为什么开展？其意义或价值是什么？课题研究又有哪些流程？

这是作为初涉课题的"小白"首先应该弄明白的几个问题。

一、什么是课题

（一）课题与问题

《现代汉语词典（修订本）》对"课题"的解释是："研究或者讨论的主要问题或亟待解决的重大事项"。

可见，课题是"问题"，是"重大事项"……需要注意和说明的是课题来源于问题，但并不等于问题。需要对问题进行提炼、概括后才能形成研究的课题题目。课题包含问题。[①] 比如，2022年4月义务教育阶段各学科的"新课标"发布后，我们共同面对的一个问题是，怎样将核心素养落到实处？

这是一个"巨大"的问题，可以从中凝练出很多研究课题，不能仅仅把它当作一个课题来研究。比如核心素养包括哪些？具体结合什么学科来落实？甚至有必要思考应在众多教育教学内容的哪个领域来落实？于是，这个巨大的问题就能滋生出——初中语文核心素养在阅读教学中的实践研究、基于初中语文阅读素养的教学策略（或者实践）研究，等等。

从小一点的视角来讲，近几年来基础教育领域流行开展微型课题后，有了一种最直接的说法"问题即课题，反思即研究"。这样的说法并不完全正确，但值得倡导，说明了我们一线教师在教育教学中拥有问题意识的重要性，不停地思考就能生出不断的研究课题。言下之意是希望一线的老师们不要"谈研色变"。

总之课题来源于我们的教育教学实际中，只要是有价值的教育教学问题，都可以提炼为课题并进行研究。这样的表述不够严谨，却不无道理。所以说，教育教学研究课题就是针对教育教学领域中具有研究价值的特定问题而确定的，具有明确而集中的研究范围、研究目的和任务的研究题目。

（二）课题与项目

项目大于课题，一个研究项目包含众多的课题因素。如上所说，我们可以把

---

① 李冲锋. 教师如何做课题 [M]. 上海：华东师范大学出版社，2013（8）：3.

"语文核心素养在教育教学中的实践研究"当作一个项目，那么根据这个项目的实施和语文核心素养的具体内容以及在教育教学中与之相关的各块教学细化出一个个"小项目"，这个具体的"小项目"可以说就是一个研究课题。

二、课题类型有哪些

（一）规划课题与自选课题

每一年组织申报课题的时候，课题主管部门都会下发"指南"。从"是否受课题发布者约束"的视角讲，可以把课题分为规划课题和自选课题。

顾名思义"规划课题"是课题研究者从课题主管部门发布的课题指南选题中选出自己所要研究的课题；反之，选择所下发的"指南"以外的选题就称为自选课题。

课题研究申报时往往需要在申报表中指明选题的依据，明确是课题主管部门下发的规划课题，还是之外的自选课题。如：A. 依据指南（＿＿＿＿）；或者 B. 自选课题。

（二）重大课题、重点课题和一般课题

从"课题的重要性和难易程度"角度区分，可以把课题分为重大课题、重点课题和一般课题。

1. 重大课题是指具有全局性、战略性意义，价值大、影响大、综合性强、难度大的课题。通常在省级及以上的科研主管部门才会设立这类课题。

2. 重点课题是指有一定难度，价值比较大，一般需要由几所学校或者区域联合完成且带有一定区域性研究的课题。通常每一级课题主管部门都会结合国家的教育发展和当地的识记设立自己的重点课题。

3. 除重大课题、重点课题之外的课题称为一般课题。

值得说明的是，由于全国教育教学具有区域差异，一般课题与重点课题以各级教育规划课题领导小组办公室界定为主，并没有绝对的区分标准。在不同时段、不同区域会有所不同。比如，在教育发达地区的一般课题，有可能在欠发达地区就属于重点课题。

（三）基础研究课题、应用研究课题以及开发研究课题

这是从"课题研究的根本目的和功能"角度划分的。

1. 基础研究课题：认知未知，发现普遍规律，形成发展理论。这类课题大多是高校研究院所做。

2. 应用研究课题：应用基础研究中得出的一般规律、原则等理论知识解决实际工作中、生活中的具体问题的课题。

值得注意的是，我们中小学属于基础教育领域，但是中小学教师所做的研究并不是"基础研究"而是"应用研究"。

3. 开发研究课题：研究的重心是将研究的成果与经验加以推广和普及。

（四）大型课题、中型课题、微型课题

我们可以从"大""中""微"三个关键词非绝对性地理解，这是从"课题所涉及层面与研究内容"的程度来划分的。

（五）纵向课题与横向课题

这是从"课题来源以及课题申报者与课题发布者关系"的角度划分的。

纵向课题是课题申报者或者研究者从上级行政部门或者课题管理部门获得的研究课题，是自上而下发布的课题。而横向课题是课题承担者从不具有上下级关系的单位获得的课题。

三、课题研究以什么为主

一线教师是否需要进行课题研究，实则说法不一：有人认为一线教师应以教育教学实践为主，没有必要去搞那些研究；而有人认为一线教师也有必要进行课题研究。我想，孰对孰错非常明显。前者之所以反对一线教师做研究或许是认为一线教师难以研究出什么有价值的"东西"，这样的定位太高大上了。或者说我们一线教师谈到课题研究也同样把所要做的研究定位成要实现很多创新：新成果、新经验……于是，"谈研色变"，纷纷退缩。

"教而不研则浅"，我们一线教师也必须做研究，只不过要注意在众多课题类型和教育教学研究的现状面前，作为中小学一线教师，我们应该定位于哪一种类型的研究？

我认为应遵循"五个为主"：

1. 应用研究为主

针对研究类型而言，从研究的目的来讲，我们中小学教师的研究提出以"应用研究为主"。与"应用研究"对应的通常有"基础研究""综合研究"和"其他研究"，而前面说过"基础研究"是高校研究院所做的。所以，相对而言，我们中小学教师就应以"应用"为目的。

2. 微观研究为主

从研究的层次上讲，我们中小学一线教师的研究应以"微观研究为主"。所谓的微观研究就是与自己的日常教育教学密切相结合的，我们容易"够得着"的对象和领域。这样的研究才是自己所能掌控的，研究的过程和结果也才能真正服务于我们的，否则就会"空"和"大"。

3. 教学研究为主

一线教师的主阵地是学校和课堂，我们的主要任务是教学，所以从研究的内容上讲，我们的研究应以"教学研究为主"。研究的课题来源于教学问题，研究的过程和成果最终也要服务于教学。反之，研究容易造成流于应付，形式化太强，反而扭曲了研究的意义。

4. 行动研究为主

从研究的方法上讲，要以"行动研究为主"。研究的方法很多，比如文献研究法、调查法、案例研究法、经验总结法等，我们一线教师的研究要以立足于"行动研究"为主。唯有"行动"才能验证一切，唯有"行动"才能体现研究的过程意义和研究成果的真实性，促使研究更有价值。

5. 校本研究为主

从研究的方式上讲，要以"校本研究为主"。以校本研究为主，才能与自己的教育教学紧密结合，才能"取之于校，用之于校"，才能不和自己的"校本工作"相冲突，才能有足够的时间和精力，乃至于经济保障。

四、课题研究价值是什么

我们的教育教学需要科学施行，我们的教育教学质量提升需要保障，我们的教师专业需要发展，我们的校本教研需要建构……这其中有效的途径、方式、内容都离不开课题研究。

（一）课题研究促进教师专业发展

1. 课题研究滋养教师的底蕴与灵气

课题研究有利于教师及时捕捉无法预见的教学因素、教学情境等信息，从而利用可生成的资源不断创新课堂教学。

在开展课题研究的过程中，教师所取得的"成就"会促使教师把学习变成内需，向书本学习，向学生学习，向同事、家长学习，向教学问题现状学习，成为一名终身学习型教师。

2. 课题研究引领教师的专业成长

通过课题研究驱动，新老教师结对，城乡教师结对，结合校本教研、课题组互助等形式，可以最大限度地发挥学科技术带头人的作用，最大限度减少教师培养所固有的重复性、盲目性。

广大教师通过课题研究，化教育科研为教学实践，提升了教育理念，促进了专业成长。众所周知，我们的成长离不开"不停地读""不停地写""不停地实践"和"不停地反思"，然而课题研究恰恰是"四合一体"。因此，课题研究是最好的教师成长途径。

3. 课题研究实现教师队伍的整体化

教师以课题研究为平台，在不断研究的过程中开放自己，与同伴切磋，协调和合作，彼此支持，实现共同成长，促成教师队伍的整体化。

（二）课题研究优化学校管理

1. 课题研究促进学校决策科学化

当下"以研促教、以研兴校"已是不言而喻的兴校法宝。科研兴校表现在学校管理中以科学的方法达到理想的效果。教育教学研究能以综合的知识体系和科学的研究方法帮助教师观察、分析复杂多变的教育现象。所以，课题研究具有促进中小学领导职能转变和教育决策科学化、民主化的功能。

2. 课题研究激发学校管理活力

课题研究的开展，研究者通过对学校组织特征的分析，结合学校的实际，从结构、文化、制度和理念方面对学校组织进行科学地研究。

经常开展课题研究的学校管理会得到不断调整，自身的适应能力和发展能力不断提升，教师与教师之间也会促发创新精神，从而激活学校的管理活力。

3. 课题研究提高教育教学质量

课题研究来源于教育教学实际，最终服务于教育教学。通过课题研究，教师在探索研究的过程中，不断积累经验，改革创新，丰富成果，并将成果加以推广应用，大大促进了教学质量的提升。

（三）课题研究引领学校可持续发展

1. 课题研究促进学校改革发展

课题研究为教师的专业发展提供了可能，更为学校的可持续发展提供了动力。可谓"以研兴校"。

2. 课题研究引领学校特色的创建

课题研究有利于中小学办学特色的形成。校本化的课题研究成果不仅仅成就了一批教有所成的教师，也造就了一批特色鲜明的学校。

五、课题研究过程有哪些

课题研究不能一时兴起、一蹴而就，它需要长期的思考、积累，以及持久地开展。它是一项有计划、有组织、有过程、有方法的科学探索过程，是一项有序的"系统工程"。一个完整的课题研究可以划分为"三个阶段""九个步骤"[①]：

（一）前期准备阶段：

包括：1. 选题　2. 设计　3. 申报

（二）研究探索阶段：包括：1. 开题　2. 实施　3. "中检"

（三）成果处理阶段：包括：1. 撰写报告　2. 结项　3. 推广

本书接下来的九个专题将一一对这九个步骤进行解读，所以在这个章节我就提纲式地做个简要的罗列，但也值得众多申报者提前熟知！

（一）前期准备阶段

1. 选择课题

（1）梳理问题，选定课题

教师们在平时的教育教学中要养成"树立问题意识""梳理聚焦问题"和"凝练问题"，最终使问题课题化的良好习惯。我们往往出现的不良现象是，要等到申报课题的那段短短的几个星期才"拼命"地"寻找"研究的课题，这样太仓促，毫无准备地申报课题是不太理想的。

（2）理论学习查阅文献

首先，课题主持人要组织课题组成员学习与本课题研究有关的教育教学理论，研读相关的学科课程标准，了解内容和作用，汲取理论营养，为课题的进一步设计奠定基础。

其次，查阅各类文章，一方面综合他人观点，一方面进行述评，切忌到填写时才应付式写一番。

最后，广泛搜集同类课题的材料，虚心学习他人的成果，思考自己的创新点。

（3）初步设计调查计划，力争开展调查，发现未预设到的重要问题。为课

---

① 李冲锋著 . 教师如何做课题 [M]. 上海：华东师范大学出版社，2013（8）：13.

题论证奠定基础，而不是想起什么说什么、想说什么说什么，没有给这个申报带来有价值的东西。最终降低了立项的可能性。

2. 方案设计

（1）设计课题研究的论证内容（通常在评审·申请表的表四部分）

根据课题研究的主题和核心进行相关的理论学习和调查，摸清各栏目的内容，大致分析各块内容的基本情况，查缺补漏，从而初步设计课题论证。

（2）组织课题初步论证，集思广益，确保课题研究的目标、内容、方向、价值等。

值得提醒的是：众多的课题申报者往往忽视了前面的两项准备，认为这是填写的时候才需要完成的。结果考虑就不够周全，填写的内容就不具体、明显和突出。所以，立项的可能性不大。

3. 立项申报

（1）数据表的填写

注意按照"填写说明"如实、规范填写。

（2）课题设计论证

①课题研究的背景

一是从现实面临的问题出发，用存在的事实、真实数据等方式引出做这个课题的动机，充分突出此项课题研究的紧迫性和必要性；二是从教育教学理论、课程标准的要求、教育教学发展的趋势和他人已有的相关研究成果的不足之处说明研究的背景。这个"不足"更注重的是成果的因地制宜性不足，在当地需要进一步完善，从而更具有有效性。

②课题研究的理论意义和实践意义

课题研究的意义要分点、分层阐述，可提炼 3 ~ 5 个小标题。在阐述的时候要注意不能将某专家、某学者的整篇著作或者是某份文件、某人的讲话全文当作理论依据，要综合分析各种观点，提炼并融入自己的观点，表明开展本研究对学生、教师、学校及学科有什么样的实际价值，并从预期效果上来说明研究的实践价值。

③核心概念界定

对课题题目及研究活动中的关键词进行准确地界定。

④国内外现状述评或"综述"

客观、全面地概括说明国内外同行对本问题的国内外现状述评或"综述"，注意既要有对国内外现状的描述，也要加入自己的"评述"。

⑤研究目标、内容和重难点

研究目标指向性要明确，内容要具体翔实，重点难点要突出。

研究的内容要用 3 ~ 5 个标题表述出来，并对应研究目标进行适当地展开，呈现具体的可操作的研究设想。研究内容就是对目标进行展开，要和研究的目标一一对应（注意研究内容通常大于研究目标）。

⑥研究方法

结合研究目标、研究内容，选择恰当的研究方法，如文献研究法、问卷调查法、行动研究法、案例分析法、经验总结法等。研究方法要与研究目标、研究内容匹配，同时还能对应预期的研究成果。

⑦研究创新点

针对所做研究的内容、方法或者成果，阐述自己的独到之处。

（3）完成课题的条件和保障

①课题组成员的研究基础和分工

要阐述清楚课题组成员已经取得的科研成果、成员的研究水准，以及本单位的研究工作基础、条件装备等。同时也要分工明确。

②研究安排与预期成果

每一个研究阶段都必须紧紧围绕研究目标、研究内容、研究方法和预期成果四个方面进行。并且明确的目标、翔实的内容、恰当的方法和有效的成果必须相统一。其中，研究的成果包括理论成果和实践成果。

③主要参考文献

课题研究组引用的参考文献一定要准确，一是内容上的准确，二是格式上的准确。

④实验设施与经费保障

表明硬件、软件设施以及研究经费能否得到保证，能否确保课题研究工作顺利进行。

（二）研究探索阶段

1．开题论证

（1）筹备开题会议

如落实会议的时间、地点、参加人员及会议内容等，拟定会议通知或者文件。

（2）撰写开题报告

进一步完善之前上报的"立项申报书"的内容，让目标更明确、内容更具体、方法更恰当、成果更真实有效，然后按照开题报告的对应内容填写相关内容。

需要注意的是：很多情况下，研究者会简单地将"立项申报书"中的对应内容复制到"开题报告"中，其实两者有很大的区别的——"立项申报书"交代的是"做什么、为什么做以及简单的计划等阐述"；而"开题报告"则是交代"怎么做"，需要具体。

（3）进行课题论证[①]

①邀请专家

②召开开题报告会

主要议程：

会议主持人宣布开题报告会开始，介绍与会领导、专家及来宾。

学校领导致欢迎词。

上级教科研部门领导宣读课题立项通知书。

课题主持人作课题开题报告。

课题研究评议专家对课题进行论证指导。

课题组成员根据专家指导意见进行交流和讨论。

整理评议意见，专家签字。

学校领导或课题主持人对课题研究的实施做表态发言。

主持人总结，宣布开题报告会结束。

课题组成员与与会专家、领导合影留念。

③修订、完善研究方案

课题组认真听取专家意见，做好记录。根据专家建议，召开课题组会议，认真讨论、修订、完善开题报告。

2．课题实施　3．中期检查

即组织研讨交流、如实开展研究。

课题组要根据研究的目标、内容和预期成果，集合实施步骤真实、有效、及时做好各项相关工作，并收集好一切有意义的开展材料。重点根据"中期检查报告"做好中期检查工作，以促进课题研究有效完成。

（三）成果处理阶段

前面一步已经提到，在开展的过程中要充分整理好各项材料并进行分析研

---

① 杨东伟著.基础教育教学课题研究十八问（方法篇）[M].郑州：大象出版社，2017（8）：139.

究，作为结题的附件材料。

通常按照开展的时间或者是研究材料的类别归类整理、分析。

1．撰写报告

在整理、分析一切开展材料的基础上，认真撰写结项报告，填写结项鉴定评审书。

一般研究报告的基本结构包括：课题研究背景、课题研究意义、课题研究界定、课题研究目标、课题研究内容、课题研究方法、课题研究步骤、课题研究过程、课题研究结果、研究反思及今后设想。撰写时要参照评审书及开题报告等相关内容中的联系性来综合描述。

需要注意的是：具体呈现哪些部分的内容，不同级别、不同地区、不同研究的侧重点有所不同。

样本一、某省哲社撰写研究报告要求阐述下列内容

（1）研究问题即研究目的、研究意义、研究假设、核心概念的阐述；

（2）研究背景和文献综述；

（3）研究程序即研究设计、研究对象、研究方法、技术路线等的阐述；

（4）研究发现或结论阐述；

（5）分析和讨论阐述；

（6）建议阐述。

样本二、某地区哲社撰写研究报告要求阐述下列内容

开头：研究报告题目（课题名称＋结项报告）＋摘要＋关键词

正文：

一、研究背景

1．本课题研究的学校背景。

2．本课题研究的时代背景。

3．本课题研究的学术背景

（1）国外此类课题研究综述；

（2）国内此类课题研究综述。

4．课题研究价值和目的：

（1）本课题研究价值；

（2）本课题研究目的。

5．本课题的立项情况。

二、研究设计

1. 研究内容。

2. 研究预期目标。

3. 课题理论建构：

（1）课题核心概念界定本课题研究性质与研究范围界定；

（2）课题系列观点。

4. 研究方法。

5. 研究对象与研究时间。

三、研究过程

第一阶段：课题价值评估与课题申报阶段…………

四、研究的措施及经验

五、研究结果及分析效果本课题研究存在问题结论

参考文献

附：调查报告＋相关必要的补充材料。

样本三、某省哲社撰写研究报告要求阐述下列内容

（1）研究报告的标题，形式为"课题名称＋结项报告"。

（2）课题提出的背景，阐述为什么要研究这个课题。

（3）课题研究的意义即理论意义和实践意义。

（4）课题研究的理论依据即开展课题研究所依据的有效理论支撑。

（5）课题研究所要解决的问题即对课题主题、课题内容、预期成果进行明确、具体、翔实的阐述。

（6）课题研究的主要内容，应当紧扣研究目标，表述具体。

（7）课题研究的途径和方法，注意简明扼要。

（8）课题研究的主要过程：

这是结项报告的主要内容，阐述时要思路清晰、主线明确、重点突出，充分体现是如何运用教育科研方法来解决教育教学实际问题的；如何遵守教育规律来进行思考。

（9）课题研究成果：

从篇幅上来看，这个部分占结项报告的一半左右。

研究的成果分为理论成果和实践成果两个部分。表述时应该注意：不要只讲

实践不讲理论；陈述不能过于简单。除了明确撰写了多少篇学术论文，还要将这些论文的主要观点提炼展示出来。

（10）课题研究存在的主要问题及今后的设想。

这个部分要实事求是地概述清楚本研究过程中存在的实际问题以及今后的设想，要具有前瞻性。表述要简洁、明确。

最后注意在填写结项鉴定审批书的时候，一定要按照填表要求和每一个部分的内容要求进行有针对性的规范填写，要做到表意明确、思路清晰、内容翔实、过程具有可操作性。

课题结项不是开展研究的最终目的，将研究的成果进行推广才是开展课题研究的根本目的。通常采用的推广形式有：现场推广、网络推广和刊物推广。要根据自己的实际需要采取不同的方式进行推广。

第二章　如何选择课题

知识结构图：

一、选题原则是什么

二、研究问题怎样发现

三、研究问题怎样筛选

四、选题技巧有哪些

五、选题步骤是什么

六、选题途径有哪些

七、课题名称如何拟订

课题研究，研究什么？不知道从什么地方下手。好不容易看重了一个题目，却发现别人早已经研究过，没有什么新意。

那么，怎么才能选择到有价值的研究课题呢？

一、选题原则是什么

（一）有现实性

教师课题研究的选题和实施应该遵循"现实"原则，从日常教育教学的问题和思考中来，最后同样回到日常教育教学问题的解决中去。这样切合自我实际的研究，开展起来才"接地气"，才能实现教学过程与研究过程的有效结合。解决了实际问题研究，才能激发我们进一步思考教育，才能从研究中找到教育的幸福。有了这样的幸福，才会用心、用智慧研究，才不会去应付式研究。

说白了，一位语文教师以研究语文教学为主，一位班主任以研究班主任工作、学生管理为主……这就是"现实"。然而，在日常生活中出现一个课题与研究人员的专业、领域、范畴"不对口"的情况大有存在，这是不利于开展研究的。不"现实"以及"能力"的不匹配是课题研究立项后又"流产"的主要原因。

（二）有可行性

课题研究大小要适中即选题适合教师、选题适合研究领域，体现"小、精、实"。实施中具备必要的资料、设备、实践、经费、技术、人力、理论准备等客观条件；研究者具有知识、能力、基础、经验、专长，能发挥自己的优势特长。这就是我们一线教师绝大部分研究的是"基础教育领域"，开展"应用研究"而非"基础研究"的根本原因。或者说，我们一线教师倾向"实践研究"居多，倾向"策略研究"比较少。

（三）有创新性

要求创新就是要有一定的新发现、新观点、新见解，最终力争有一定的新成果，在应用研究领域有新内容、新途径和新方法。那么，我们作为最基层的"研究者"能有多少创新呢？我们的课题研究怎样达成创新呢？我常常会这样鼓励：即便没有原原本本的自己的创新也要突出"原有元素的二次创新性组合"。

课题研究的创新之处，不一定多，有时那么一点两点的创新都是非常宝贵的。选题时切忌跟风，但要力求有热点。

（四）有价值性

所选课题研究要有应用价值，要从实际需要出发，选取针对性强、有代表性、被普遍关注的热门问题来研究。比如，2022 年 4 月义务教育各学段"新课标"的颁布，针对如何落实核心素养等问题的研究，其价值性不言而喻。

（五）有科学性

课题要遵循科学规律，不能是伪科学或者不科学。这一点作为科研人员不太容易触犯，但也值得注意。

（六）有具体性

选定的课题要具体化，界限要清；范围要小，不能太笼统；也不能太宽、太大、太复杂。比如，核心素养下的高中课堂改革实践研究，核心素养下的初中教学提质增效的策略研究等，没有具体的对象、内容（课程），范围之广，难以实施。至少应该具体到"什么科目"或者"什么教学板块"。

二、研究问题怎样发现

选题的关键在于选择有价值的问题。问题解决是诱发教学研究动机、教学研究兴趣的动力。没有问题，就没有研究；没有真问题，就没有真研究；没有有价值的真问题，就没有有价值的真研究。

（一）树立问题意识

很多老师做课题的困惑是感到没有什么问题可以研究。其实不然，并不是我们的教学实际中没有问题，而是我们缺乏发现问题甚至于发现有价值的问题的眼睛。[1] 所以，每位教师的首要任务是树立问题意识。

问题意识主要表现为"发现问题"和"提出问题"的能力。要学会对进入头脑中的事物和现象进行"为什么""怎么办"的思考和追问。

"新课标"的颁布实施，我们不难产生这一系列的问题："新课标"的理念是什么？"新课标"主要突破哪些教育教学问题？"新课标"有哪些具体的要素？这些要素怎样在课程中落成……于是，关于"新课标"的诸多研究就会产生。比如，基于新课标的初中语文作业设计实践研究、核心素养导向下的初中语文思辨能力培养策略研究等。

---

① 李冲锋 . 教师如何做课题 [M]. 上海：华东师范大学出版社，2013（8）：20.

（二）把握问题的来源

把握问题的来源，从中发现问题，提出问题，进而就可以确立课题。

我们一线教师所开展的课题研究，主要应该是以课堂为现场、以教学为中心、以学生为主体。[①] 选题就应该聚焦课堂、聚焦教学、聚焦学生。

因此，我们可以从"教材的使用、教学设计、课堂教学、学生教育、教学反思、社会需求"等方面思考问题的来源。

三、研究问题怎样筛选

好的问题会引出好的答案，找准问题，才能对症下药，才有利于问题的解决。所筛选出的研究问题"要真、要新、要有价值、要有兴趣、大小要适当"。

通常采用以下筛选方法：

1. 问题筛选法

结合众多教育教学实际问题，进行筛选。但是目光不能仅仅限于自己身份或者自己身边的小范围。可以通过研读外面的先进教育理念，结合身边的教育问题进行筛选。

2. 经验提炼法

把教育教学实践中探索出来的经验上升到理论高度，在提升的过程中，就可以提炼出一个个研究课题。

3. 指南比对法

通过对比和思考上级科研部门下发的"课题指南"，选择自己熟悉、有感知的现实问题进行研究。很多主管部门每年组织申报课题的时候，都会下发"课题指南"帮助教师寻找研究方向，从而让教师更好地确定自己的研究课题。

4. 列举缺点法

实际教学中运用的教学方式、教学成果，有其优点也有其不足，找出不足、提出如何改进的疑问并形成课题进行研究，使其更加完善。

---

① 李冲锋．教师如何做课题 [M].上海：华东师范大学出版社，2013（8）：25.

四、选题技巧有哪些

1. 宜小不宜大 ①

为了体现自己所研究的课题具有较大的意义，研究者常常弄一个"宏大"的题目来吸引专家，然而就因为其选题太"大"导致论证无法阐述清楚，研究的现实性和可行性不强。所以，不是选题越大越能体现研究价值，而是尽量选择教育教学中的小问题进行研究，问题越小，目标越集中，内容越具体，就越容易研究清楚。

2. 宜实不宜空 ②

要选择实实在在具体的教育教学问题，忌选抽象空泛的问题。如"××学科核心素养有效教学研究"，就过于抽象空泛。核心素养很多，每一项素养的研究都是很高、很难的研究范畴，这个研究到底是要研究其中的哪一项，还是都要研究？核心素养"落地"的有效途径也很多，是课堂上，还是课外？或者说这个学科的板块很多，到底要在哪个板块研究"有效"教学呢？

比如初中语文，有"识字与写字"教学，有"阅读与表达"教学，有作文教学，还有实践、跨学科教学，他们之间有一定的差异，到底要在哪个领域研究"有效教学"？越小、越有价值就会越可行，就会越实。

3. 宜重不宜轻 ③

"重"即重要，选择与教育教学关系密切的问题，而不是可有可无或者与教育教学关系不大的问题。当然，很多时候这个重要性与区域教育的发展有很大的关系，所以研究者应该根据所报的课题级别来判断其重要性。常常是级别越小，申报就越能找到适合自己的研究命题，小到校级课题，甚至一个小小的课堂问题的解决都可以作为研究的命题进行研究。很多时候我都倡议"校级课题对任课教师更适合更有价值"，可谓"小现实大意义"。

4. 宜准不宜偏 ④

选题方向要明确，角度要准确，内容要确切。明确要解决的主要问题，且不能偏离教育改革与发展方向。

① 杨东伟.基础教育教学课题研究十八问（方法篇）[M].郑州：大象出版社，2017（8）：36.
② 同上
③ 同上
④ 同上

5. 宜深不宜浅 [①]

依据教育教学问题提出有意义的课题，并进行提炼，逐层深入挖掘问题，突出问题的中心和主要方面，不必面面俱到。

6. 宜新不宜旧 [②]

应提出新的问题、新的可能性，从新的角度分析旧的问题，以展现新的成果。

五、选题步骤是什么

第一步，发现问题。

选题者要注意对日常教育教学实践中遇到的问题进行记录、思考，并提炼问题、找到核心点，明确研究的方向。我们一线教师只有针对日常教学中出现的问题进行研究，才有意义，才有效果，才能找到自己的成就感，所以立项的可能性才大。

第二步，经验分析。

在对实际问题归纳整理后，分析其重要性程度和研究意义的大小，确定其研究价值，并广泛听取专家、同行意见，从中选取价值明显并适合自己研究水平和能力的问题。

第三步，形成课题。

对提出的问题进行分析，查阅资料，对有价值、有意义的问题进行梳理转化，细化为课题。关于问题转化为课题后如何命名，可以参考下述"七、课题名称如何拟订"，两个知识点连接起来思考，可以相互补充，达成更精准的提炼和命名。

六、选题途径有哪些

1. 从理论学习中选取研究的课题

在学习、成长过程中我们会汲取众多的新理念，这些理念对我们的教育教学改革起到了引导的作用。在尝试"使用"这些新理念进行课堂教学改革时，便可以形成具有重大意义的课题。

比如，针对"语文核心素养"的学习，我们将语文的核心素养"四个维度"应用于阅读教学中的时候，便会产生课题——"基于核心素养的初中语文阅读深

---

① 杨东伟.基础教育教学课题研究十八问（方法篇）[M].郑州：大象出版社，2017（8）：37.
③ 同上

度教学策略实践研究"。

又如，学习"PBL项目化"学习，可以产生课题——"农村初中语文单元教学中项目化学习课程设计研究"。

2. 从课程标准中选取研究的课题

课程标准中各项要素的落成，需要我们一线教师去实践和验证，并做出教育教学的真正成果。在这个实践、验证中，针对出现的种种问题，我们需要将"问题"进一步提炼，最终形成课题，以研究的形式高层次、更规范地实施。

3. 从教材研读中选取研究的课题

在研读教材的过程中，我们教师一般都会产生很多问题，也尝试着去解决这些问题。而在这产生问题和解决问题的过程中，就存在着许多课题。[①]

4. 从教育教学实践中选取研究的课题

从教育教学的问题及困惑中选题，通常可以从以下四个维度中选取：

第一，从教育教学遇到的问题中选题；第二，从教学过程有争议的问题中选题；第三，从对某个教育现象的调查中选题；第四，从班级管理中提炼课题。

各层、各学段的老师进行教育研究时，应该考虑研究所设定的地域范围，优先选择本校或者本区域范围内的教育现象为研究对象，如果盲目扩大教育研究的范围，可能会被专家认为不具备研究能力。

5. 从教育教学的反思中选取研究的课题

一线教师要养成经常写教学反思的习惯，对自己的教学过程、教学行为、教学理念、教学效果等方面存在的问题进行分析、思考和研究，这样就形成了研究的课题。[②]

6. 从课题指南中选取研究的课题

从上级教育科研部门下发的"课题指南"中，结合本地和学校的实际，可以分解出很多适合自己的研究课题加以研究。因为课题指南里所列的课题方向或者名称一般是课题管理机构组织相关学科专家，针对当前教育实践中存在的并且急需解决的问题而设计的，具有很强的参考价值，也是众多申报课题者依据的"标准"。

① 杨东伟.基础教育教学课题研究十八问（方法篇）[M].郑州：大象出版社，2017（8）：38.
② 杨东伟.基础教育教学课题研究十八问（方法篇）[M].郑州：大象出版社，2017（8）：40.

7．从文献资料的阅读中选取研究的课题

认真阅读文献、资料，并从中发掘出研究课题。比如你所发现的别人没有注意的问题，或者人们争论的问题，或者可以进一步研究的问题。

七、课题名称如何拟定

选择了一个好的问题进行研究，还需要对这个问题作好的陈述即确定课题的名称。拟定一个合适的课题名称是非常关键的一步，这就是"题好一半"。

题目的表述用语一定要准确、明白、具体，要科学规范、高度概括，以简洁的语言表述所要研究的内容、研究的对象以及研究方法，力争做到适当揭示课题名称与课题中心论点之间的关系。[1]

初拟课题名称时，可以先思考以下问题[2]：

1．这个课题应该研究什么内容？

2．需要研究的内容之间是否有一定的逻辑关系？

3．可以用哪些研究方法来进行研究？

4．研究的对象是否具有代表性？是否可取？

5．研究的最终能得到哪些成果？

6．研究的成果怎么表述？价值如何？

7．研究成果所形成的论文是否可以发表？

8．是否能形成高质量的研究报告？

9．选题是否与自己的身份符合？

（一）拟定课题名称的具体要求

一个课题能否被立项，一定程度上取决于研究课题名称表述是否正确。一个好的课题名称要简洁具体，准确反映研究范围、研究内容、研究目标和研究对象。

课题名称的拟定要符合表意准确、表述规范、语言简洁、具体完整的要求。

1．表意要准确

课题名称要把研究什么内容、研究的对象是什么交代清楚。

如课题"学生自我教育与自主发展模式途径方面的研究"，这个课题针对"学生自我教育"与"自主发展模式途径"是要研究"模式"，还是研究"途径"？[3]

---

①　杨东伟．基础教育教学课题研究十八问（方法篇）[M]．郑州：大象出版社，2017（8）：41．

②　孙涛．教育科研课题的选题与申报 [M]．武汉：长江少年儿童出版社，2020（8）：23．

③　李冲锋．教师如何做课题 [M]．上海：华东师范大学出版社，2013（8）：41．

加之学生包括幼儿园、小学、初中、高中，还有大学生，究竟指的是哪类？

2. 表述要规范

课题名称中不使用不符合常规、不通用的词语，不使用口号式、结论式的语句，也不使用容易引起歧义的词。

比如"两课的实践研究""学科双主教学模式的探索与研究"等，陈述中的"两课""双主"都是不规范、不通用的词语。

3. 语言简洁

题目不能太长，要直接、简练地叙述。可要可不要的字尽量不要，不设副标题，一般不超过 20 字。有的省份题目也可以到 40 个字符。

4. 具体完整

课题题目表述要具体完整，其表述一般包括三个要素，即研究的问题、研究的对象和研究的方法。

如课题"初中语文教学方法的实验研究"，这个课题中"教学方法"太广、太笼统，有讲授法、讨论法、小组合作法等。我们不妨把这个题目改成"初中语文 ×× 教学方法的实验研究"就具体、可行了。

（二）拟定课题名称的基本方法

要拟定一个好的课题名称，必须弄清课题相关要素之间的关系，把握课题研究对象、研究目标和研究方法，把握关键词和核心概念。[①] 只有这些相关的要素把握准备准确了，才能将它们有效"组合"在一起，构成课题名称。

1. 课题名称的基本结构

研究范围（对象）+ 研究内容（途径、结果、状态）+ 研究方法 + "研究"两个字。

如"农村地区辍学问题及策略研究""农村初中语文阅读深度教学实践研究"。

2. 还可以对课题指南中的名称进行符合自身教育教学和实际的情况"缩小"研究对象、"限定"研究方法和内容的命名。

所谓的"限定"主要包括该研究立足的视角、背景、理论等，或者该研究基于的时代背景、研究所属的地域范围，甚至于研究对象和内容。其实就是严格锁定研究的基本要素。

如指南"中小学教法研究"，我们可以第一步改写为"小学语文学习方法的研究"，进一步改为"小学高年级语文合作学习方法的研究"。

---

① 杨东伟. 基础教育教学课题研究十八问（方法篇）[M]. 郑州：大象出版社，2017（8）：41.

（三）拟定课题名称应注意的事项[①]

1. 多余的标点符号，如：依托游戏，激发小学生学习兴趣的策略研究（"，"多余）；

2. 多余的词，导致把论文名称当作课题名称，如：如何提高小学中段语文课堂教学中小练笔训练的有效性研究（"如何"多余）；

3. 课题需要解决的问题含糊不清，如：主题阅读活动影响中段学生阅读兴趣的研究（"中段"具体指的是什么，小学中段吗？还是初中？）；

4. 课题名称外延太大，如：幼儿园、小学衔接的研究（幼儿园和小学的衔接有教育教学的方方面面，太大，不知道到底要研究哪个方面的衔接）；

5. 题目太长、啰唆，如：信息技术与语文课程深度整合建构智慧型课堂的教学研究（太长、太多，不知道重点研究什么）；

6. 研究成果取代研究题目，如：义务教育阶段学生阅读与写作学习质量分析报告（这里应该改为"义务教育阶段学生阅读与写作学习质量研究"，不应该以其中的一项成果"报告"来取代了课题本身的题目）。

其他还有极少的"学科定位不准""喊口号，炫文采"和"使用问句，做价值判断"等问题需要注意。

（四）拟定课题名称常见的术语

"……机制（体系、模式、制度、路径、模型、系统、策略）研究""基于……的……""……下的……""面向……的……""以……为……的"等。注意：研究内容、对象和研究方法的合理"填充"。

（五）常见题目结构类型[②]

1. 体现研究方法、研究内容和研究对象的题目（即课题名称的基本结构）

常用的研究方法有：调查研究法、比较研究法、评价研究法、案例研究法、实验研究法、文献研究法、行动研究法、实践研究法等。

题目案例及分析：××市普通高中通用技术课程实施现状调查研究

其中"高中"是研究对象，前面的"××市和普通"是对"高中"的界定，区别于"其他"地方和区别于"职业高中"；"实施现状"是研究的内容，前面的"通用技术课程"是对"实施现状"的界定，表明是"通用技术课程"的实施

① 孙涛. 教育科研课题的选题与申报 [M]. 武汉：长江少年儿童出版社，2020（8）：78-89.

② 孙涛. 教育科研课题的选题与申报 [M]. 武汉：长江少年儿童出版社，2020（8）：28-78.

现状，而非其他科目的；"调查研究"是研究方法。

类似的正确的课题名称又如：

残疾青少年学生思想行为特征及思想政治教育对策研究；普通高中选课走班存在的问题及对策研究；中小学生公民素质的现状调查与策略研究；中小学生健康素养的分析与对策研究；壮族地区乡村学校教育促进壮族文化传承的个案研究；公平与自由：义务教育阶段城乡学生教育选择权实现问题的比较研究；小学数学教师学科教学知识的测量与评价研究；中小学教师职业道德考核评价研究；学校建构与运用中学生个性化成长评价平台的行动研究；信息技术促进区域教育均衡发展的实证研究等。

2. 仅体现研究内容的题目（占大多数）

专家只能从题目中了解到"内容"，而找不到研究的对象和具体方法。这里是指题目中找不到，而不是说没有，研究中是非常明确的。

如：义务教育阶段教师退出机制研究；农村初中弱势群体自我救助的教育支持模式研究；"双减"背景下青少年活动中心支持课外延时服务的体系研究；欠发达地区普通高中生生涯规划指导制度研究；精品课程建设促进初中语文优质教学路径研究；工作场所学习与学习变革：革新实验室的理论及应用模型研究；中学教师专业发展综合评价系统研究；县城初中女童预防性侵害能力培养的策略研究。

3. 仅体现研究目标的题目

如：提高初中语文课堂教学效率的研究；提高少数民族地区学生汉语表达能力的研究；促进民族地区学生创新能力养成的研究；中学生思维品质发展的促进研究；以学校文化建设推动县城教育均衡发展的研究。

4. "A 对 B 的……研究"

如：初中学习困难学生情绪智力对学业成绩的影响和干预研究；我国传统道德教育仪式及其对青少年的感染性研究。

5. "A 在 B 中的……研究"

如：自然拼读法在小学英语教学中的应用研究；课本剧在初中语文教学中的应用研究。

6. "基于……的"

如：基于义务教育新课标的初中语文大单元教学设计行动研究；基于学生核心素养的健康课外体育活动模式建构与实证研究；基于交互式电子白板的资源建

设与应用研究；基于核心素养的初中综合实践活动课程开发与实施研究；基于绘本欣赏的学前儿童中国传统文化教育实践研究；基于师生幸福文化的小学语文课堂改革研究。

7. "……下"

新课标下我国小学生阅读教学和测试改革的实践研究；建构主义理论视野下幼儿园教师自主学习支持系统的研究；教育信息化背景下德育教师信息技术应用能力研究；生命教育视野下建构未成年人犯罪社区矫正制度实践研究。

此外，还有"面向……的……""以……为……的"，如：面向小学生开展食物教育的路径与机制研究；以机器人教育为载体的高中与大学创新教育有效衔接的实践研究。

第三章　如何设计课题

知识结构图：

一、为什么做：课题价值分析即选题依据

（一）研究背景

（二）课题依据

（三）核心概念

（四）国内外述评

（五）选题价值（选题意义）

二、做什么：课题内容分析即研究内容

（一）研究目标

（二）研究内容

（三）研究假设

（四）创新之处

（五）研究重难点

三、怎么做：课题操作分析即思路方法

（一）研究思路

（二）研究方法

（三）研究步骤

（四）可行性分析

四、五大要素之间对应关系是怎样："一一对应法"

五、"新课程改革中教学范式转型研究"课题设计论证案例

（注：这是课题研究最重要的环节，课题申报没有得到立项，其他研究环节就无法进行。所以，敬请各位申报者：一是认真熟知相关理论；二是认真对照文中或者章节最后的案例对比性分析，并结合自己的选题"画瓢"；三是可以跨越式结合第十二章的两个范例来自我归结，总结方法和经验，从而超越笔者们的浅薄认知。祝：成功！）

> 课题设计是课题申报和课题研究的重要内容，其主要内容是：课题价值分析、课题内容分析和课题操作分析。
>
> 课题价值分析主要回答"为什么做该课题研究"；课题内容分析主要回答"该课题研究具体做什么"；课题操作分析主要回答"该课题如何研究"；而前一章所讲述的"课题选择"则是主要回答"做什么课题研究"。
>
> 四个部分连接起来就形成这么一个体系："做什么课题研究"（选题）——"为什么做该课题研究"（价值分析）——"该课题研究具体做什么"（内容分析）——"该课题如何做"（操作分析）。

一、为什么做：课题价值分析即选题依据

课题价值分析即选题依据，有的省份也叫"研究价值"，其主要回答"为什么做该课题"的问题，主要从研究背景、课题的依据、核心概念界定、国内外现状述评或"综述"、选题意义等方面阐述。（各省市、地区需要呈现的重点内容不相同，很多地区都要求填写为"选题依据或者研究价值"，具体要素按照填写要求逐项阐述）

（一）研究背景

研究背景，也称"选题背景""课题的提出""问题的提出""选题缘由"等，主要回答"为什么要研究该课题"。主要从时代背景、理论背景、实践背景三个方面来回答这一问题。

1. 时代背景[①]

时代背景是指选题申报所处的时代即那个时代的教育对选题的影响因素或者条件。

时代背景主要围绕"随着社会、文化、科学技术、政治、经济等的变化所带来的新问题、新要求、新挑战以及与所研究课题之间的关系"来阐述。某方面的新问题、新要求、新挑战需要通过研究来解决，而本课题的研究是适应这种新变化、解决新问题、满足新要求、应对新挑战的又一种途径。

如课题《核心素养导向下的初中语文课堂教学改革实践研究》的时代背景描述：

---

① 李冲锋：《教师如何做课题》，上海：华东师范大学出版社，2013 年 8 月第一版，第 52 页。

义务教育语文"新课标"的实施和新一轮课程改革强调初中语文教育教学要为培养学生的语文核心素养服务，让教学活动建立在真实促进学生核心素养形成的基础之上，而这个教学活动的改变重点在课堂教育教学的改革。

虽然这一时代背景的介绍很简短，但它简明扼要地揭示了在初中语文教育教学中进行课堂改革是对新课标和新课程改革要求的回应，点明了这一课题与新课程改革要求之间的关系。

2. 理论背景[①]

理论背景是指指导选题、申报的理论或理论因素。课题的选择有时是对理论发展或影响的一种回应。这种回应包括对理论的使用、检验、推动与发展等。

如课题"新课标实施中提高教师教学设计能力的研究"的理论背景描述：

建构主义学习理论强调以学生为中心，不仅要求学生由外部刺激的被动接受和知识的灌输对象转变为信息加工的主体、知识意义的主动建构者，而且要求教师要由知识的传授者、灌输者转变为学生主动建构意义的帮助者、促进者。

这就意味着教师应当在教学过程中采用全新的教学模式、全新的教学方法和全新的教学设计思想。

建构主义的学习理论要求教师改变传统的教学设计思想，而代之以新的教学设计思想。这种理论成为研究教师教学设计思想和方式转变的一种理论背景。

3. 实践背景[②]

实践背景是指实践对选题和申报产生影响的因素或条件。实践背景主要围绕实践中需要解释的现象、需要解决的问题等对实践发展的影响，以及解决它们的必要性、重要性和迫切性等进行阐释。

如课题"边疆少数民族地区小学数学小组合作学习中说话技能提高研究"的背景描述：

我校地处边疆，学生大都来源于少数民族地区，由于受生活环境影响大，都不会说汉语。这给提高我校教育教学工作带来了很大困难，也给教学中学生合作学习造成极大障碍。要想提高边疆少数民族地区小学数学教育工作，就必须对学生进行"说"的训练，让学生从不会说、不想说、不敢说，到我会说、我想说、我敢学、我要说、让我说。

---

① 李冲锋.教师如何做课题 [M].上海：华东师范大学出版社，2013（8）：53.

② 同上

从这个简短的选题背景中，可看出这个课题的提出是基于当地教学的实际问题，揭示这个课题研究的必要性、重要性和迫切性。所以可以认为这样的课题是值得研究的。

总之，选题的背景要把问题的来源和表现写清楚，同时写清楚对此进行研究的必要性和重要性。[①] 上述三方面的背景，应该在同一个课题中有所兼顾，但如果研究的侧重点不同，或课题产生的来源不同，也可选择性重点使用。

（二）课题依据

课题依据主要解决"依据什么进行课题研究"的问题，通常包括政策依据（指导思想）、理论依据和实践依据三个方面。

1. 政策依据[②]

政策依据就是国家的某种法律、法规证明课题研究的合理性与现实性。有些课题的研究要依据国家的一些法律、法规来进行，这些法律、法规就成了课题研究的依据。

比如：

关于"教师惩罚学生"的相关研究课题，可以把《中华人民共和国教师法》《中华人民共和国义务教育法》《中华人民共和国未成年人保护法》等法律中的相关法规作为政策依据。

关于"小学生养成教育"的相关研究课题，可以以德育工作的《中共中央国务院关于进一步加强和改进未成年人思想道德建设的若干意见》《教育部关于整体规划大中小学德育体系的意见》等文件为政策依据。

2. 理论依据[③]

理论依据指的是研究者用以指导研究过程的相关理论。

一线中小学教师所做的课题基本上是基础教育领域的应用研究和发展研究范围，这就要求我们有一些基本的理论依据来保证研究的科学性。

研究者对相对理论知识掌握得越扎实，在课题研究中运用得越好，这些理论知识越能促进课题研究。所以，掌握一定的理论知识对课题的研究是非常必要的。

选取理论依据要防止以下几种情况：

一是无"论"可依；二是有"论"不依；三是有"论"难依；四是大"论"

---

① 李冲锋. 教师如何做课题 [M]. 上海：华东师范大学出版社，2013（8）：54.

② 同上

③ 李冲锋. 教师如何做课题 [M]. 上海：华东师范大学出版社，2013（8）：55.

小依。

值得注意的是：在写作理论依据时，要揭示所依据的理论与所研究的课题之间的关系。

3．实践依据[①]

实践依据有两个层面的意思：

实践依据1：课题是否反映了教育改革和发展实践中迫切需要解决的问题，对实践的反映越深刻，课题的实践依据就越充分，其指导意义就越强，价值就越大。

实践依据2：某种实践活动可以证明课题研究的命理性、可行性，这种实践活动就是该课题研究的实践基础和实践依据。

（三）概念界定

1．什么是核心概念[②]

核心概念是能够集中反映课题研究主题或主要内容的概念。课题的研究往往是围绕核心概念开展的，读者可以通过核心概念大致把握课题研究的主要内容。

核心概念的界定就是明晰研究的核心概念：核心概念的内涵、外延是什么，研究对象包括哪些，研究范围做何限定等。

核心概念可以来自课题的题目，也可以来自研究主题或者研究内容的提炼概括，如《农村地区辍学问题及策略研究》，其核心概念有"农村地区""辍学问题""策略"。

2．为什么界定核心概念

概念界定决定研究的方向；概念界定决定研究的范围；概念界定防止研究被误读。

3．怎样界定核心概念

结合研究课题及所要研究的内容、范围，在核心概念上加以"修饰"确定范围。比如，"习作"方面的研究，可以界定为"自我修改习作"等。修饰越多，界定越清，越明确研究的对象及内容，越有利于确定研究方法，得到切实有效的研究成效。

概念界定是课题中一项重要的内容。虽然这块内容在课题申请书中只占很小的比重，但在整个课题研究中占有重要的地位。如果概念界定不清，课题就可能

---

① 李冲锋．教师如何做课题 [M]．上海：华东师范大学出版社，2013（8）：57．

② 李冲锋．教师如何做课题 [M]．上海：华东师范大学出版社，2013（8）：58．

无法进行。

值得注意的是，很多课题研究者的通常做法是从课题研究中找到提出的几个核心概念，通过查找工具书或者百度，把词语的解释摘录下来，把别人的概念直接作为自己的概念界定。这种做法难以准确确定课题研究的目标和内容，勉强"蒙混过关"，但是会对开展起来造成一定的障碍。所以，结合自我工作实际和研究需要的"概念加工"是很重要的，但不是指不科学的、狭义的随意性加工。研究本就是为科学的教育教学服务，而不是随意的活动。

具体怎么界定可以参考如下三种方法：

第一种，限定外延法。

也就是前面所讲的加以"修饰"和"限定"，比如"初中语文群文阅读实践研究"可以确定三个核心概念：从"阅读"到"群文阅读"，再到"群文阅读实践"。

即"加工"式地界定在你的此项研究中"什么是阅读""什么是群文阅读""什么是群文阅读实践"。更重要的是对"群文阅读实践"的界定已经基本涵盖了所开展研究的目标和内容。

这是最常用一种核心概念界定方法。

第二种，内涵剖析法。

即从课题的题目中汲取确定核心概念，并对所汲取的概念进行界定，明确研究对象、研究目标和研究内容。增进对象的具体性、目标的明确性和内容的可行性。

第三种，对比（类比）法。

即结合文献调研，对比"前人"已经做的工作和提出的定义，将临近的概念进行充分的对比或者类比，从中找到他们的异同，比较准确地界定该课题的研究对象范围，并提出令人信服的结论。

比如，界定"微型课题"这个概念时，结合对比（类比）临近概念——"小课题""一般课题"来界定。

4. 界定核心概念常见的问题

（1）厘清核心概念的意识不强

即显得很随意，不规范，更没有课题研究核心界定的"术语"，或者容易引起歧义。

（2）概念前后移动

指的是课题题目中所确定的核心概念和论证中的核心概念不严格，避重就轻、内涵前后重点不一致等现象。

（3）界定不准确

顾此失彼，似是而非，导致在制定研究内容时产生了一定的偏差。

（4）界定空泛模糊

导致研究者也弄不清自己要做什么，什么是研究重点，达成目标要从哪些方面入手等。

造成这一方面的原因主要在于研究者对自己所研究的课题范畴不太熟悉，或者是"生造"概念。比如，有课题题目中涉及"微德育"研究，那么这个"微德育"的严格定义又是什么呢？

（四）国内外同类研究现状述评或"综述"

"国内外同类研究现状述评"或"文献综述"在申报中很重要，但往往不被重视，也往往不容易写好。

"文献综述"也叫"综述"，是对"文献"的综合"评述"。[①]

文献综述和参考文献为课题研究提供了理论依据和研究基础，提出了研究的趋向和研究方向。文献综述要求研究者既要对已有文献的观点进行"综合"整理，简要"评述"，还要融入自己对这些观点的理解和认知，附上自己适当的评价。要注意避免做成对已有相关成果的简单堆砌。

1. 国内外现状述评或"综述"特点

（1）以原始文献为基础

研究者要广泛搜集、大量阅读相关文献，在叙述的过程中需要对原始文献进行概括和归纳，并且要尊重原始文献信息。在引用原文语句时要保证不出现字词以及标点符号的不一致。

（2）有自己的评价和分析

文献综述需要对文献内容加以分析对比，做出自我评价。

（3）反应课题研究的全貌

文献综述要概括该问题的研究全貌，众揽研究的历史发展，涵盖国内外研究的现状，分析已有研究中存在的问题及原因，提出自己的研究方向等。

---

① 李冲锋.教师如何做课题[M].上海：华东师范大学出版社，2013（8）：62.

2. 国内外现状述评或"综述"的重要性[①]

（1）反映申报者掌握资料的情况

国内外现状述评或"综述"的写作需要申报者掌握大量与课题直接、间接相关的国内外研究资料，特别需要掌握与课题相关的最直接、最基本、最权威的资料。没有把握最基本、最全面的研究资料，申报者收集文献的能力有限，由此也可以看出研究视野不够宽广，研究局限性还比较大。

（2）反映申报者文献梳理的能力

仅仅掌握大量的研究资料是不够的，申报者还必须分门别类地梳理研究资料，按照一定的逻辑结构把最主要、最基本的研究发展状态呈现出来。

（3）反映申报者课题研究的能力

国内外现状述评或"综述"的写作，不仅仅是文献资料的梳理，还需要申报者对已有的研究成果做出恰当的评价。从这些研究评价中，可以看出申报者的水平和能力。国内外现状述评或"综述"写不好，在很大程度上可以判断申报者是没有能力完成所申请的课题的。

3. 国内外现状述评或"综述"写作的三个层次[②]

根据写作的水平，可以把国内外现状述评或"综述"的写作分为三个层次。

（1）综而述之

综而述之，也可以称为"述而不评"，即客观地把他人的研究情况综合起来，呈现出来，而不加入自己的分析和评论。

（2）述而评之

好的现状分析的写作，不仅要"述"，而且还要对他人的研究做出分析、评价。述评的写作可以"分类述之，边述边评；分类述之，最后总评；边述边评，最后总评"。

（3）评而论之[③]

对研究进行深入的分析，同时提出自己的观点，并论证自己的观点。

三个层次，层层递进，但在课题申报中我们所需要的是第二个层次，即述而评之。

---

① 李冲锋. 教师如何做课题 [M]. 上海：华东师范大学出版社，2013（8）：63.
② 李冲锋. 教师如何做课题 [M]. 上海：华东师范大学出版社，2013（8）：64.
③ 同上

4. 国内外现状述评或"综述"的写作①

一个好的国内外现状述评或"综述"的写作，必须具备以下几个方面的基本条件。

（1）全面地占有资料

国内外现状述评或"综述"的写作是以他人的研究材料为基础，材料的全面性要求既要有书籍资料，也要有期刊资料；既要有国内资料，也要有国外资料；既要有直接相关的资料，也要有间接相关的资料……应有尽有！

（2）审慎地选择材料

即选择那些有代表性、典型性、权威性的观点加以综述。

（3）建设合理的框架

根据研究的问题或者领域来写国内外现状述评或"综述"，在此基础上对研究者的观点进行分类，在每一类中，把具有代表性的观点呈现出来。边呈现边评价或者集中呈现后集中评价。

（4）分类述评

直接呈现代表性的人物和代表性的著作。比如格式：×× 人在 ×× 文章中的 ××× 观点。

（5）恰当地评价成果

写国内外现状述评或"综述"，不仅要把现状写清楚，还须对国内外现状述评或"综述"作出恰当的评价。评价的原则是客观、公正、准确。可以边述边评，也可以述后总评。

（6）揭示研究间的关系

在评价已有研究成果时，还要注意，不是为评价而评价，评价他们是为我们所做的课题服务的，评价时要揭示这些研究成果与我们所做课题之间的关系。

5. 国内外现状述评或"综述"格式术语

国内外现状述评或者综述的内容一般包括：

研究背景（理论渊源及发展脉络）——国内外现状（综述）——研究者的评价。

围绕这几个方面并用一定的术语加以表述，一份较好的文献综述就形成了，具体如下：

---

① 李冲锋. 教师如何做课题 [M]. 上海：华东师范大学出版社，2013（8）：65.

（1）写作背景术语

"……（理论）怎么样，还存在……的问题。当前还有……的现实问题需要解决，所以我们对……进一步深入研究（因此，对问题的研究就显得十分必要和紧迫，因此对于该问题的研究具有一定的现实意义）"。

（2）国内外现状综述术语

"我们针对这个问题查阅了一些相关文献资料，发现国内外的研究主要集中在以下几个方面……"截取与课题研究理论支撑的重要部分罗列出来，采取"中心句＋文献支撑句"，按照先国外后国内、由远及近、由大到小的顺序。

（3）写作者的评价术语

"他们的研究，从……等方面解决了……问题。我认为，还存在……的问题。还没有得到很好的解决，需要进一步研究。因此我们选定……课题，希望从……方面对……问题进行研究"。

为了能够更好地掌握这一部分的写作，我们来参考下列范例：

"关于改善德育衔接的对策"综述[①]

实现德育衔接的对策研究是德育衔接研究的核心问题，也是难点问题。综合看来，有关研究主要从德育理念创新、德育系统完善、德育工作者素质提升等角度进行论述。

第一，从德育创新角度。张慧雨认为，要实现德育有效衔接，就需要变换思维的角度和方法，从德育大系统的角度认识不同学段的德育工作，树立"德育场"理念和"立体思维"。[1]周双娥认为，实现学校德育衔接必须树立从实际出发的理念，寻找一条适合各自特点的衔接之路。[2]而苏静认为，个体品德的形成是一个循序渐进的过程，德育贯穿人的一生，因而实现大学与中小学德育衔接的有效途径之一就是全面贯彻终身教育的理念。[3]

第二，从德育系统完善角度。虽然都是从德育系统完善的角度来探讨德育衔接的对策，但在内容大体一致的前提下，研究观点也存在一定的差异性。第一种观点认为，要改变当前德育不相衔接的状况，应从德育教材、道德认识、道德责任、道德人格四个方面的衔接着手，从而形成三个阶段相互联系、栉比鳞次、层层提升的学校德育系统。[4]而更多的学者是从德育目标的衔接、德育内容的衔接、德育途径的衔接、德育方法的衔接、德育管理的衔接和德育评价的衔接等方面来论述实现德育衔接的策略。如赵翠玲就认为，要有效实现德育衔接必须切实实现教育目标、教育内容、途径方法、管理体制和评价反馈机制的系统化。[5]

---

① 郑敬斌，王立仁.德育衔接问题研究评述[J].上海教育研究，2012（2）：18-21.

第三，从德育工作者素质提升角度。邱国勇等学者认为，教育者是德育衔接工作的计划者和执行者，他们的思想素质、业务素质和德育衔接意识直接影响德育衔接的效果，因此实现德育衔接应该提高德育教师、专业教师、辅导员（班主任）等德育工作者的素质，其中最主要的是德育教师。[6]胡昂认为，要有效实现德育衔接，需在树立教师的"衔接意识"上下功夫，而关键在于创设大学与中学德育工作交流的渠道，建立一整套科学规范的制度保障机制。吴伟松认为，大学教育是中学教育的继续，因此大学教师必须对中学的德育，包括德育的内容、形式、方法、效果及中学生中存在的普遍性问题有一个基本的了解，便于在新生入学后有针对性地开展德育工作。[7]

综上，学者们在各自的研究中从不同的视角、不同的方面对德育衔接实现的对策问题进行了积极的、有益的和开拓性的研究与探索。这些研究成果既为我们更好地认识德育衔接本身提供了丰富的思想资料，也为我们进一步改进和完善德育衔接问题提供了充分的理论借鉴。但问题在于，从已有的成果看，目前的研究主要集中于理论层面的宏观研究，而易于操作的微观研究相对比较欠缺。虽然有些学者也提出了一些解决问题的具体措施，但遗憾的是大多都只是单纯的泛泛而谈，缺乏应有的可操作性。实际上，研究既是重大的理论问题，更是重大的实践问题；研究的目的既要着眼于理论提升的要求，更要着眼于实践操作的需要。因此，如何在今后的研究中更多地注重联系实践运行，把理论研究和具体操作相结合，从而真正推动德育衔接对策研究深层次发展，是目前研究所面对的迫切问题。

参考文献：

[1] 张慧雨，孙昱. 构建大中小学相衔接的德育体系的重要性及措施 [J]. 内蒙古师范大学学报（教育科学版），2009.22（12）：36-39.

[2] 周双娥. 大中学校德育衔接必须从实际出发 [J]. 娄底师专学报，2001（3）：103-105.

[3] 苏静，张润枝. 论大学与中小学德育课程衔接的有效途径 [J]. 北京德育（德育），2008（2）：60-62.

[4] 曾山金，曾钊新. 将德育进行到底——小、中、大学德育衔接管见 [J]. 长沙电力学院学报（社会科学版），2001（1）：120-123.

[5] 赵翠玲. 从系统论看我国学校德育衔接问题 [J]. 云梦学刊，2007（S1）：111-112.

[6] 邱国勇. 加强大学与中小学德育衔接的思考与对策 [J]. 内蒙古师范大学学报（教育科学版），2002（8）.

[7] 吴伟松. 对大、中学德育衔接的思考 [J]. 浙江师大学报，1995（5）：12-15.

这则综述属于"分类述之，最后总评"类型，有以下几个方面特点：[①]

（1）分类述之，内容清楚。作者从"德育理念创新角度""德育系统完善角度""德育工作者素质提升角度"分别介绍，在"从德育系统完善角度"中，还分为"第一种观点"和"更多的学者"两种类型，整个介绍很清楚。

（2）代表观点，一一呈现。作者把主要研究者的主要观点客观呈现出来了；这些观点不是随便选择的，而是选择具有代表性的人物和代表性的观点，以某某人认为的方式来呈现。

（3）最后总评，客观分析。在"分类述之"以后，做"最后总结"，从现有研究的贡献与问题两方面做了客观分析。

（4）揭示研究关系。作者揭示了已有研究成果对自己课题的促进作用——"既为我们更好地认识德育衔接本身提供了丰富的思想资料，也为我们进一步改进和完善德育衔接问题提供了充分的理论借鉴"，同时在已有研究的基础上提出了研究的问题——"如何在今后的研究中更多地注重联系实践运行，把理论研究与具体操作相结合，从而真正推动德育衔接对策研究的深层次发展，是目前研究所面对的一个迫切问题"。

（5）综述观点与参考文献的对应。

（五）选题意义

选题意义，也称选题的价值、研究意义与价值等，一般可以从理论意义和实践价值两个方面来处理。研究的意义与价值指的是该课题研究将会对现有理论体系以及教育实践产生怎样的贡献。

撰写的时候要针对本研究的研究内容和创新之处等方面来谈研究将对理论和实践起到的作用。

1. 理论意义

选题的理论意义，也称理论价值，指课题研究对该领域研究在理论上的积极影响，包括理论发展的推动和创新。[②]

常用术语如："课标的要求""时代的需要""专家的认同、引领及看法""学生个性的发展""×××的需要"。

---

① 李冲锋. 教师如何做课题 [M]. 上海：华东师范大学出版社，2013（8）：68.

② 李冲锋. 教师如何做课题 [M]. 上海：华东师范大学出版社，2013（8）：69.

2. 实践意义

选题的实践意义，也称应用价值，指课题研究对实践状态的积极影响，包括对实践的改进、推动或者启示等。[①]

常用术语如"对于学生……""对于教师……""对于学科教学……""对于学校管理及发展……"。

理论意义和实践意义要分开来写，两个方面都兼顾更好，但也可以根据实践情况有选择性地写作。

我们也可以借用以下的常见结构来表达[②]：

（1）本课题研究将有助于……

（2）本课题研究将为……提供……

（3）本课题研究将对……具有……

（4）本课题研究将使……怎么样。

（5）本课题研究将为……服务。

（6）本课题研究将了解（把握、理解、厘清）……

（7）本课题研究将提高（提升）……的参与度（标准实用性、人才培养质量、应用水平、教学能力与水平、培养能力）。

（8）本课题研究将促进（推动）……的策略以及协调机制（具有重要的现实意义，体制改革、教学模式有效实施）。

（9）本课题研究将完善……学科建设（政策、研究方法、制度有重要指导意义）。

（10）本课题研究将实现……理论与……理论的整合。

例："新学习方式下学习策略的应用研究"的选题意义[③]

一、理论意义

1. 探索与新出现的学习形式相应的学习策略，丰富学习形式的内涵。

2. 挖掘学习策略的丰富内涵，从分层化、个性化等几个方面寻求学习策略的发展特点与对策，进一步丰富学习策略理论。

3. 创造一种让每个学生都能发挥自己特长的学习环境，教师创造性地探索教的策略与学的策略相整合状态下的教学结构。

---

① 李冲锋.教师如何做课题 [M].上海：华东师范大学出版社，2013（8）：69.

② 孙涛.教育科研课题的选题与申报 [M].武汉：长江少年儿童出版社，2020（8）：200–203.

③ 耿申，周春红.课题研究方案设计 [M].合肥：安徽教育出版社，2004（6）：94–95.

4．开发学习策略的评价工具，丰富测量理论和评价理论。

二、实践意义

1．培养中学生的合作精神。

2．培养学生学习的主动性、积极性。

3．改进学习困难的学生的学习。

4．让学生适应不同的学习环境，以恰当的学习策略进行不同形式的学习，学会变通，培养实践能力和创新精神。

案例中把选题的意义分为"理论意义"和"应用价值"两部分来写，每部分都列了四条。理论意义部分侧重于课题研究所产生的理论成果及其影响，应用价值部分侧重课题研究对学生产生的积极影响。这两部分的内容，没有产生交叉、混淆的情况，是一则写得比较好的选题意义。[1]

上述选题意义是条目罗列式的，如果需要，还可以在条目罗列的基础上，对这些条目进行适当的阐释，这会进一步凸现研究的意义。

二、做什么：课题内容分析即研究内容

课题内容分析即研究内容（含创新之处），主要回答"课题做什么"的问题，包括课题研究的目标、研究的内容、研究的假设、拟创新点等几个方面的内容。

（一）研究目标

研究目标是课题研究预期要达到的结果、最终要解决的问题和取得的成果。明确的研究目标对课题研究具有定向作用和指导作用。[2]课题研究目标描述的要求是具体、清晰、有条理、适度。

每个目标都应该从"手段"与"意图"或者"所求的结果"两个方面来阐述。

研究目标是研究内容的高度概括，撰写研究目标的时候要紧盯研究内容，将研究内容的小标题用关联词串联起来（有时并不是反复出现关联词，而是根据情况进行掩盖）。注意与研究内容的对应关系（不是指一致性）、不要出现研究内容以外的内容，研究目标一定要体现研究内容[3]。常用的串联术语如"通过……完善……""通过……改变……""通过……提高……""通过……培养……""通过……锻炼……""通过……构成……""通过……促进……"。

---

① 李冲锋．教师如何做课题 [M].上海：华东师范大学出版社，2013（8）：70.

② 同上

③ 孙涛．教育科研课题的选题与申报 [M].武汉：长江少年儿童出版社，2020（8）：127.

具体如："通过研究提高学校德育的实效性和针对性，促进教师德育观念更新与德育创新能力提高，提高教师的整体素质，并努力提高中学德育工作的实效性。"这个描述中"通过……"是手段，后面是意图。

需要注意的是：1. 很多专业书籍和申报书中，研究目标常常写成一个自然段即可；2. 千万不要将工作目标当作研究目标来写。

例如，基于新课标的初中语文大单元教学设计实践研究。

目标可以简单表述如下：

（1）通过开展基于新课标的初中语文大单元教学现状调查，分析新课标、大单元教学及设计在现行初中语文教学中的实施情况。

（2）通过研修，建构相关理念，探索大单元教学理论基础及教学设计策略。

（3）通过组织围绕初中语文 1—6 册教材的教学内容进行初中语文大单元教学研究和设计，分析归结典型实践案例，形成大单元教学设计案例集、专著等成果。

（二）研究的内容

研究的内容主要是课题所涉及的研究问题，一般是根据研究目标确定的。即根据研究的目标分列出一些相关的问题，也叫内容，根据内容的逻辑关系一一呈现出来，并对内容做简明扼要的介绍。[①]

研究内容是题目的细化和解释，是研究思路、研究目标的具体化。研究内容阐明研究者将具体研究哪些问题，从而达成什么研究目标。所以，研究者要根据研究目标具体安排研究内容[②]。比如：研究目标是"通过问卷调查，明确……"则对应的研究内容就是"调查……形成（撰写）……"或者"开展...活动，形成（撰写）……"从而达成目标。

一般推荐采用"小标题 + 具体阐释"的格式来表述。内容介绍的文字要把握适度，不能太多也不能太少。常常设置 3 ~ 5 条研究内容（小标题），每条研究内容又细化 3—4 条二级研究内容。如研究内容小标题 1：（1）……（2）……（3）……（依此类推）。

常用的语句有：

（1）（根据）……描述（梳理）……的典型特征（发展现状、表现、理论背景、制度发展历史等），（从而）……

① 李冲锋 . 教师如何做课题 [M]. 上海：华东师范大学出版社，2013（8）：72.
② 孙涛 . 教育科研课题的选题与申报 [M]. 武汉：长江少年儿童出版社，2020（8）：107.

（2）（根据）……分析（剖析、反思）……的共同规律和原因（结构特点或者存在问题、基本形成机制、影响），（从而）……

（3）（根据）……揭示……背景下的新目标（矛盾关系、内涵及其形成规律、深层根源、原因所在），（从而）……

（4）（根据）……阐明（解释、明确、诠释）……的教育逻辑（存在的差异、共性与个性、内涵及相互关系），（从而）……

（5）（根据）……构建……的概念（关键方法与技术、基本原则、实践路径、治理机制），（从而）……

（6）（根据）……探讨……的本质与要求（改革路径等），（从而）……

（7）（根据）……提出（寻求）……的策略和方法（对策建议、发展与实施的策略、行动路径举措、体系改善建议），（从而）……

（8）（根据）……设计（编制、开发、建立、研制、制定）……的工具（分析体系、保障机制、教育质量标准、培养方案、评价标准），（从而）……

（9）（根据）……探讨（探寻）……的方法体系（行为模式、基本规律、解决方案、体制机制），（从而）……

（10）（根据）……优化（变革、改进）……的模式（制度环境、评价指标体系），（从而）……

需要强调的是：1. 不是每一个常用语句的各个部分都一定要表述出来，有的研究内容要根据情况舍去其中的一些关联词和内容；2. "从而"部分是开展内容将达成的目标，而不是阐述这样开展的意义。

如："初中数学活动课有效开展的实验研究"研究内容 [①]

"初中数学活动课有效开展的实验研究"课题研究的目标，是如何科学有序、切实有效地开展初中数学活动课。具体内容包括下列三个方面。

1. 初中数学活动类课程的目标体系

根据初中三个年级各年级学生的情况和数学教育教学要求，对初中各年级数学活动课对学生认知领域、情感领域和动作技能领城素质的发展进行详细的目标规定，从而建立初中数学活动类课程的目标体系。

2. 形成相对完整的活动课程内容体系

根据初中各年级数学活动课目标和数学学科的特点，安排初中各年级数学活动课的

---

① 李冲锋．教师如何做课题 [M].上海：华东师范大学出版社，2013（8）：72.

内容，内容的安排力求充实、精当、有序，并初步形成一个相对完整的活动课内容体系。

3. 形成多种切实可行的数学活动教学模式

根据初中各年级数学活动课目标内容和初中各年级学生的心理特点，探索初中数学活动类课程的学习活动方式，确定活动类课程的教学时间、空间及程序，并在此基础上形成多种切实可行的数学教学活动教学模式。

从上述介绍可以看到，这个课题要研究的是"初中数学活动类课程的目标体系""相对完整的活动课程内容体系""多种切实可行的数学活动教学模式"三个方面的内容。

又如：建构幼儿园教育质量内部保障体系研究[①]

1. 幼儿园教育质量内部保障体系的内涵与性质分析

在收集整理国内外有关教育质量评价与监控、幼儿园教育质量评价与保障文献资料的基础上，分析提出幼儿园教育质量内部保障体系的性质与特点。

2. 幼儿园教育质量内部保障体系构建的理论基础与原则

运用文献分析法分析国内外相关研究文献，探讨幼儿园教育质量内部保障体系构建的多学科理论基础以及构建原则。

3. 当前幼儿园教育质量内部保障体系的现状调查

运用问卷调查法和访谈法了解东北三省幼儿园教育质量内部保障体系的现状，分析存在的问题及其原因。

4. 幼儿园教育质量内部保障体系的组织机构与制度建设基于我国社会现实与幼儿园教育现状，借鉴国外相关研究成果，形成幼儿园内部质量保障的目标与标准，提出我国构建幼儿园教育质量内部保障体系的组织机构与制度建设原则和策略；并在东北地区六所幼儿园实施过程中，不断分析总结幼儿园教育质量内部保障体系的组织机构与制建设的策略。

5. 幼儿园教育质量内部保障体系的运行和保障机制

在东北地区六所幼儿园，高校教师、东北三省教育学院教研员与幼儿园园长的合作研究中，探索幼儿园教育质量内部保障体系的运行和保障机制，在不断反思与总结中，提出幼儿园教育质量内部保障体系形成的机制保障策略。

（三）研究假设[②]

所有研究都应该是有假设的，研究的过程就是验证假设的过程，研究是在假设的指引下进行的。

1. 什么是研究假设

研究假设是研究者在选定课题后，根据事实和已有资料对研究课题设想出的

---

① 孙涛. 教育科研课题的选题与申报 [M]. 武汉：长江少年儿童出版社，2020（8）：108.

② 李冲锋. 教师如何做课题 [M]. 上海：华东师范大学出版社，2013（8）：74.

一种或者几种可能的答案、结论，是对研究结果的预测，是对课题涉及的主要标量之间的相互关系的设想。

2. 研究假设的标准

研究假设应有四条标准：

（1）能说明两个或两个以上变量间的期望关系；（2）研究者应有该假设是否值得检验的明确理由；（3）假设应是可检验的；（4）假设应尽可能简洁明了。

一个课题研究里，可以有几条研究假设，每条研究假设都应该同时满足上述四个方面的标准。

3. 研究假设的形成

研究假设形成的基本步骤是：（1）提炼问题；（2）寻求理论支持，形成初步假设；（3）推演出理论性陈述，使假设结构化；（4）形成基本观点；（5）对基本观点再提炼，形成假设的核心。

研究假设形成的基本条件：（1）以科学观察和经验归纳为基础；（2）以科学的思想方法为指导，通过类比、归纳、演绎等方法，得出合乎逻辑的某种命题；（3）研究者有丰富的知识、经验。

4. 研究假设的表述

研究假设必须明确地、清晰地表述出来，研究假设的表述应有倾向性，可以是肯定式或者否定式，所举变量与变量之间的关系应能操作，能够观察和验证。

如："数字化校园与学校精细化管理研究"的研究假设[①]

创建数字化校园，实施精细化管理，将有效提高学校现代化教育技术运用水平，提高学校现代化办公效率，提高学校整体管理水平，促进办学水平的提高。

"创建数字化校园，实施精细化管理"，是这个课题要做的事情，怎么创建、怎么实施是课题研究的内容。在做这些事情前，课题组先有一个研究假设，即这么做"将有效提高学校现代教育技术运用水平，提高学校现代办公效率，提高学校整体管理水平，促进办学水平的提高"。是否能够达到这"三提高、一促进"呢？做了之后才能证明。结果可能是确实提高了、促进了，也可能是部分提高了、促进了，也可能是完全达不到预期结果。

---

① 高尚刚，徐万山. 中小学教师课题研究指导 [M]. 北京：中国轻工业出版社，2008（1）：55.

（四）创新之处 [①]

课题研究的重要价值在于创新。可以说，没有创新，课题的研究就缺乏价值。拟创新点是课题研究可能带来的创新之处。

课题研究的创新点主要表现为以下几点：

一是发展创新，即课题研究在前人研究的基础上，进一步把研究向前推进，突破已有研究困境，解决已有研究没有解决的问题等。

二是开拓创新，即课题研究另辟新径，从新的角度对研究领域做出探索，开辟新的研究领域。

三是认识创新，即课题研究运用新的视角看待旧的问题，从而带来对旧问题的新认识。

四是手段创新，即课题研究采用了新的研究方式、方法、工具，从而给研究问题带来新的解决方式。

当然，一项研究不可能包括上述全部创新，也不可能有太多创新，能够有两项创新就可以了，有两三项创新就非常不错了。

如：《基于网络教学的设计研究》创新点

1. 建立网络教学设计的理论体系与方法。

2. 建立基于网络环境的各类教学评价指标体系。

3. 开发出可操作性强、具有实际应用价值的网络教学的设计工具和评价系统软件。

（五）研究重点和难点 [②]

研究的重点指的是研究对象中最重要、最基本的中心内容；研究的难点指的是研究阻力较大或者难度较高的、最不容易解决的地方。

1. 重点难点与研究内容的关系

研究的重点和难点都是围绕研究的各个部分来写的：研究的重点侧重写研究内容中的关键、重要问题；研究难点侧重写研究方法和研究对象中难以解决的问题。所以，一是注意研究重点和难点与研究内容、研究方法和对象等部分的关系，很多时候不少研究者在研究的重难点中会新提出一些内容，与之前撰写的相关内容没有关系；二是注意研究难点并不是指研究过程中会出现和遇到的困难，比如

---

① 李冲锋.教师如何做课题[M].上海：华东师范大学出版社，2013（8）：75.

② 孙涛.教育科研课题的选题与申报[M].武汉：长江少年儿童出版社，2020（8）：181.

经费不够、领导不支持等。

2. 研究重点和难点的写作方法

撰写研究重点要综合考虑研究的各个内容，找到最重要、最基本的中心内容。写清楚重点是什么即可，不需要解释为什么这个研究内容是重点。

撰写研究难点要从不同角度各个内容的难处写清楚研究难点是什么即可，不用解释为什么是难点。

但是，在申请书中要求写"重难点分析"，那么既要说明什么是重难点，又要说明为什么这个是重难点，很多时候还要写出难点的解决措施。

撰写研究难点的时候可以参考这样的项：用新的视角开展研究难、获取数据难、确保真实数据难、分析数据难、评价难、应用难、找因素难、建构模型难、保护研究对象难等。常常使用的词汇有：有效、真实、科学、长效、可持续、代表性。

范例：高校辅导员积极心理品质现状及与领悟社会支持的相关性研究。

（1）研究重点

通过问卷调查明确某地高校辅导员及班主任积极心理品质的现状，为高校辅导员人才培养提供新的切入点。证实高校辅导员积极心理品质与领悟社会支持的相关性，并用领悟社会支持水平预测积极心理品质，探讨高校辅导员培养策略。

（2）研究难点

分层整群抽样选取点的实证调研相关数据的收集难度系数较大，对此将通过某地医科大学学生处的协调，加大各高校的配合力度，保证相关数据的有力收集。本课题整个研究过程及对策建议的提出都基于实证研究，因此实证过程中的质量保证将是一大难点。对此，课题进行中我们将在调查表设计阶段、调查人员的培训阶段、问卷发放阶段、问卷录入阶段及问卷信度、效度评价阶段加强相应的质量控制。

分析：在这项研究中，作者将研究重点设定为两个内容："调查某地高校辅导员及班主任积极心理品质的现状"证实"高校辅导员积极心理品质与领悟社会支持的相关性"，可以看出两个研究重点均在研究题目上有所体现，应该是该研究的研究内容的重要组成。作者将研究的难点设为"分层整群抽样选取点的实证调研相关数据的收集难度系数较大""实证过程中的质量保证将是一大难点"，两个都是"确保真实数据难"的难点。

三、怎么做：课题操作分析即思路方法

课题操作分析即思路方法，主要回答"该课题怎么做"的问题，包括本课题的研究思路、研究方法和实施步骤或研究计划及可行性分析等内容。

（一）研究思路

研究思路是就整个课题的研究实施而言，是课题申报者对研究的整体规划。这部分要写清楚打算怎么做，研究思路要明确清晰，有条理。通常明确表示为"1……；2……；3……"或者"首先……""其次……""再次……""最后……"

研究思路是研究的逻辑，能够体现研究内容的先后顺序，与研究的内容基本达到一一对应关系，既不添加，也不遗漏。

案例1：中小学名师地域文化个性的形成及其支持机制研究[①]。

首先，结合自身的前期研究成果，在充分占有国内外相关研究资料的基础上，确立中小学名师地域文化个性研究的范畴、立场和路线。

其次，借鉴文化学、社会学的逻辑和方法，分析中小学教师文化的社会建构过程和准入机制，明确影响中小学名师地域文化个性的各种因素及其相互关系，寻找有效干预这些因素的克星路径。

再次，选取一定样本的名师，运用问卷调查的方法，通过对他们自我成长过程中关于地域文化的看法和认识来剖析当下不同类型的名师在地域文化个性方面的现状；深度访谈若干地方教育行政人员，探讨制约地域文化供给和应用的影响因素。

最后，综合上述研究，探讨中小学名师地域文化个性的支持机制以及地域文化供给的困境突破，提出具体可行的实践对策与政策建议。

这个研究思路是：第一步"首先"和第二步"其次"是文献和理论研究；第三步"再次"是实证研究，调研并分析研究结果，建立实施依据；第四步"最后"进入探索阶段，提出新的理论体系。

案例2："苏派小学语文代表人物教学主张及风格的传承研究"研究思路[②]。

① 孙涛.教育科研课题的选题与申报[M].武汉：长江少年儿童出版社，2020（8）：139.
② 本课题为江苏连云港高等师范专科学校第一附属小学王金涛老师主持的江苏省教育科学"十二五"规划专项课题。

为了探索苏派小学语文代表人物教学主张及风格形成的过程、因素以及其教学主张指向教学实践的具体操作策略等，形成对当下以及未来教育教学的宏观认识，我们将选择苏派小学语文代表人物中的四位（于永正、薛法根、孙双金、陈建先）进行个案研究，并采用文献调查研究、教学成功案例分析总结以及听课跟踪研究等方式，在实证研究得到的材料基础上归因分析、融合与传承，以点带面，从而获得对苏派小学语文代表人物教学主张及风格形成过程与因素等的全面认识，看清当下及未来语文发展的走向，形成自己的教学主张及风格。

通过这个介绍，我们可以把握的研究思路是[①]：（1）选择苏派小学语文代表人物中的四位（于永正、薛法根、孙双金、陈建先）进行个案研究。研究的范围很清楚，是四位苏派小学语文代表人物，不会出现界限不清楚的问题，研究的方法也很清楚，是个案研究。（2）除个案研究外，还有文献调查研究、教学成功案例分析总结以及听课跟踪研究等方式。研究者以个案研究为主，同时运用了多种研究方式来研究。（3）由点到面，由材料到归因分析，由对个体的具体分析到对苏派小学语文代表人物教学主张及风格形成过程与因素等的全面认识。这样我们就清楚研究者想做什么、怎么做了。

（二）研究方法

研究方法是课题研究的必要手段，课题研究往往要采用多种研究方法。常用的研究方法有文献研究法、行动研究法、调查研究法、个案研究法、经验总结法、实验研究法、数理统计法、检测分析法、跟踪比较法、实践应用法等。[②]

研究方法的写作，一般列出将采用的研究方法，稍加说明就可以了。一项课题研究通常需要综合应用 3 ~ 6 种研究方法，这里重点谈谈最常用的五种方法以做参考。

1. 文献研究法

文献研究法就是查阅、搜集、整理与该课题有关的文献资料，从中找到有规律的素材为研究所用。

文献研究法的三个阶段：[③]

（1）分析和准备阶段：找什么？去哪里找？

（2）搜集和占有资料阶段：怎么找？找到了什么？

---

① 李冲锋. 教师如何做课题 [M]. 上海：华东师范大学出版社，2013（8）：77.

② 同上

③ 杨东伟. 基础教育教学课题研究十八问（方法篇）[M]. 郑州：大象出版社，2017（8）：109.

（3）处理和加工使用阶段：怎么加工处理？

2. 行动研究法[①]

行动研究法是指教师在教育教学实践中基于解决实际问题的需要，在研究人员的指导下去研究本校、本班的实际情况，以解决问题、改进教学工作为目标的一种研究方法。

行动研究法强调"有行动者研究"——以教师为研究主体；强调"在行动中研究"——教师在工作中发现问题，并对其进行研究，进而解决问题；强调"为行动研究"——将研究与行动相结合。

行动研究的一般步骤：

（1）发现问题

发现实际工作中存在的问题，分析问题的性质和范围，诊断问题存在的原因，得出行动改变的最初设想。

（2）查阅相关文献

成立课题研究小组，收集相关文献，了解该问题研究的国内外现状，从过去的研究中获得目的、范围、方法等方面的启示和相关理论。

（3）建立假设

假设包括两个部分：一是将要采取的行动；二是对行动结果的预测。

（4）拟定计划

拟定计划一般包括：研究目的、研究假设、被测试者的选择、变量的控制、研究方法和步骤、研究人员分工、实践安排和研究措施。

（5）实施行动

通过观察、调查、问卷、测验等研究方法，收集各种资料数据，并时时调整研究计划。

（6）总结反思

对已经观察和感受到的，回顾、归纳和整理与问题、计划和行动有关的各种现象，并作出有价值的判断，对有关现象和原因作出分析和解释，探讨各种教学案例背后的理念，揭示规律，提高认识，提炼经验。

针对原有方案及其实施中存在的各种偏差或失误，修改原有方案或设计，并

---

① 杨东伟.基础教育教学课题研究十八问（方法篇）[M].郑州：大象出版社，2017（8）：111–112.

付诸实施，展开进一步的检验、论证和改革探索。

3. 调查研究法[①]

调查研究是课题研究中最常见的方法之一。搜集资料，了解情况，就是调查；整理资料，分析问题，就是研究。这种方法多用于研究现实的教育现象，包括研究对象的客观事实或主观感受。

（1）调查研究的基本步骤

调查研究法包括问卷、访谈、观察、测验等方法，程序上虽有侧重，但一般有以下步骤：

第一步，确定调查的对象和方式；

第二步，制定调查计划；

第三步，设计调查问卷或者是访谈提纲；

第四步，开展调查，搜集有关资料，整理资料并将其归纳；

第五步，撰写调查报告。对所研究的课题作出合理的解释，发现并分析问题，提出相关建议。

（2）调查研究法举例

第一种，问卷调查法。

问卷调查法是以书面形式提出问题、搜集资料的研究方法。主要包括"问题设计""问卷编排""问卷开展"和"问卷统计分析"。

第二种，访谈调查法。

访谈是一种直接搜集资料的方法。研究者根据需要，事先设计好访谈提纲，直接了解调查对象对于某个问题的态度。

访谈应注意"做好充分准备""注意访谈技巧""认真做好访谈记录"等问题。

4. 实验研究法[②]

实验研究法是为了解决某一教育问题，根据一定的教育理论和假设，在可控的条件下，通过教育实践探索教育措施与教育效果之间的因果关系，得出科学结论的研究方法。

（1）实验研究法的基本特点

---

① 杨东伟.基础教育教学课题研究十八问（方法篇）[M].郑州：大象出版社，2017（8）：105-108.

② 杨东伟.基础教育教学课题研究十八问（方法篇）[M].郑州：大象出版社，2017（8）：109.

①实验有假设，通过实验来验证假设是否正确；

②实验有措施，即自变量，通常是实验者假定的引起变化的原因；

③实验有控制，控制与实验措施无关而对教育效果可能产生影响的因素；

④实验侧重研究因果关系。

（2）实验研究法的一般步骤

①提出假说

假说是对实验解决的问题提出预想答案，是对客观事实的猜想。通常情况下，一个实验往往由一种假说引导，陈述两变量之间所期望的关系。

②设计实验方案

主要包括实验的目的和任务、对象和范围、方法和措施、实践和步骤。

③做好实验前准备

④实验实施

在实验的过程中，注意控制好无关变量，做好详细记录，及时搜集有关资料与数据。

⑤测定与统计实验结果

⑥验证假说

通过大量实验验证因果关系，细致分析、处理实验中得到的数据，缩小误差，然后验证假说，最后得出科学结论。

⑦分析实验结果

对实验中出现的各种问题，找出问题的症结和根源，以便下一步深入研究。

5. 经验总结法[①]

经验总结法是指研究者对教育实践活动中积累起来的教育经验进行理论提高和升华，使之变为具有普遍指导意义的教育理论和研究方法。

（1）经验总结法的一般步骤

①筛选经验

围绕研究问题，从日常积累的素材中提出带有指导意义、有价值的经验。

②提出假设

根据实验中得出的经验，运用科学的方法，逐步揭示教育措施、方法与教育之间的关系。

---

① 杨东伟.基础教育教学课题研究十八问（方法篇）[M].郑州：大象出版社，2017（8）：110.

③验证假设

在实践中推广、运用假设。

④得出结论

通过反复实践和思考，找出有规律性的东西，进行理性总结。

（2）运用经验总结法要注意的问题

①选择总结对象要有代表性，具有典型意义。

②要注意经验的先进性。

③总结经验时要善于抓住重点，突出主要问题。

④要以教育实践活动为依据，不能凭空想当然。

⑤要注意联系教育理论，善于理性反思。

6. 案例研究法、个案研究法（略）

如：“苏派小学语文代表人物教学主张及风格的传承研究”研究思路[①]。

（1）行动研究法。通过对苏派小学语文代表人物进行听课（案例）跟踪研究、档案研究等，了解苏派小学语文代表人物教学主张、学术思想和成长规律等。

（2）个案研究法。研究每一位苏派小学语文代表人物的个性化特点，从而总结出共性规律。

（3）文献研究法。查阅、分析、整理国内外相关文献并力图找寻苏派小学语文代表人物教学主张、学术思想、教学艺术和成长规律共性规律。

在这个课题里，列出行动研究法、个案研究法与文献研究法三种研究方法，并且说明了每一种研究方法在该课题中如何运用，这就揭示了研究方法与研究课题之间的内在关系。

（三）研究步骤[②]

研究步骤，也称为“研究阶段”，是课题研究具体实施的活动安排。研究步骤要写得详细一些，把每一次重大活动作为一个研究步骤，活动时间、活动地点、活动目的、活动内容、负责人、参加者等内容尽量写清楚。重大活动，包括举办专题讲座、组织专题理论学习、参观、进行教育调查、开展教育实验、组织现场观摩、听课评课、专题研讨等。

研究步骤一般分为准备阶段、实施阶段和总结阶段三个阶段。也有课题根据

---

① 本课题为江苏连云港高等师范专科学校第一附属小学王金涛老师主持的江苏省教育科学“十二五”规划专项课题。

② 李冲锋. 教师如何做课题 [M]. 上海：华东师范大学出版社，2013 年（8）：78–79.

自己的情况，把研究步骤分为四五个阶段的。

研究准备阶段，一般包括课题选择、资料查阅、理论准备、方案论证、团队组织、人员分工等工作。

研究实施阶段，即研究的展开阶段，一般要围绕课题目标和研究假设，针对所设计的研究内容做调查研究或实验研究等活动。该阶段往往要经过中期总结或中期检查，即系统地反思课题在实践过程中的情况。

研究总结阶段，主要工作是整理研究成果、撰写结题报告、准备结题、成果鉴定等。

研究阶段的拟定要科学合理，详细具体，可操作性强。每个阶段都要标明起讫时间（年、月），各阶段要完成的研究目标、任务，主要研究步骤等。研究阶段的写作要求简明扼要，不必详细陈述，但必须把与本课题有关的重要活动讲清楚。

（四）可行性分析

需要说明的是：在"表四"项目论证中"思路"部分的"可行性分析"与"表五"的"保障性分析"（也称"可行性分析"）并不相同，这里简要说明本课题研究的可行之处，而"表五"则是详细书写具体的"保障性"内容，一般需要1500字左右。

我们都知道在任何一个项目开发之前，首先需要进行可行性分析。课题作为一个项目，同样也需要进行可行性分析，以确保它能顺利地完成，达到我们期望的效果。那么，如何进行课题可行性分析呢？

1. 课题可行性分析的目的和意义

课题可行性分析是一项旨在评估一项课题或项目的可行性和可行性的研究。课题可行性分析的主要目的是评估课题的技术、市场、财务和管理方面的可行性，以确定是否应该继续开发该课题。通过课题可行性分析，我们可以更好地了解课题的潜在风险和机遇，帮助我们预测课题能否成功地实施，以及到底怎么实施。

除此之外，课题可行性分析还有如下意义：（1）帮助确定开发该课题的必要性和重要性；（2）确定课题的总预算和时间范围；（3）评估可行性和"市场"的竞争力，以便制定最佳的市场推广计划；（4）提供可行性分析报告，以便产生投资者信任和买家信任。

2. 课题可行性分析的要素

一份完整的课题可行性分析报告应该包括以下内容：

（1）"市场"分析：解决现状和价值问题，确定合适的"市场"范围，评估与课题有关的"市场机会"，并分析竞争状况。

（2）技术实现：解决研究者的水平和能力问题，评估技术可行性，确定技术选项，包括操作系统、硬件、网络架构和相关软件。

（3）财务分析：通常指经费的保障情况等。

（4）管理方案：评估项目团队、项目计划，确定实施课题的资源管理、采购管理和质量管理等方面的方案。

（5）法律和政策：评估课题开发涉及的法律和政策风险，包括知识产权问题、法规限制或行业标准等。

四、五大要素之间对应关系是怎样："一一对应法"

所谓的"一一对应法"是我们三位著者"生造"的一种填写技巧，也可以说是一种"投机取巧"的做法。这五个要素指的是：研究目标、研究内容、研究方法、研究计划和研究成果。

作为精深的研究，不能仅仅停留在这种方法之上，我们要在这种浅层的或者说"小白"的做法之上进行深挖和超越，否则就会"误入歧途"。

而我们之所以在撰写本书时，教给大家这样"投机取巧"的方法，是因为我们发现百分之八十以上的初次申报中这五个重要的部分都表达不清、相互冲突甚至矛盾，其实它们之间是"一一对应"的，这里我们强调不是"一致"而是"对应"。

这样一来，我们利用这个"法则"进行思考和课题设计就会容易得多，大家先看下面的 3 个表。

以课题《基于"三专模式"的教师专业发展实践研究——以丘北县为例》为参考。

"一一对应法"推演 1：请问老师们会先从哪个填写项目切入？

填写项目	思考、推演
研究内容	利用寒假、暑假深度研读文献，积累"三专模式"理论知识。
研究目标	通过深度研读相关文献，积累"三专模式"促进教师专业发展的理论知识。
研究方法	文献研究法。
研究计划	2023 年 1 月，研读文献并撰写心得，积累、研究相关理论知识。
研究成果	2023 年 1 月，教学论文或者其他（心得体会）。

"一一对应法"推演 2：请问老师们会先从哪个填写项目切入？

填写项目	思考、推演
研究内容	对我县教师开展抽样问卷调查，撰写《教师专业发展现状调查报告》。
研究目标	通过问卷调查分析我县教师专业发展的现状，突出教师以"三专模式"为途径促进自我发展的意义。
研究方法	调查研究法（问卷、访谈、观察法、检测法等）。
研究计划	（2023 年 3 月）开展"我县教师专业发展现状"问卷调查，收集并分析相关数据，撰写调查报告。
研究成果	2023 年 3 月，《教师专业发展现状调查问卷》、调查报告。

"一一对应法"推演 3：请问老师们会先从哪个填写项目切入？

填写项目	思考、推演
研究内容	（1）每月至少开展一次"专业阅读""专业写作"指导、分享交流活动（线上、线下相结合），收集优秀案例，积极分析归结，为完善"实践策略"奠定坚实基础。 （2）每个寒假、暑假至少举行一次"专业交往"学术交流会，达成"共享""共创"。 （3）收集并汇编案例集。（4）……（这就是对应但不一致）
研究目标	（1）依据"三专模式"促进教师专业发展实践策略开展实践活动，收集案例，形成案例集。并通过分析案例，不断完善"三专模式"促进教师专业发展的实践策略。 （2）根据实践绘制适合我县教师专业发展的"教师读写指南"，为更多教师的自我成长提供导向。
研究方法	行动研究法。
研究计划	（1）组建县域读书会和学术交流会，并预设性建立线上研修平台如分享 App，即将用到的 Cctalk 和钉钉，共写时用的微信打卡圈等。（2）（2023 年 5 月至 2024 年 1 月）开展实践，收集并分析案例，完善策略。积极开展"三专模式"促进教师专业发展实践策略的实践活动，收集案例，形成案例集。A. 每月至少开展一次"专业阅读""专业写作"指导、分享交流活动（线上、线下相结合，共约 10 次），收集优秀案例，积极分析归结，为完善"实践策略"奠定坚实基础。B. 每个寒假、暑假至少举行一次"专业交往"学术交流会（共约 2 次），达成"共享""共创"。C. 收集并汇编案例集。D. 分析案例，进一步完善实践策略，达成"在实践中完善，在完善中实践"。
研究成果	（1）2023 年 5 月至 2024 年 1 月，完善的策略（论文）、若干实践的案例。（2）2024 年 2 月，教师读写指南。（3）2024 年 3 月，优秀成长案例。

从表中我们发现：

不管喜欢从哪个视角来思考、论证课题，我们都可以把这五个重要的部分对应起来梳理，这样就会很清晰、明了，不至于造成重要板块之间的不一致甚至冲突。

就拿表1来看：我们以从"研究方法"入手来分析。

第一步，既然在我们的课题研究中有一定的研究方法，那么这个研究方法就一定是我们要用到的，一般来说，一个课题研究中会需要3～6种研究方法（不宜过多也不宜过少）。

第二步，对照研究方法，我们发现有文献研究法、调查研究法、个案研究法、实践研究法、行动研究法等。

第三步，所选择的是"文献研究法"，那么"研究内容"就会开展文献的检索和研读，相应地目标就是"通过研读文献，达成……"，当然"研究计划"中就要罗列什么时间做哪些文献的检索和阅读，最后就是"研究成果"中也写明"得到什么成果"。

第四步，以此类推完成其他内容的填写。

当然，就像前面交代一样：我们也可以从"研究内容""研究目标""研究方法""研究计划"和"研究成果"中的我们最擅长的视角入手。再如，根据自己在平时教育教学中的思考和做法，确定一个与自己曾经的教学密切相关的研究内容，我们也许会发现，我们的这一方面的行为中有过调查报告、实践案例、写过相关的论文，这样一来，我们又可以从我们的熟悉的"研究成果"去推敲其他板块的内容。就这么简单！

最后，我想说明的是：

1. 有了这些信息后，选题意义、研究假设（创新点）、研究思路、研究的重难点就不难了。因为它们是相通的，比如研究的意义就应该来源于研究内容，没有开展的内容，何来意义。但是，要避免"相同"或者"一致"，只能对应。

2. 值得注意的是，很多时候我们申报之前要查阅相关资料提前（至少一个月前）做好"论证"，这样就有助于综合计划并申报课题。

五、"新课程改革中教学范式转型研究"课题设计论证案例①

. 本课题核心概念的界定、国内外现状述评或"综述"述评、选题意义和研究价值；

. 本课题的研究目标、研究内容、研究假设和拟创新点；

. 本课题的研究思路、研究方法、技术路线和实施步骤。（限 4000 字内）

一、本课题核心概念的界定、国内外现状述评或"综述"述评、选题意义和研究价值

（一）核心概念界定

1. 新课程改革（New Curriculum Reform）：指 2001 年全国基础教育工作会议召开国务院批转《基础教育课程改革纲要（试行）》以来的新一轮基础教育课程改革，即全国第八次基础教育课程改革。

2. 范式（Paradigm）：范式是托马斯·库恩在《科学革命的结构》一书中提出的重要概念，意指在一定时期内，研究群体对研究的共同认知、公认价值和常用技术、给研究者共同体成为样本的问题及解决方法、被公认的科学业绩的总和。它所代表的主要是思想观念、意识层面的东西，通过具体的模式、方法、行为等得以体现。

3. 教学范式（Teaching Paradigm）：借鉴库恩的"范式"概念，我们把教学范式界定为教师群体对教学的共同认知、公认价值和常用技术的总和。教学范式是察看教学思想与实践的一种方式。教学范式是针对教学实践而言的，其主体是那些一线教育工作者们。

4. 教学范式转型（Shift of Teaching Paradigm）：本研究中的"教学范式转型"，指旧的教学范式出现了持续的严重危机，不能很好地解释和解决教学实践中一连串的新事实和新问题，逐渐被新的教学范式代替，新范式取得合法的、主流的、压倒性的地位的过程。

（二）国内外现状述评或"综述"述评

在我国，"范式"被引入教育教学研究领域后，人们从教育研究范式、课程范式、教学范式等方面作了研究。其中，"课程范式"与"教学范式"的研究与本课题直接相关。

"课程范式"研究集中在以下几个方面。

第一种是对课程范式的理解与规范。（1）把课程范式作为解题方式。靳玉乐教授持此观点，并尤其侧重"解题方式"。（2）把课程范式作为内容、成就和观念集合体。黄甫全教授持此观点，认为课程范式是特定时代里相互适切和有机联系在一起的一定的教育内容及其规范化结构程序、课程成就和课程观念的集合体。（3）把课程范式作为研究方法论。郝德永教授持此观点，认为在课程方法论探究中，范式是指在课程研制领域中所呈现的不同信念及其所导致的解题方式的差异。

第二种是对课程范式转型的研究。潘涌提出新课程改革以来，指令型课程范式向生成型、开放型、创新型课程范式转型。教学范式转型与课程范式转型密切相关，课程范式研究为本课题提供了重要背景。

"教学范式"研究集中在"一般教学范式"研究和"学科教学范式"研究两方面。

第一类：一般教学范式的研究。主要集中在两方面。一种是梳理既存教学范式。陈晓端梳理了当代六种教学范式。（1）教学的艺术范式。其特点是把教学看成一种艺术；（2）教学的科学范式。其特点是着眼于从教学的规律和原则上解释教学，力图将其他学科的理论和方法引入教学；（3）教学的系统范式。其特点是把教学看成一个系统来考察；（4）教学的技能范式。其特点是把教学看作是一种可以通过培养来提高的个人职业技能活动；（5）教学的反思范式。其特点是把教学看作是一种反思的实践活动。（6）教学的复合范式。其特点是树立当代教学是复合范式活动的新理念，坚持用多种视角对教学进行整体把握。一种是对教学范式进行深入比较。例如，钟启泉与佐藤学对"模仿范式"与"变革范式"的差异的比较，扈中平等对"独白式"教学范式与"对话式"教学范式的比较。

① 李冲锋 . 教师如何做课题 [M]. 上海：华东师范大学出版社，2013（8）：80.

　　第二类：学科教学范式的转型。论者对语文、数学、英语等学科的教学范式转型做了探讨。以语文学科教学范式研究为例，其研究概括起来大体上有三条路径。（1）从社会、政治变迁角度研究教学范式。此路径研究以阎立钦和周庆元为代表。（2）从语文教育内容角度研究教学范式。此路径以饶杰腾为代表，他概括出"文字型教育""文字－语言型教育""语言－人的发展型教育"三种范式。（3）从语文教学角度研究教学范式。有论者从教学中师生互动的角度入手，提出了语文教学"授受范式""导学范式""对话范式"三种教学范式类型。其他学科的范式研究也大致在此三种路径上展开教学范式研究。在西方，范式引入教育教学领域后，人们更多地注重对"教学研究范式"的研究，美国的盖奇（Gege）、多以利（Doyle）、舒尔曼（Shulman）等人都进行了深入探讨。郝德永和赵颖梳理过国外"课程范式"发现西方主要存在"范式作为方法论""范式作为模式""范式作为观念"三种类型的课程范式研究。西方对"教学研究范式"和"课程范式"研究较多，而对"教学范式"的研究非常少见。虽然如此，上述研究对"教学范式"研究仍然具有一定的借鉴价值。

　　上述教学范式研究为我们认识和研究教学范式提供了很好的基础。本课题将在这些研究的基础上，力图从宏观层面上，更为全面和深入地重点探讨"新课程改革"与"教学范式"形成与转型之间的关系，以期为新课程改革的开展与新课程教学的实施，提供理论支持与实践依据。

　　（三）选题意义与研究价值

　　1. 在理论上，本课题从"教学理念""教学行为""教学方式""师生关系"等维度，构建"教学范式"分析的理论框架，运用"范式"工具察看新课程改革对教学实践的影响，可以总结提炼出新课程改革背景下新的"教学范式"类型，为其他教学研究提供分析框架与理论工具。

　　2. 在实践上，本研究可以更好地把握新课程改革对教师教学和学生学习的影响方式、影响内容以及新课程改革中存在的问题，对新课程改革的实施进行全面的把握和对策建议研究。在本课题研究结论的基础上，将提出新课程改革进一步实施的对策建议，提出教师改进策略以更好地适应新课程改革的发展需求，从而促进新课程改革的进行，促进教师教学方式的改革和学生学习方式的转变。

　　二、本课题的研究目标、研究内容、研究假设和拟创新点

　　（一）研究目标

　　本课题将立足全国第八次基础教育课程改革对中小学教学实施的影响，通过理论分析与调查研究相结合的方法，重点探索"新课程改革"与"教学范式"形成之间的关系，研究新课程改革对教学范式转型的影响，探索教学范式转型推进的影响因素与机制，以期为新课程改革的进一步推进和新课程教学的有效实施提供科学合理的研究依据。

　　（二）研究内容

　　1. 新课程改革背景下教学范式转型的影响因素研究。主要从纵向与横向、内因与外因、教师与学生等维度，揭示新课程改革背景下促使教学范式转型的影响因素及其影响机制，揭示新旧教学范式转型的基本过程。主要集中在影响因素的分析与影响机制的探讨。

　　2. 新课程改革中教学范式的类型研究。梳理新课程改革以来人们提出的新的范式类型，并对其加以分析。集中对新课程改革中涌现出的新的教学范式加以命名并深入探讨其内涵。

　　3. 新课程改革给教师的教学行为和学生的学习行为带来的影响与改变，这些行为改变给教学效果与学习结果带来的影响。集中在影响方式、影响内容等方面的研究。

　　4. 教学范式转型对新课程改革的要求研究。教学范式转型对新课程改革同样提出了新的要求，需要新课程提供相应的对策。本课题将在研究基础上，重点为新课程进一步实施提供相应对策建议。

　　（三）研究假设

　　新课程理念的提出和新课程的实施对基础教育实践产生了重要影响，教师的教学观念、教学行为和教学效果发生了范式转型。这种范式转型有一个过程，存在新旧教学范式之间的斗争过程，经过新课程改革的推行，教学范式逐渐向新课程改革的方向转变，但同时也产生了一些与新课程改革理念不一样的教学风格。

　　（四）拟创新点

　　拟创新点：（1）总结提炼出新课程改革中出现的新的"教学范式"类型，对新教学范式科学地命名并深入论证其内涵与合理性；（2）对新课程改革的进一步推进提出科学合理的对策建议。

三、本课题的研究思路、研究方法、技术路线和实施步骤

（一）研究思路

首先，建立研究分析的概念框架，将"教学范式"区分为"教学理念""教学行为""教学方式""师生关系"等几个维度，并阐明这种维度区分的合理性。

其次，采取"理论分析"与"实践调查"相结合的思维路径。具体来说，就是对"教学范式"的已有研究进行理论分析并构建新的理论分析框架；同时，对一线教育教学实践进行实地调查研究。在理论研究与实践调查的基础上，对教学范式进行综合概括，全面把握教学范式的现存状况。

再次，对新课程改革前的教学范式与课程改革后的教学范式加以比较研究，通过比较研究"教学范式"之间的转换过程及其影响因素，揭示新课程改革的实施对教学范式转型的影响。

最后，根据研究结论对新课程改革提出新的发展建议，对教师教学提出新的实施建议，更好地推动课程改革的进行和教师教学的实施。

（二）研究方法

1. 文献研究法：对新课程改革前与新课程改革后的相关研究成果、教学实录、教学设计等文献进行文献分析，以确认旧范式与新范式之间的相关内容。

2. 调查研究法：通过调查问卷、师生访谈、专家访谈等方式，对新课程改革中影响教学范式转型的因素、教师和学生在新课程教学中的变化等，深入做调查研究。

3. 统计研究法：统计问卷调查的结果，在定量研究的基础上做出定性分析研究，做到定量与定性分析相结合。

4. 案例研究法：收集、开发新课程改革中教师和学生在新课程改革影响下转变的个案，对案例做出深入剖析以揭示教学范式的转型情况。

5. 比较研究法：在纵向维度上对新课程改革前与新课程改革后教师和学生在思想观念、教学行为、学习行为、师生关系等方面的内容进行深入细致的比较，以研究范式转型的过程、结果等内容。

（三）技术路线

确定研究目标→提出研究假设→构建理论分析框架→在研究假设和理论分析框架的指导下展开问卷调查、师生访谈、专家访谈等调查研究，同时对新课程改革前后的相关文献作对比分析→在上述研究的基础上做出综合研究与分析→得出研究结论，提出研究建议。

（四）实施步骤

1. 准备阶段（2010年5月—2010年12月）

组织课题会议，研讨课题实施方案。

在原有资料的基础上，进一步搜集和整理相关研究资料。

确定调查和访谈对象，设计调查问卷、访谈提纲等。

准备与研究相关的设备、联系访谈对象、调查学校等。

2. 调查阶段（2011年1月—2011年9月）

对相关课程教学专家进行新课程改革实施方面的访谈。

对教师进行新课程改革以来教学实施情况的问卷与访谈调查。

对学生进行学习情况的问卷与访谈调查。

对调查问卷进行统计分析。

3. 分析阶段（2011年9月—2012年8月）

根据前期理论研究与调查统计分析，对教学范式转型情况做出全面的研究。

写阶段性的相关研究论文。

公开发表相关研究成果。

4. 总结阶段（2012年9月—2012年12月）

组织课题组成员撰写研究报告，准备接受课题委员会的终期验收与审核。

第四章　如何申报课题

知识结构图：

一、课题申报程序有哪些

二、课题申报要求是什么

三、课题申报书怎样书写

 （一）课题基本信息

 （二）相关研究成果

 （三）相关研究课题

 （四）课题设计论证

 （五）课题保障分析

 （六）课题研究预期成果和最终成果

四、课题申报应注意的事项有哪些

五、附：课题保障分析案例

> 课题申报书的填写不仅仅是一个写作问题，更是研究者科学素养的综合体现。因此，要在课题申报书中充分地展现申报者的科学素养。

一、课题申报程序有哪些

申报课题要熟悉课题申报的基本类型与基本程序，根据类型和程序申报。

（一）课题申报的类型

1. 自选课题向上申报；2. 上发课题，自下申报。

（二）课题申报的程序

1. 获取课题申报信息

公布的课题申请信息主要包括课题申请指南、课题申请要求、课题申请表格。课题申报者要关注和留意这样的信息，并做详细的研读和分析。

2. 确定申报的课题

按照"第二章"选择恰当的课题，注意尽量从课题指南中选择相关的课题申报，这样的命中率相对自选课题要高一些。

3. 填写课题申报书

课题申报书包含课题名称、课题研究可行性论证、已有研究基础等内容。

课题申报书的写作要做到逻辑严密、思路清晰、方法独特，能够说服课题评审专家，让他们确认申报人完全有能力高效完成这个课题。

课题申报书的填写有：直接纸质填写（现在很少）、电子版填写并打印、网络注册后填写（省级及以上）。

4. 提交课题申请书

打印纸质申请书或者网络填写后导出打印的纸质申请书经层层推荐审批后上交课题主管部门。

二、课题申报要求是什么

（一）研读相关要求

1. 认真阅读"申报须知"；2. 认真阅读"课题指南"；3. 认真阅读"填写说明"。

（二）注意申报限制条件

如：年龄、职称、字数（题目字数、论证字数）、日期时限（起止时间的严格规定，否则无法网络申报）、信息限制（如"论证活页"内的匿名信息等）。

三、课题申报书怎样书写

（一）课题基本信息

1. 申报者个人信息

包括课题主持者的个人信息和课题参与者的个人信息。申报者个人信息一般是比较固定的，申报者只需如实填写即可。

2. 课题的基本信息

课题的基本信息大致包括：

（1）课题名称：根据专题"第二章（七）"确定研究课题中的课题表述事项，准确、简明地反映研究内容。课题名称的字数一般有限制，注意不要超过字数限制。有些课题名称的限制中标点符号算字数。

（2）关键词：按研究内容设立。注意关键词的个数限制，不要超过。词与词之间的间隔要注意，有的要求空一格，有的要求用分号隔开，有的要求用顿号隔开，需按照要求填写。

（3）选题依据[①]：指根据课题指南中的第几项第几条来选择所申报的课题；自选课题则填写"自选"。

（4）课题类别[②]：是指课题的级别和类型。在课题填写说明上会列出课题类别，可以借此填写。

（5）学科分类：指课题研究所属的范围。在课题填写说明上会列出课题类别，可以借此填写。

（6）研究类型：一般分为四种：A. 基础研究；B. 应用研究；C. 综合研究；D. 其他研究。

（7）申请经费额度：按照申请课题类别及资助经费标准填写。[③]

（8）预期最终成果：指最终完成的成果形式，如论文、著作、研究报告、案例等。

（9）预计完成的时间：指课题预计最后完成的时间，写明年月。

① 李冲锋 . 教师如何做课题 [M]. 上海：华东师范大学出版社，2013（8）：91.

② 同上

③ 李冲锋 . 教师如何做课题 [M]. 上海：华东师范大学出版社，2013（8）：92.

附：课题申报"数据表"①

课题名称							
关键词							
选题依据			指南题号				
项目类别		学科分类			研究类型		
负责人姓名		性别		民族		出生日期	
行政职务		职称			身份证号		
最后学历		最后学位			担任导师		
所在州（市）			研究专长				
所属系统			电子信箱				
工作单位		×××省××州××县××中学校					
通信地址			邮政编码				
联系电话			手机				
主要参加者							
姓名	出生日期	职称	学历	研究专长	工作单位		本人签名
预期最终成果							
申请资助经费（单位：万元）			预计完成时间				

（二）相关研究成果

相关研究成果指负责人和课题组成员近年来取得的与本课题有关的研究成果。相关研究成果可以分为直接相关研究成果与间接相关研究成果。

直接相关研究成果，是可以为本课题研究打下基础或构成本课题研究部分内容的研究成果。②

间接相关研究成果，是虽然不能直接为课题研究服务，但可以为课题研究带来启发或其他帮助的研究成果。③

课题负责人和课题组成员的相关研究成果都可以写进来。④

相关研究成果的填写内容如下表：负责人和项目组主要成员近三年取得的与本项目有关的研究成果。

---

① 本部分选用的两个"样表"均选自云南省哲学社会科学教育科学规划项目申报书。
② 李冲锋.教师如何做课题 [M].上海：华东师范大学出版社，2013（8）：94.
③ 同上
④ 同上

成果名称	著作者	成果形式	发表刊物或出版单位	发表出版时间

（三）相关研究课题

相关研究课题，指负责人和课题组成员近年主持的相关重要研究课题。

这一项内容有助于课题评审者了解课题申报者及课题组成员的课题研究经历、所做课题的级别等，据此推断课题申报者及其团队的研究能力、研究水平、研究时间等，从而判断他们能否胜任现在申报的课题。

如果这一项是空白，就可以判断申报者近年来没有从事过课题研究的经历。如果申报成功，这可能是他第一次正式担任课题负责人。

如果课题负责人同时还担任着好几项课题研究，而且都还没有结题，这说明课题申报者具有很强的课题申报能力，甚至具有很强的研究能力，但可能没有更多时间从事本课题的研究。这些信息将在一定程度上影响评审者最后做出决定。

（四）课题设计论证

课题设计论证是课题申报书中的核心内容。这部分内容州级及以上课题往往会要求以论证活页的方式专门打印，以供专家匿名评审使用。具体填写方法及内容敬请参照第三章"如何设计课题"相关内容。

（五）课题保障分析

课题保障分析，也称为完成课题可行性分析，主要包括：

1. 课题负责人研究经历（也叫"学术简历"）

课题负责人的研究经历或学术经历，主要介绍课题负责人的研究领域、研究方向，做过哪些项目、课题，有哪些研究成果，有何学术兼职等。

这部分内容可以帮助评审者判断课题负责人是否有能力承担完成所申报的课题。但要注意在"课题论证活页中"隐匿相关信息。

2. 研究基础

（1）已取得的相关研究成果

在申报书中，已取得的相关研究成果可以按照作者、成果名称、发表刊物、发表时间等信息比较详细地填写。但是，在评审书（"课题设计论证"活页），即匿名评审部分，则需要隐匿相关信息。

（2）研究成果的社会评价 ①

研究成果的社会评价，主要是已有研究成果的社会反响。一般可从研究成果的影响面、影响度等方面写，具体而言，可以写读者的评论、成果的获奖情况、成果被采纳的情况、成果的实际运用及效果等。为了突出成果的社会评价，可以把上述内容分类、分条目写作。

3. 主要参考文献 ②（有的地区要求填写在"课题设计"部分）

主要参考文献是指写课题申报书时所参考的主要文献。其看似不重要，其实很重要。评审专家可以从有限的参考文献里判断课题申报者的水平。

（1）注意文献的排序

参考文献最好以与课题的相关度来排序，把与课题研究最直接相关的排在最前面，依次递减。

（2）突出代表性文献

即在一般规定的十条文献内精选有代表性的文献。代表性、典型性文献的出现可以增加评审者对申报人的信赖感。

（3）兼顾文献类型

即期刊文献、书籍文献，国内文献、国外文献等，都能兼顾。

4. 课题组成员的构成与分工

（1）课题组成员的构成：学历、专业、年龄、职称、经验等方面构成。

（2）课题组成员分工：课题研究及管理等工作上不同职责的分配。

5. 完成课题的保障条件

包括研究资料、实验仪器、配套经费、研究时间、所在单位条件等，可以划分为资料保障、物质保障、经费保障、时间保障、管理保障等方面。

（六）课题研究预期成果和最终成果

课题研究的价值和真实过程需要看得见、摸得着的成果来检验，评审专家要关注和认可你申报的课题，就要知道，通过研究后，将要得到什么。

这个成果在申报时分为预期成果和最终成果，常常在申报书的"表六"中呈现，具体栏目如下：

---

① 李冲锋．教师如何做课题 [M]．上海：华东师范大学出版社，2013（8）：97．
② 同上

主要阶段性成果（限报 10 项）				
序号	研究阶段（起止时间）	阶段性成果名称	成果形式	负责人
1				
2				
……	……	……	……	……
最终研究成果（限报 5 限，其中必含研究报告和论文）				
序号	研究阶段（起止时间）	阶段性成果名称	成果形式	负责人
1				
2				
……	……	……	……	……

需要注意的是：

1. 所得到的成果要与研究内容、研究计划相一致或者匹配，如果研究计划中产生的"成果"超过 10 项时可以选最重要的 10 项填写。

2. 最终成果限报 5 项（有的州市级部门只能报三项），其中一定包括研究报告和研究论文，与"预期成果"中的重要成果相一致，不要"另生成果"，导致前后冲突。

3. 填写的起止时间要和研究计划相一致。

4. 成果的形式有：专著、译著、研究报告、论文、软件、其他，注意与填写说明中的形式叫法一致，通常如教案、心得体会等归为其他。

5. 负责人要根据课题组成员的特长和分工合理安排，不能过于笼统，参与者可能很多，但这里需要填的是这项工作具体由谁来负责。

6. "阶段性成果名称"规范：这是一个最容易出现的错误，特别注意要填写的是"名称"而不是活动，比如：开展的活动是"问卷调查"，那么成果名称就是"……调查报告"，最后对应的成果形式就是"报告"（案例看下表）。

四、课题申报应注意的事项有哪些

1. 提早准备：早选题、早研究、积累一些前期成果。

2. 前后一致：内容与目标是否一致；前期成果与本课题是否相关；参考文献与内容是否相关；研究成果类型是否一致；相关时间是否一致；费用是否一致。

3. 注意细节：注意要求的字数；注意装订要求；注意签章；注意校对。

例如，研究项目：基于新课标的初中语文大单元教学设计实践研究

主要阶段性成果（限报 10 项）				
序号	研究阶段 （起止时间）	阶 段 成 果 名 称	成果形式	负责人
1	2024 年 3 月	基于新课标的初中语文大单元教学设计实践研究开题报告	报告	普利辉
2	2024 年 4 月	基于新课标的初中语文大单元教学现状调查报告	报告	安×× 李××
3	2023 年 9 月至 2024 年 9 月	新课标、初中语文大单元教学设计等相关理念线上研修心得（第一轮）	其他	何×× 孟××
4	2024 年 5 月至 8 月	初中语文大单元教学设计策略（第一轮）	论文	全体成员
5	2023 年 9 月至 2024 年 9 月	初中语文大单元教学经典案例和教学设计（第一轮）	专著 （初稿）	安×× 李×× 赵××
6	2024 年 9 月至 2025 年 9 月	新课标、初中语文大单元教学设计等相关理念线上研修心得（第二轮）	其他	何×× 孟××
7	2025 年 1 至 2 月 2025 年 7 至 8 月	初中语文大单元教学设计策略（第二轮）	论文	全体成员
8	2024 年 9 月至 2025 年 9 月	初中语文大单元教学经典案例和教学设计（第二轮）	专著（定稿）	安×× 李×× 赵××
9	2025 年 9 月至 12 月	结题报告：基于新课标的初中语文大单元教学设计实践研究	报告	普利辉

最终研究成果（限报 5 项，其中必含研究报告和系列研究论文）				
序号	完成时间	最 终 成 果 名 称	成果形式	负责人
1	2024 年 4 月 30 日	基于新课标的初中语文大单元教学现状调查报告	报告	××
2	2025 年 8 月 31 日	初中语文大单元教学设计策略	论文	××
3	2025 年 9 月 30 日	初中语文大单元教学经典案例及教学设计	专著	××
4	2025 年 12 月 20 日	结题报告：基于新课标的初中语文大单元教学设计实践研究	报告	××
5				

五、附：课题保障性分析案例 ①

"新课程改革中教学范式转型研究"的完成课题的保障性分析

> 已取得的相关研究成果及其社会评价（引用、转载、获奖及被采纳情况），主要参考文献（限填10项以内）；课题负责人的主要学术经历，主要参加者的学术背景和人员结构（职务、专业、年龄等）；完成课题的保障条件（如研究资料、实验仪器设备、配套经费、研究时间及所在单位条件等）。（限1500字内）
>
> 一、已取得相关研究成果及其社会评价
>
> （一）已取得相关研究成果
>
> 1. 个人专著：《语文教学范式研究》，26万字。
>
> 2. 参著：《语文教学范式的转型》，2万字。
>
> 3. 参著：《新课程语文教与学》，6万字。
>
> 4. 参著：《语文新课程教学论》，4万字。
>
> 5. 论文：《新课程中教师的角色转换》，4000字。
>
> 6. 论文：《走向对话教学——对话教学基本问题探究》，8000字。
>
> 7. 论文：《对话教学的环境创设》，6000字。
>
> 8. 论文：《教师如何开发利用课程资源》，8000字。
>
> 9. 参编：《中国基础教育舆情报告·2007》《中国基础教育舆情报告·2008（上）》《中国基础教育舆情蓝皮书：2009》等3部著作，每部约4万字。
>
> 10. 编：《中国教有研究新进展2004》、《中国教育研究新进展2005》《中国教育研究新进展2008》《中国教育研究新进展2009》等4部著作，共约10多万字。
>
> （二）已取得相关研究成果的社会评价
>
> 1. 读者书评。《语文教学范式研究》被读者自发写作书评在网络和全国中文核心期刊上发表。
>
> 2. 人大复印报刊资料收录。《对话教学的环境创设》等成果被中国人民大学报刊复印中心《中小学教育》《素质教育》《中学语文教与学》等全文复印。
>
> 3. 论点摘编。相关成果被《基础教育课程》《早期教育》《语文学习》等多家刊物论点摘编。
>
> 4. 书籍收录：相关成果被3部书籍收录。有成果被认为对新课程教学实践富有深刻启示性意义。
>
> 5. 他人引用。据不完全统计，相关成果被书籍、期刊论文、硕士博士论文引用几十次之多。
>
> 6. 网上评论。成果被多家网站引用，教学范式研究专著被认为是具有开创意义的学术专著。
>
> 二、主要参考文献
>
> 1. 钟启泉，崔允漷. 为了中华民族的复兴，为了每位学生的发展——基础教育课程改革纲要（试行）解读 [M]. 上海：华东师范大学出版社，2003.
>
> 2. 钟启泉. 寻求课程范式的转型——中国大陆基础教育课程改革的进展与问题 [J]. 比较教育研究，2003 (1)：6-10.
>
> 3. 傅敏. 论学校课程范式及其转型 [J]. 教育研究，2005 (7)：38-43.
>
> 4. 胡定荣. 论教学论发展的危机与范式转型 [J]. 教育研究，2005 (7)：44-48.
>
> 5. 胡秀威. 西方教学研究范式的演进 [J]. 比较教育研究，2003 (2)：6-10.
>
> 6. 陈晓端. 当代教学范式研究 [J]. 陕西师范大学学报（哲学社会科学版）. 2004 (5)：113-118.

---

① 李冲锋. 教师如何做课题 [M]. 上海：华东师范大学出版社，2013（8）：102.

续表

7. 马开剑.传统课程与教学范式的缺陷探析与整体转向 [J].当代教育科学.2004(15)：22-25.

8. 蔡春，扈中平.从"独白"到"对话"——论教育交往中的对话 [J].教育研究，2002 (2)：49-52.

9. 潘涌.课程范式的转型与解放教学创造力 [J].全球教育展望，2009，38 (2)：11-16.

10. 魏本亚.高中"新课标"带来的语文教学范式革命 [J].中国教育学刊，2003 (8)：33-35.

三、课题负责人主要学术经历

课题负责人，男，35 岁，毕业于 985、211 师范大学课程系、教育学系，获教育学硕士、博士学位，副教授，硕士生导师，受两所高校聘请为硕士研究生授课。研究专长：课程与教学论。新课程改革以来，一直追踪研究新课程改革的理论与实践。

独立出版个人专著 3 部，主编、参著、参编教育教学著作 20 多部；在《全球教育展望》《教育理论与实践》《教育发展研究》《中国教育报》《中华读书报》等全国 40 多家报刊发表教育教学论文 80 多篇；有 10 多篇论文被人大报刊复印资料《中小学教育》《中小学学校管理》《素质教育》等全文复印，多篇论文被《教育学文摘卡》《中国教师报》《基础教育课程》等刊物论点摘编。

主持个人课题 3 项，参与国家教育科学规划"九五""十五"重点课题等多项。

应邀在上海、浙江、甘肃、山东等地做学术报告 40 多场次。指导上海、浙江等地 4 所中小学的教学研究课题。

四、主要参加者的学术背景和研究经验、组成结构

1. 学历构成：课题组成员均具有著名大学的研究生学历，两位博士、两位在读博士、一位硕士。

2. 专业构成：有课程与教学论、比较教育、中国教育史、教育统计与测量，专业结构合理。

3. 年龄构成：课题组成员年龄在 31-38 岁之间，平均年龄为 34 岁，是一支年富力强的队伍。

4. 职称构成：课题组有两个高级职称、三个中级职称，高中级职称比例为 2：3。

5. 课题研究经验：课题组成员均参加过省部级以上课题研究，具有省部级课题研究经验。

五、完成课题的保障条件

1. 研究保障。负责人的前期研究已有大量成果和深入思考，可以保障研究的质量。

2. 资料保障。在长期研究过程中已积累大量理论资料与教学实践资料，可保障研究顺利开展。

3. 经费保障。如果课题申请成功，所在单位会配发相应的课题经费，可以保证课题顺利实施。

4. 时间保障。负责人主持的几项课题已结题，有充分的时间专心放在本课题的研究上。

5. 人员保障。课题组成员都受过教育研究专业训练，结构合理，会尽心尽力从事本研究。

6. 管理保障。所在单位积极支持本研究的申请与研究，具有良好的研究管理条件和信誉。

第五章　如何做好开题

知识结构图：

一、开题论证意义是什么

二、开题论证方式有哪些

三、开题报告与申报书有什么区别

四、开题论证会准备什么

五、开题论证会怎样召开

六、开题论证报告怎样修改

七、附：《农村地区辍学问题及策略研究》开题报告课题在获得立项之后，还需要做课题论证。开题论证，也称课题论证，是有组织地、系统地鉴别研究的价值，分析研究条件，完善研究方案的评价活动。课题论证是一项严肃认真的工作，应以实事求是的科学态度进行，要认真准备论证材料，详细介绍课题情况，虚心听取论证意见和建议，并根据论证处理，完善研究方案。①

开题论证是对所立项的课题进行诊断，是在课题申报的基础上对课题的可行性进一步论证。需要重新梳理与课题相关的文献，并查证新资料。最终据此在课题申报书的基础上填写开题报告，拟定课题开展研究实施方案。

开题标志着课题研究工作的正式开始，开题时课题组要根据专家和领导的建议，及时合理地调整课题的研究方向和计划。

专家凭借自己开阔的视野、精深的素养、丰富的经验，对课题研究提出"必要性、科学性、可行性、优越性"分析和宝贵的评议意见，使研究方向更具体、研究思路更清晰。

一、开题论证意义是什么

召开开题报告会，一般要实现以下目的：

1. 明确研究目标、内容、思路及研究方法

课题主持人要通过开题报告，让课题组成员明白：本课题主要研究什么，为什么要研究，怎样去研究。

同时要对研究的目标、思路和方法等问题做进一步地阐述。这样就可以使课题组全体成员再次聚焦研究目标和研究内容，进一步理清研究思路和方法，促进研究的有效开展。

2. 分解研究任务，落实成员分工

课题主持人会根据课题组成员的个人能力和专长，明确课题的研究任务，分解研究内容，对课题组成员谁做什么，怎么去做，何时完成什么阶段性成果等都会进行合理而明确的分工，使每个人都清楚地了解自己的工作和责任，便于大家分工协作，更好地发挥课题组的团队优势，同心协力，共同完成研究任务。

---

① 李冲锋. 教师如何做课题 [M]. 上海：华东师范大学出版社，2013（8）：106.

3．进一步研讨课题研究的可行性

评议专家会针对该项研究实施计划的科学性、可行性等问题进行科学的论证和指导，并提出具体的调整意见或建议，还要对课题实施的可行性写出书面评估意见，使课题的实施计划更加完善。所以，课题报告会也是一次极为难得的课题研究指导培训会，可以确保整个课题研究科学有序、高质量地顺利进行。

4．完善研究方案，扩大社会影响

课题组成员进一步地修改、完善开题报告，促进课题研究工作高质量、高水平运行，提升教育科研品位、社会影响和知名度。

二、开题论证方式有哪些

一般情况下，课题负责人把填好的开题论证报告复印若干份，分送到被邀请的专家手中，请他们事先审阅，然后约定时间和地点，个别交换意见或者举行开题论证会。

开题报告的组织形式一般有以下三种：

1．自我论证型

有些课题主持人主持课题研究经验丰富，对做好课题研究极有把握，他们本身就是专家。这样的开题报告会采用的是自我论证形式。在开题报告会上，课题主持人只需要认真介绍课题研究的目标、内容操作方法，把开题的重点放在课题组成员分工上面，只要课题组成员都能明确各自的研究任务，经过充分酝酿讨论，就课题研究达成一致意见即可。

2．专家指导型

这是一种最常见的开题报告会形式。采用这种形式，需要课题主持人提前将开题报告送交评议专家和课题组成员审读。然后在有关领导、专家和全体课题组成员参加的开题报告会上，将开题报告的具体内容向大家一一介绍。在此基础上，专家针对开题报告中存在的问题给予指导，提出中肯的修改意见。最后课题组成员针对专家提出的指导意见，在进行充分酝酿讨论的基础上，修改完善开题报告。

在这样的开题报告会上，专家的具体指导，大家的充分讨论，能使课题组成员进一步明确研究思路和操作方法，既知道该项研究主要做什么，又明白自己怎么去做，可以收到非常理想的效果。

3．会议交流型

有时候，本单位或本地区有几个课题都需要开题，就可以采用会议交流型开题方式。这样做既节约了会议开支，又使各课题之间相互交流了课题研究经验，两全其美。但需要注意的是，如果课题多，就会因时间紧张，造成课题组报告受限制、专家点评不到位、课题组成员讨论不充分、效果不理想等现象的出现。所以，几个经过充分准备的课题同时开题是可以的，但不宜太多，一般以两三个为宜。

三、开题报告与申报书有什么区别

查阅开题报告，我们会惊讶地发现很多板块和内容与申报书一样或者相似，于是不少研究者在填写的时候就直接简单地"复制——粘贴"，这是不可取的。开题报告与申报书在主要功能、面对专家、目的、时间和准备等方面截然不同，所以看似相同的板块其表达不尽相同。

栏目	课题申报书	开题报告
主要功能	用于课题评审，对课题作出判断	用于开题论证，对课题作出诊断
面对专家	课题评审专家：了解要做什么	开题论证专家：指导要怎么做
目的	侧重于说明课题研究是否有价值、是否有创新性和可行性，具体研究哪些方面、达到怎样的目标等。目的是争取专家的关注和认可，得到立项。简单说就是"让专家知道要做一件怎样有价值的研究"！	侧重于使课题申报书中的各个部分的设计更优化、更具体，明确怎样操作、得到具体的目标。目的是完善和充实，细化和明确。简单说就是"让专家明确要怎样去做这件有价值的研究"！
时间	在课题立项之前，无论是否认可都可以填写上交。	在课题立项之后，没有立项就不用填写上交。
准备	选题、拟题；文献检索；设计（论证）课题；填写、上报。	查阅资料；培训成员；明确分工；相关调研；撰写开题报告；组织开题；修改完善开题报告；制定研究方案。
两者联系	开题论证是在课题申报的基础上，对课题可行性的进一步论证。开题报告可以在课题申报的基础上完善性、细化性撰写。	

四、开题论证会准备什么

（一）做好开题准备

1. 查阅研究资料

首先，课题组成员要查阅、搜集与课题有关的文献资料，这是进行课题研究的通常做法。

其次，课题组成员要对搜集到的研究资料进行动态分析。其中最重要的一个环节是弄明白本课题研究的问题。要清楚前人已经进行过哪些研究，解决了哪些问题，还存在哪些没有解决的问题，在他们解决问题的过程中有哪些值得借鉴的经验教训等。

这样做一方面可使研究少走弯路，避免重复无用的劳动；另一方面还能让课题研究一开始就站在一个较高的起点上。

2．组织培训学习

组织课题组成员培训学习是课题研究的重要环节。因为只有课题组成员统一了思想，提高了认识，明确了目的，明白了内容，掌握了方法，课题研究工作才能准确、高效地开展。

一般来说，学习培训的内容有以下几个方面：

（1）课题研究的意义

该项培训的目的是提高课题组成员对课题研究的认识，转变固有的僵化的教育教学观念。

（2）相关文献资料的搜集和梳理

目的在于开阔课题组成员的视野，借鉴前人同类课题研究的经验，发现前人研究的不足，以便在以后的课题研究中扬长避短，力求创新。

（3）常用的教育科研方法

学习常用的教育科研方法是为了让课题组成员手上有技术，手中有方法。这样在进行课题研究的时候才能做到有的放矢、游刃有余，并最终确保课题高质量、高水平地完成。

（4）课题研究的内容和举措

通过培训和研讨，使课题组成员对即将展开的课题研究的目的、内容、方法措施等有更清晰全面地了解。

培训学习在形式上，可以采取个人自主学习、集体讨论与开办专题讲座相结合等形式，也可以采取"走出去，请进来"的办法，或组织课题组成员外出学习取经，或邀请有关专家到本单位指导，让静态的理论学习与动态的参观相结合。

3．明确课题分工

课题研究是一项系统科学而复杂的工程，仅靠个人努力是难以完成研究任务的，因此它需要组建一个高效的研究团队——课题组。组建课题组的目的就是**充分发挥团队优势，群策群力，集体攻关**。

在申报课题时，已经进行了课题组分工，在开题阶段，要使课题组分工情况进一步明确和细化，需要注意以下两点：

（1）分工要明确、合理

主持人在进行分工时，一定要根据课题组成员的个人能力和专长，合理而明确地分工，确保在研究过程中，人人有事做，事事有人做。否则会导致除课题主持人外，其他成员不知道自己干什么，有劲使不上，只能干着急。或者因课题分工有交叉，大家互相推诿。本来课题是大家的课题，结果却成了主持人一个人的课题。主持人事必躬亲，累得要死，而其他人却无所事事，坐享其成。这不仅会影响研究工作的顺利进行，而且会对教科研工作的科学性、规范性和创新性带来极大影响。

（2）创新分工形式

还有一种分工形式极具创新性，就是把课题以子课题的形式分解，让每一名成员都承担一项子课题的研究任务。这种创新形式不但使课题组成员分工明确，人人都有自己的研究方向和研究重心，而且要求组员有强烈的团体意识，因为只有大家的研究内容加在一起才能构成一个完整的课题。这从客观上促使大家在研究过程中，定时集合、交流，分别就自己所研究的子课题切磋交流，分享经验教训，同时讨论各自在研究过程中遇到的问题，在集思广益的基础上达成共识。有些课题组在开题之前，还要做一些问卷调查和数据分析等工作。

（二）撰写开题论证报告

开题报告有相对固定的结构和写法，大致如下：

1. 研究意义

研究意义可以从现实需求方面去论述，说明在教育实践中确实存在这样的问题，需要研究和解决。这就是"问题的提出"。然后阐述这个问题的解决对学校教师和学生的可持续发展有什么促进作用，对本校、本地区的教育教学工作会产生什么影响，对整个教育改革和发展又会有什么贡献。

中小学教师的课题研究更多地趋向于应用研究，指向操作层面，因此都有重要的现实意义和实践意义。但是一般情况下，又往往难以在理论意义上开创新的领域、填补学术空白，比较可行的研究就是对某一相关理论起到细化、充实、验证，甚至推动其发展的作用。

因此，关于课题研究的实践意义可以详述，理论意义可以简述，但二者不可偏废。即使不能提出新理论，也一定要在科学理论的指导下开展课题研究，盲目的教育教学实践往往劳民伤财、徒劳无功。

2．研究目标

研究目标就是通过研究要解决哪些具体问题，要达到什么样的目的。在确定研究目标时，要注意紧扣课题，用词准确简练。在课题研究中，研究目标必须明确而具体。例如课题"低年级小学生良好学习习惯培养的策略研究"是这样确定研究目标的[①]：

（1）探索出一套适合培养我校低年级小学生良好学习习惯的策略和方法。

（2）改变我校低年级学生的不良行为，使学生从小养成认真书写、专心听讲、积极动脑、按时完成学习任务、主动预习复习等良好的学习习惯，提高学生的学习成绩。

（3）让每位教师通过不断地实践、探究、反思，探索出一套培养小学生良好学习习惯的有效做法，以提高自身的教学水平和课程实施水平。研究目标的第一项提出，探索出一套策略、方法是总体目标。第二项是学生目标，第三项是教师目标，即通过本课题研究，预计在学生教师层面分别达到怎样的要求。

3．研究内容

研究内容是开题报告的重点内容，是课题研究目标的落脚点，因此要根据研究目标来确定研究的内容。需要注意的是，研究内容要与研究课题相吻合，与研究目标相照应。要明确回答研究的问题是什么，研究的是问题的哪些方面。这就要求我们把课题所提出的研究内容进一步细化为若干小问题，然后用简明的标题式语句列出，并具体论述其观点和操作办法。也可以在课题大框架下以子课题的形式出现。

总的来说，研究内容是开题报告的重头戏，它关系到整个研究过程，是对今后开展课题研究的基本思路和撰写研究报告及有关研究论文的基本框架的描述。

因此，研究内容的表述一定要具体、明确，具有可操作性。

4．研究的重点、难点、创新点

对课题研究重点、难点、创新点的定位是否准确，直接影响着课题研究的深度、广度和价值。

（1）研究的重点，是指在本课题研究内容中哪个方面是研究的重点；

（2）研究的难点，是指从研究内容、过程和研究者水平等方面来看，困难比较大的方面；

---

① 杨东伟．基础教育教学课题研究十八问（方法篇）[M]．郑州：大象出版社，2017（8）：133．

（3）创新点，是指本课题的研究有哪些方面的创新。我们常常听说某课题或者项目填补了国内外什么领域的空白，其实就是指它的创新。

5. 研究方法

这里的研究方法，是指在课题研究中要采用的科学研究方法，并需要说明在本课题研究中如何运用这一种或几种方法，而不是对这些研究方法进行概念解释。

在中小学课题研究中，一般常用的方法有问卷调查法、文献研究法、行动研究法、实验研究法、个案研究法等。如你采用的是问卷调查法，还要说明一下你所用的问卷是沿用前人的还是自制的。

有些人在介绍研究方法时，常常会罗列出很多研究方法，以显示自己学识广博，结果却适得其反。因为在内行人看来，这正是研究者思路不清、水平不高的表现。好的研究常常不需要太多方法，方法太多恰是没有方法、不懂方法的表现。所以，在写研究方法时，只写主要的研究方法，1～3种即可。

6. 研究进度安排与预期成果

研究进度，就是课题研究在时间和顺序上的安排。[①]

一般划分为三个阶段：前期准备阶段、中期实施阶段、后期总结阶段。[②]

每个阶段从什么时间开始，至什么时间结束，每一阶段的工作任务和要求是什么，课题组成员各负责完成什么工作，都要落实到书面计划中。从而保证研究过程有条不紊、循序渐进，研究任务保质保量按时完成。

课题研究的目的就是获得一定的教科研成果。课题研究预期的阶段性成果有哪些，最终成果是什么，这些成果以什么成果形式（如开题报告、中期报告、研究报告、研究论文、校本教材、专著、软件、课件等）出现，由谁来负责完成，都必须交代清楚。否则，研究工作就会陷入盲目状态，并使成果的验收、鉴定无法进行，甚至导致整个研究工作落空。

7. 主要参考文献

在撰写开题报告时，如果引用了他人的文章材料、论点、数据等，要按要求注明出处。这不但是尊重他人劳动成果的体现，而且也反映出课题组严肃认真的科学态度，是开题报告的科学依据。

在写主要参考文献时，格式要规范。其顺序可以按作者、论文或专著题目、

---

① 杨东伟．基础教育教学课题研究十八问（方法篇）[M]．郑州：大象出版社，2017（8）：136.

② 同上

文献类型标识、出版地、出版者及出版时间来标注。另外，每部分的标点符号也要符合规则。

（三）确定开题时间地点

在准备好开题论证报告后，要确定开题论证的时间与地点。一般来说，课题立项后一个月或两个月内必须开题。而会议地点一般选在课题负责人所在单位。

（四）聘请开题论证专家

开题论证专家的聘请一般由课题管理部门和课题组根据实际情况商定和安排。课题组需要按照课题管理部门的要求去做即可。

开题论证的专家一般以三五人为宜，通常为三人。

（五）布置开题论证会场

1. 会场座位布置成圆形或者椭圆为宜；

2. 有必要在座位上设置席位牌；

3. 专家组和课题组尽量安排在相互面对的两边；

4. 布置一定的论证标语。

（六）展示论证内容的方式

1. 打印纸质审读；

2. 制作成课件。

为了更好地呈现课题内容，往往还需要在开题论证报告的基础上，制作 PPT 等课件以便于在开题时简明清晰地呈现论证内容。

五、开题论证会怎样召开

（一）开题报告会基本程序

参加开题报告会的人员主要是课题组全体成员、上级教科研部门领导、学校领导及特邀评议专家等。根据课题研究和学校工作的需要，可以号召本校或本地全体或骨干教师参加，尽可能向社会开放。需要提前做好会务工作，包括布置会场张贴会标、准备音响或多媒体等有关设施。

开题报告会成功与否，关键取决于开题报告的质量和课题研究的可行性。论证课题研究的可行性，是开题报告会的重点所在。

开题报告会的基本程序如下[1]：

---

[1]　杨东伟 . 基础教育教学课题研究十八问（方法篇）[M]. 郑州：大象出版社，2017（8）：139.

1. 会议主持人宣布开题报告会开始，介绍与会领导、专家及来宾。

2. 学校领导致欢迎辞。

3. 上级教科研部门领导宣读课题立项通知书。

4. 课题主持人作课题开题报告。

5. 课题研究评议专家对课题进行论证指导。

6. 课题组成员根据专家指导意见进行交流和讨论。

7. 整理评议意见，专家签字。

8. 学校领导或课题主持人对课题研究的实施做表态发言。

9. 主持人总结，宣布开题报告会结束。

10. 课题组成员与与会专家、领导合影留念。

需要注意的是，在举行开题报告会时，课题主持人要提前安排专人做好记录，还要整理、保管好会议的有关音像和文档资料。

（二）论证会资料的收集

课题组应梳理较强的材料意识，时刻注意收集与课题研究有关的资料。很多时候有必要专门准备开题论证活动记录表，可以用这样的自制论证活动记录表来记录开题论证活动。

六、开题论证报告怎样修改

在资料整理、专门讨论的基础上，课题组要进一步修改完善开题论证报告，使之更加完善、科学、可行，并在此基础上确定课题研究方案，如果有必要可以在此进行开题论证。即使没有二次论证，研究方案也往往需要不断地修改和完善，不能一成不变地指导开展研究，要根据需要进行更好的、更合理地调整。

1. 修订研究方案

课题组成员在课题主持人的带领下，汇总专家及领导的指导意见，结合组员对问题的认识，认真研讨、达成共识，再次修订和完善研究方案。

2. 报送管理部门

课题主持人将修订完善后的研究方案和搜集整理的有关开题报告会的各种资料，送交上级科研管理部门，以便他们对课题进行全面管理。

3. 执行研究方案

课题组按照新修订完善的研究方案，有计划地开展课题研究工作，实事求是，真抓实干。

七、附：《农村地区辍学问题及策略研究 》开题报告 ①

云南省哲学社会科学教育科学规划项目
开 题 报 告

立 项 编 号　　　　AC18003

课 题 名 称　　　农村地区辍学问题及策略研究

课 题 类 别　　　一般课题（省哲社）

所 属 学 科　　　　　基础教育

课 题 负 责 人　　　　　普利辉

所 在 单 位　　××州××县××中学校

填 表 日 期　　20××年××月××日

　　　　　　　　（区号）（座机）

联 系 电 话　　　手机　××××××

云南省教育科学规划领导小组办公室 制

2015 年 1 月

---

① 本开题报告系作者普利辉老师完成的一个云南省哲学社会科学教育科学规划项目（立项号 AC18003），各地不同，经验不足，仅作为样表参考框架及思路，忌做他用，多谢支持。

开题流程说明

一、说明

项目负责人接到立项通知书后，三个月内须由州（市）教育科学规划领导小组办公室、高等学校研究管理部门（以下简称"所属单位研究管理部门"）组织开题。

开题费用由项目研究经费开支，并由项目负责人先行垫支。

项目负责人应确定具体的项目实施方案，从省教育科学规划领导小组办公室网站（http：//……cn）下载《云南省哲学社会科学教育科学项目开题报告》（以下简称"开题报告"），并认真如实填写。

开题材料：《云南省哲学社会科学教育科学项目申请书》（以下简称"项目申请书"）、《开题报告》。

二、开题程序

1. 开题准备：项目负责人拟定开题时间、地点，根据专家人数复印开题材料；开题组织单位聘请专家，专家人数必须为奇数，至少3人。项目组成员及相关度较高人员（如顾问）不聘为专家。

2. 开题：专家阅读《项目申请书》《开题报告》；项目负责人介绍项目基本情况；专家提问、质询和听取答辩；专家提出建议并签署开题意见。

3. 完善并提交材料：项目负责人对照《项目申请书》，根据专家意见完善《开题报告》，并将已完善的《开题报告》纸质版（三套）和电子版报送所属单位研究管理部门。

4. 项目负责人所属单位研究管理部门将已签署意见的《开题报告》，连同电子版报送省规划办。

5. 审核与存档：省规划办签署意见并保留纸质版（一套）和电子版存档。已签署意见的另2套退回项目负责人所属单位研究管理部门。

项目负责人所属单位研究管理部门保留纸质版（一套）和电子版存档，另一套退还项目负责人保存。

省规划办联系电话：0871-……，邮箱：……

一、开题活动简况（开题时间、地点、评议专家、参与人员等）

说明：专家人数必须为奇数，至少3人，由开题组织单位聘请。课题组成员及相关度较高人员（如顾问）不能聘为专家。

开题时间：20××年××月××日

开题地点：××县××中学校综合楼五楼会议室

组织单位：××州教育科学研究所

评议专家：

专家组	姓名	职称	研究专长	工作单位
组长	杨老师	中小学高级教师	中学生物	某州教育科学研究所
成员	石老师	中小学高级教师	中学道德与法治	某州教育科学研究所
成员	王老师	中小学高级教师	中学语文	某县教育局教研室

参与人员：某县教育局副局长孙同志、县教研室毛老师、刁老师，课题主持人、课题全体成员，校长、副校长、各科室主任，以及小学校长、中层领导5人。

（照片）

二、开题报告要点（研究内容、重难点、研究方法及实施方案、人员分工、研究进度、预期成果等）（请按要求要素逐一填写，限4000字内，可加页）

研究内容

1. 农村地区学生易辍学原因的调查研究；

2. 农村地区控辍保学策略研究；

3. 达成目标：

（1）通过研究找到当前农村地区学生易辍学原因；

（2）为切实解决农村地区学生易辍学率偏高的问题提出合理的建议并提供科学的解决策略；

（3）形成有效的宣传材料，如《宣传册》的制作、《宣传剧》的拍摄及运用，有效控制我校的易辍学率。

重点

1. 研究的重点是分析案例，认真调研，找准要素，形成策略。

通过对"农村地区控辍保学"途径、方法的探索，形成一系列典型案例和有效策略。

2. 完成有效的宣传材料，如宣传册、宣传剧。

难点

1. 调研案例的真实性、完整性，易辍学因素的客观性和真实性。

2. 形成有效的宣传材料，并组建一支宣传团队进行宣传。

研究方法及方案

1. 问卷调查法，这是我们研究的主要方法

调查目的：全面了解易辍学的原因。了解教师教育教学行为及内心想法；了解在校生的思想动态及活动行为；了解易辍学学生及在校学生的成长历程；了解易辍学学生离开学校后的去向和真实感受等。

问卷调查材料内容：课题组结合实际需求编制针对学生、家庭、学校等全方位的有效问卷，做好相应的调查研究并撰写客观、真实的调查报告，为课题开展和控辍保学工作打好坚实的基础。

调查对象：部分易辍学学生，部分初中在校生，我校部分教师，部分家长。

参加调查人员：课题组全体成员，部分教师，部分中学生。

续表

2. 访谈法

根据课题研究的需要对部分学生、家长及抽样村主任进行有目的性的访谈，进一步获取真实有效的调研材料。3. 典型个案分析法

通过课题研究过程中出现的一些典型案例，分析其成功与失败之处，总结成功经验，改正错误方式，进一步促进课题研究良性进行。

4. 实践运用法

（1）组建一支宣讲团队，根据相关政策和法律编写成读本和视频材料进行宣讲教育；

（2）物化调研成果如宣传视频、论文、制度等策略，并运用到我校的控辍保学工作中。

人员分工

为了使研究过程扎实有效，我们做了如下分工，做到了各负其责，各尽其能。

时　间	任　务	负　责　成　员
2018 年 9—10 月	学生、家庭、学校三方面调查问卷的编写	×× ××；×××××；
2018 年 11—12 月	学生、家庭、学校三方面调查并撰写报告	×× ××（依次对应任务）
2019 年 1—6 月	调研及案例归结（18 组家庭对象）	全体成员，每人三组对象
2019 年 1—6 月	宣传读本制作、制度拟定	×× ××
2019 年 1—6 月	DVD 宣传剧制作	×× ×× ×× ××
2019 年 1—6 月	论文撰写发表、宣传读本及宣传剧运用	全体

任务分工落实之后，每个小组经过酝酿、摸索、修改、完善，各自形成学生、家庭、学校三个主要因素方面的控辍保学专题方案，经过整合与提炼，构建一套适合我校的控辍保学策略，如宣传读本的形成、宣传视频的制作及运用等。

研究进度计划

第一阶段：前期工作

1. 对课题组教师进行培训，提高教师研究水平

采用"走出去，请进来"的方式培训课题组教师。在课题研究的这段时间里，学校在安排教师出去学习时，优先考虑课题组教师。将外地先进的经验带回来，把新的精神与教学理念应用到教学中去，转变教学观念，提升教育理论与教育研究水平。

2. 学习研读相关材料，明确本课题研究的现实任务及意义。

3. 阅读与本课题有关的理论文章，了解现阶段本课题中已取得的成果，弄清楚他们有哪些好的做法，取长补短。

第二阶段：撰写开题报告，召开开题报告会（2018 年 12 月 12 日）

第三阶段：后期具体开展进度计划

1. 2018 年 12 月 20 日前，各调查组制作各相关调查问卷。

2. 2018 年 12 月底，深入调研学生、家庭、学校及社会在控辍保学中的各种要素，形成多角度调查报告。

3. 2018 年 12 月底，完成《控辍保学宣传册》的编写、定稿及印刷，便于学期末的宣传工作。

4. 2019 年 1 月 12 日前，完成宣传剧的拍摄工作。

5. 2019 年 1 月 17 日（街天），利用街天进行第一次宣传工作。

6. 2019 年 2 月 10 日（街天），利用街天、花山场进行第二次宣传工作。

续表

7. 2019年3月开学前,进一步探索"农村地区控辍保学"的途径、策略、方法,并写出相关理论文章,制定相关积极制度。

8. 2019年3月,根据开学初的易辍学情况,利用课题组编制的宣传册和宣传剧进行六村次的下村、宣传及调研,达成"全民重教"共识。

9. 2019年4月份,进行三次下村劝返、调研及抽样村主任访谈,形成案例集和访谈集。

10. 2019年5月份,外出学习及调研,对比整改完善课题组的相关成果。

11. 2019年5月中旬至6月初,整改结束,准备结题。

12. 整理结题材料,撰写结题报告,申请结题。

预期成果

1. 通过对学生、家长、学校三个层面的调查,撰写客观、真实的调查报告。

2. 通过下村劝返、调研、访谈,形成典型的有借鉴性的案例集、访谈集。

3. 撰写相关论文。

4. 编写"控辍保学宣传册"。

5. 拍摄、制作宣传剧。

6. 撰写研究总报告1份。

课题负责人签章:×××

2018年12月10日

三、专家评议要点(侧重于对项目组汇报要点逐项进行可行性评估,并提出意见和建议)

(限1000字内,可加页)

课题"农村地区辍学问题及策略研究",拟从易辍学学生自身、教师、家庭和社会进行调查和研究,深入分析,找到当前农村地区学生易辍学的真正原因,探索"农村地区控辍保学"的途径、方法,从而提出农村地区控辍保学的有效策略,并以宣讲团、宣传材料、视频资料等实践行动方法加以运用与验证,达到有效控制易辍学率、提高学校学生巩固率等目标。

研究有较高的价值和现实意义,有很强的针对性,在实践中应用和检验研究成果是本课题的创新之处。研究方法科学可行,研究实施步骤清晰,研究人员分工合理,预期成果明确,可以达成预期的研究目标,同意开题。

建议:

1. 重视调查问卷问题设置的科学性、问卷调查的真实性和客观性,注重样本的代表性、数据采集的科学性。

2. 认真编好宣传读本、视频宣传剧等,做好组建宣讲团队的工作,力求通过研究和实践探索出有效的经验与规律,真正达到控制易辍学率、提高巩固率的目标,以便为同类地区提供借鉴作用,产生一定的社会效益。

评议专家组组长签章:

评议专家签章:

年　月　日

续表

四、重要变更（侧重于对照课题申请书、根据评议专家意见所作的研究计划调整。）
（限 1000 字内，可加页。）

　　1. 人员变更
　　（1）由于……增加"××老师"为课题研究组主要成员。
　　（2）由于……成员"伊老师"（女，回族）退出。

　　项目负责人签章：×××

2018 年 12 月 10 日

五、项目负责人所在单位意见

单位公章
负责人签章：
年　月　日

六、项目负责人所在单位财务管理部门意见

户名、账号变更情况（为保证项目经费准确到账，请对照项目申请书核查账户信息，若户名、账号、开户行均无变更，则此栏不填。）

户　名：

账　号：

开户行：

汇入地点（××州＜市＞××县＜市、区＞）：

财务联系电话：

财务部门公章
年　月　日

七、州（市）教育科学规划领导小组办公室或高等学校科研管理部门意见

单位公章
年　月　日

八、云南省教育科学规划领导小组办公室意见

单位公章
年　月　日

第六章　如何实施研究

知识结构图：

一、课题研究意识怎样强化

二、课题研究怎样精准化

三、研究方法怎样落实

四、研究资料怎样处理

五、阶段成果怎样发表

六、课题管理怎样做好

课题研究实施是课题研究的展开阶段，是整个课题研究中付出时间最长、精力投入最大、脑力思考最多的环节，也是课题研究的关键步骤。在这个阶段有很多工作要做，研究者要走出理论依据找寻的误区，落实研究方法，以使之与研究内容相匹配，获取并处理各种研究资料，注意研究过程中不能违背研究伦理，在研究过程中要产出并发表阶段性成果，为保证课题研究的顺利实施，课题负责人还要对课题实施做好过程管理。只有处理好各方面的关系，做好各种工作，才能保证课题的顺利实施，并保证课题的最终完成。

一、课题研究意识怎样强化

1. 树立使命感，养成课题研究习惯

做一名科研型教师是时代的要求，也是教师自身发展的需要。教师做课题就是在科学理论的指导下，寻求解决某一问题的具有典型意义和推广价值的基本原则和具体方法。所以，首先要做好角色定位，要有一种使命感；其次要真做实干。

2. 结合教育实践，增强课题研究的可行性和可操作性

教师的课题研究与教学实践紧密结合，来源于教学实践，落实于教学实践。具有科研兴趣和使命感的教师，只要处处留心，教育教学中的问题皆可成为课题。

这样切合教育教学实践的课题，其可行性和操作性才会强。

3. 理论联系实际，提高课题研究的针对性和科学性

开展课题研究，首先要注重理论学习，在科学理论的指导下开展教学实践，有科学的理论做指导，有规范的学术流程做要求，可以保证科研行为的科学性和合理性。

在理论支撑的基础上，教师要结合自身教学实践，记录自己的日常所做、所思，并对其进行分析，将有效结果用以指导自己的教育教学工作。

这样的课题研究是教师最容易上手、最直接、最有效的自我提升研修方式；这样的课题研究，也是最有现实针对性的课题研究。

4. 勤于实践改进，在课题研究中提升自我

我认为课题研究是"读、写、思、行"的有效结合体，在研究过程中必然要"多读书、勤动笔、多思考、勤实践"，然后持之以恒地这样做，是最好的自我提升方式。

二、课题研究怎样精准化

课题研究只有做好每一个细节，才能将研究预期的构想变成科学的结论，产生现实指导意义。精细化的课题研究应该注意以下几个方面的细节：

1. 研究方案要细致

（1）分解研究目标，抓准切入点

研究目标是指通过该课题的研究和实践要达到什么样的目的或目标。比如通过本课题的研究和实践，要探索某种教育规律，形成某种理论成果和实践成果等。研究目标一般和预期研究成果互相对应。写研究目标和内容的目的是使课题研究方向更加明确，研究内容更加具体，研究任务更加清晰。研究目标和内容要写实，而且应是在本课题研究中经过努力可以达到的目标和可以完成的任务。

（2）明确研究思路，确定研究方法

写研究方法的目的，是要说明该课题研究将采用哪些方法。例如应用性课题一般采用行动研究法、调查研究法、经验总结法、比较研究法等。

（3）开动理论思维，提出研究假设[①]

研究假设是研究者将研究问题中的概念转变为能通过观察来计量的变数思考时预测的研究结果。

研究假设形成的基本步骤是：提出问题，寻求理论支撑，初步形成假设，理论性陈述，形成基本观点，提炼假设的核心。

研究假设形成的基本条件是：一要以科学观察和经验归纳为基础；二要以科学的思考方法为指导，通过类比、归纳、演绎等方法，做出合乎逻辑的某种命题；三要研究者有丰富的知识、经验。

（4）根据实际情况，完善研究设计[②]

课题研究设计不是研究的终结，而是开始，不可能做到尽善尽美。故一切设计都只能逐步完善，要随着研究的进展而更改，包括预期之外的新发现、新设想，我们应当允许研究者在研究过程中根据发展的需要调整原有方案。我们既要反对无计划的盲目行为，也要反对消极地僵化地按计划方案一走到底，应根据课题类型和其他实际情况，搞好研究设计并不断完善。

---

① 杨伟东.基础教育教学课题研究十八问（方法篇）[M].郑州：大象出版社，2017（8）：125.
② 杨伟东.基础教育教学课题研究十八问（方法篇）[M].郑州：大象出版社，2017（8）：126.

2. 开题论证要认真

课题组应该邀请领导和专家对课题进行全面系统深入的研讨，具体论证：问题的提出，本课题研究的目的、意义（理论意义和实践意义），核心概念界定，研究内容，研究重点、难点和创新点，文献综述，研究方法，主持人的研究水平（前期相关研究成果），主要参与者的研究水平和时间保证，资料设备，科研手段，经费和其他保障，课题组人员构成及分工，实施方案，进度计划，预期成果形式等。

3. 研究实施要精确

（1）搜集资料

搜集资料种类要完整，资料尤其要完整，有文字资料（图书、论文、档案、日记、学生的作业、老师的教案、笔录、访谈录等所有以文字形式呈现的材料），实物资料（跟论题相关的实物），图片资料（照片、视频材料、图画），语音资料（录音）等。搜集资料的过程要贯穿整个课题研究的始终。

（2）整理资料[①]

整理资料力求全面、准确。资料全面不仅指要查阅与课题有直接关系的资料，还要查阅与课题有间接关系的背景资料；不仅要查阅与自己观点一致的资料，还要查阅与自己观点不一致的资料；不仅要了解我国研究现状，还要了解外国的现状。要注意查找有权威性和代表性的著作和文章，不被枝节所干扰，尽量选择第一手资料，少选择被他人多次转引过的资料。在阅读资料时，要善于抓住核心资料中的核心词语所表述的核心思想，防止主观臆断，分析资料时要认真、仔细，准确把握信息。要搞清楚近年来本课题研究的相关成果，有不同观点时，主要观点和主要分歧是什么，从而发现问题。在分析中还要注意运用比较、分析、联想等方式。

三、研究方法怎样落实

（一）课题研究常用的方法[②]

中小学教师课题研究中常用的研究方法有观察研究法、调查研究法、实验研究法、行动研究法、文献研究法等。

---

① 杨伟东. 基础教育教学课题研究十八问（方法篇）[M]. 郑州：大象出版社，2017（8）：126.

② 李冲锋. 教师如何做课题 [M]. 上海：华东师范大学出版社，2013（8）：138–139.

1. 观察研究法

观察研究法是在比较自然的条件下，研究者通过感官或借助一定的设备，在一定时间和空间内，有目的、有计划地考察并描述教育现象的方法。

观察研究法要求在自然状态下进行，对观察对象不加任何干扰与控制，使之处于完全自然的状态下，以便于得到真实情况。

根据不同标准，观察法可分为不同类型，如根据是否借助仪器分为直接观察与间接观察，根据观察者是否直接参与活动分为参与观察与非参与观察，根据观察结果分为量的观察与质的观察等。

2. 调查研究法

调查研究法是课题研究中最常用的研究方法之一，它是通过对原始素材的观察，有目的有计划地搜集研究对象的资料，从而形成科学认识的一种研究方法。

这种研究方法，包括问卷、访谈、测验等具体方式。调查研究一般均应遵循以下步骤：

（1）调查前的准备工作，包括确定调查课题、选取调查对象、拟写调查提纲、订出调查计划等；

（2）展开实际调查，搜集研究的书面资料或口述资料；

（3）整理所收集的资料，口述材料要用文字加以整理，数据材料要用数学统计法加以整理；

（4）撰写调查报告。

3. 实验研究法

实验研究法是根据课题研究需要，利用一定的设备和材料，通过控制条件的操作过程，引起实验对象的某些变化，从观察这些现象的变化中验证课题内容或获取新知识的一种研究方法。

实验法一般分为准备、实施、总结三个阶段。各阶段的具体步骤如下所示。实验的准备阶段：选定实验课题，形成研究假说→明确实验目的，确定指导实验的理论框架→确定实验的自变量→选择合适的测量工具并决定采用什么样的统计方法→选择实验设计的类型。

实验的实施阶段：按实验设计进行实验→采取一定的实验措施→观测实验效应→记录实验所获得的数据、资料等。

实验的总结阶段：处理分析实验中取得的数据、资料→确定误差的范围→检验研究假设→得出科学的结论。

4. 行动研究法

行动研究法是教师把自身的教育教学实践活动作为研究对象，边研究边实践，边实践边研究的一种研究方法。教育行动研究的特点是为行动而研究、在行动中研究、由行动者研究、对行动的研究。

行动研究的步骤：确立课题、制订计划、行动实施、分析与评价、总结评价。

5. 文献研究法

文献研究法是通过搜集、鉴别、整理文献资料，并通过对文献的研究形成对事实的科学认识的一种研究方法。文献研究法属于非接触性的研究方法，因为这种方法只研究文献，并不与文献中记载的人与事实直接接触。

文献研究的具体方法包括文献资料的查阅、文献资料的积累和文献资料的整理分析，它是思想研究领域采用得最多的一种研究方法。

（二）方法与内容的匹配

在选择研究方法时要考虑研究方法与研究内容之间是否匹配，这是研究方法选择的一项重要内容。只有研究方法与研究内容匹配才能够在课题研究中把研究方法真正落实下去，才能够获取有用的资料和高质量的研究效果。选对方法可以使课题研究事半功倍。

研究方法与内容的匹配，其实是由方法与内容两方面双向选择的结果。任何方法都有一定的适用对象和适用范围，只有用当其所才能够发挥出方法最好的作用。

内容决定方法，方法也制约内容，只有求法得当，才能使方法得到最好的发挥，才能把内容研究得更好更透。

四、研究材料怎样处理

（一）获取研究资料

课题研究中运用各种研究方法主要是为了获取研究的资料，研究资料的获取主要途径有以下几个方面。

1. 观察

观察是搜集资料的基本方式。教师要做有心人，善于观察日常教育教学现象，从中获取有用资料。日常的教育教学中存在很多现象、矛盾、问题等，通过仔细观察会发现值得研究的问题，进而形成研究课题；在课题研究过程中，带着研究问题再仔细观察就会获取与研究有关的、有价值的资料。

2. 问卷

问卷调查是课题研究的基本方法，也是获取资料的基本途径。通过设计好的问卷调查可以获得研究所需要的多种资料。问卷调查可以进行大范围的资料获取，是一种比较有效的资料获取方式。

3. 访谈

访谈调查也是获取研究资料的一种重要方式与途径。访谈研究对象或相关人员，可以直接观察对象的个性心理特征、思想倾向、仪表情态、身体状况等。

4. 听课

除了在自己的课堂教学过程中获取资料外，通过听课获取研究资料也是一条重要途径。听课的目的是了解课堂上教师教与学生学的情况、师生的互动状态等，可以直接收集到课堂教学的资料，了解教师的教学思想与技能，了解学生的学习活动与状态[1]。通过听课也可以在一定程度上了解教师的备课情况、教学设计情况等。

5. 实验

实验研究也是获取资料的重要方式。在实验过程中要注意观测被试者的变化及教育效果，收集各种数据和信息，以对比实验前后的变化、实验组与控制组之间的差异等。

6. 研讨

在各种教育教学研讨中，如校本研究、学术会议等，也可以获得大量的研究资料，特别是他人对某些事物或现象的看法、态度、认识等。这些观点可以直接成为研究的资料，也可能为研究带来启发。

7. 查阅

对已有文献资料的获取可通过检索、查阅等方式进行。研究者可以到图书馆或图书室检索、查阅相关图书、杂志、报纸等文献，也可以到网络上检索、查阅文献。

（二）梳理研究资料

研究资料的梳理主要包括资料整理、资料审核、资料统计和资料归类等内容。[2]

---

① 李冲锋 . 教师如何做课题 [M]. 上海：华东师范大学出版社，2013（8）：141.
② 李冲锋 . 教师如何做课题 [M]. 上海：华东师范大学出版社，2013（8）：142.

1．研究资料的整理

课题研究者要对所收集的资料根据课题开展的需要进行补充、删除、合并以及音像文字的转化等整理，形成简洁明了、清晰的文稿。

2．研究资料的审核

资料审核就是检查获取的原始课题研究资料，使资料符合"真实、准确、完整、权威、合理"的要求。

3．研究资料的统计

在对资料进行整理、审核后，还需要对一些资料进行统计。比如，调查问卷所获取的资料就需要统计发放问卷数、收回问卷数、无效问卷数等信息。很多时候还需要制作成统计图或者统计表，以便更直接地表达或者查看。

4．研究资料的归类

资料归类是指根据研究资料的性质、内容和特征将相异的资料区别开来，将相同或者相近的资料合并为一类的过程。

（三）分类研究资料

分析资料就是分析研究资料所反映的问题，对资料背后的原因及意义等做出解释，并提供改进建议。分析资料有定量分析与定性分析两种。

1．定量分析

指研究者借助数学分析手段，统计分析所收集到的数据资料，揭示事物数量特征的过程。[1]定量分析主要用于实验、观察、测量和调查所得的数据资料的处理，所分析的对象是数据资料。是对研究对象进行"量"的方面的分析。

定量分析常分为描述统计分析和推断统计分析两种类型。

描述统计是用统计表或图呈现结果，或计算变量的数字特征，以反映研究对象的规模、水平、比例、集中趋势或离散程度的统计分析手段。

推断统计是通过对样本特征的研究推论出总体特征的统计分析手段。

2．定性分析[2]

定性分析是研究者对所获取的文字、声音、图片等描述资料在系统审核、归类的基础上进行逻辑和意义分析，从而揭示事物内在特征的研究过程。定性分析是对研究对象进行"质"的方面的分析，分析的对象是描述资料。

---

①　李冲锋 . 教师如何做课题 [M]. 上海：华东师范大学出版社，2013（8）：149.
②　李冲锋 . 教师如何做课题 [M]. 上海：华东师范大学出版社，2013（8）：150.

定性分析注重对事物整体的发展分析，倾向于例行地归纳分析资料。研究者的主观因素以及背景的敏感性会影响定性分析的结果。

定性分析常用的方法是归纳与演绎、分析与综合。

五、阶段成果怎样发表

在课题研究的过程中，要注意把研究的相关成果及时加以整理，并把它们转化成文字成果及时发表。

研究成果要注意"规范性"即"成果呈现从日常开始""成果的呈现形式平时就应准备"。

成果呈现从日常开始指课题研究实施前的准备工作、实施中的控制工作、实施过程的测评工作、研究成果的总结工作等都需要定期检查评估及鉴定。

成果的呈现形式平时就应准备指案例、教育叙事，研究报告及科研论文、专著等成果形式，平时就应规范书写，及时分类归档，结题时才能随心所欲，从容应对。

（一）阶段成果的写作

课题研究过程中阶段性的文字成果主要有研究综述、研究论文、教育案例、教学课例、经验总结等。要掌握这些成果写作的要点，并根据实际的研究成果选择合适的类型来写作。

1. 研究综述

研究综述是对与课题相关的已有研究文献、研究成果或状态的综合述评。研究综述也是课题研究的阶段性成果，而且是课题研究中产出比较早的一种阶段性成果，课题方案设计或申报课题时都需要做研究综述。

研究综述的基本结构是综述背景介绍、研究情况概述、研究情况评析、研究方向预测。

（1）综述背景介绍

主要是介绍所要综述的课题研究的基本情况。有的会写明自己是如何查阅资料的、查阅了哪些类型的资料、查阅资料的数量、对资料的处理等，在此基础上，对内容展开综述。

（2）国内外现状述评或"综述"概述

一般选择最有代表性的研究成果对它们加以分门别类、概括性地叙述或介绍。通过这部分内容，人们可以看到在这一研究领域，人们做了哪些研究，有哪些代表性成果，研究到什么程度了，从而整体上把握课题研究的状态。

（3）研究情况评析

是在国内外现状述评或"综述"概述的基础上，评价、分析已有研究的情况。评析时，既要分析已有研究成果的价值、贡献，也要分析存在的问题、不足。评析时，要做到客观公正，有理有据。这部分是研究综述中最考验水平和研究者功力的地方。

在课题方案设计或申报时，写国内外现状述评或"综述"或研究综述要揭示已有研究与自己所做课题之间的关系，当把研究综述作为阶段性成果，特别是还准备发表时，可以不涉及这一块内容。这有两方面的原因：一是研究综述属于专题性研究，可以单独存在；二是读者并不熟悉你所要做的课题情况，没有必要谈研究综述与课题之间的关系。

（4）研究方向预测

研究方向预测，也有的写为思考与建议、问题与讨论等，主要内容是在已有研究评析的基础上，提出一些解决问题的对策、建议、措施等，或者对本专题的研究方向做出一些预测。问题与讨论、思考与建议等内容一般写得比较深入，研究方向的预测则相对简单些，有的甚至没有这一部分。

研究综述与国内外现状述评或"综述"的写作相仿，可参考专题三的相关论述。

2. 研究论文[①]

研究论文是教师在课题研究基础上，经过分析论证的深化认识过程，把研究成果文字化。研究论文是课题研究中一种重要而常用的成果形式。

研究论文对研究者有较高的要求，如能够自觉运用规范的科学方法、理性的学术思维和严密的逻辑论证等。研究论文要求既具有一定的理论性，又具有一定的科学性，能够理性地认识问题、分析问题，揭示具有普适性的规律，同时具有一定的创造性。高质量的研究论文是教育研究智慧的结晶，是课题研究高水平高质量的标志。

研究论文的结构一般由以下几点构成：标题、作者单位和署名、内容摘要、关键词、正文、注释或参考文献、附录（必要时）。

研究论文的本论部分一般由引言、本论、结语三部分构成。

① 李冲锋. 教师如何做课题 [M]. 上海：华东师范大学出版社，2013（8）：154.

引言部分一般介绍研究的背景、选题的缘由、选题的意义等内容，以引出论题。

本论部分主要是提出问题、分析问题、解决问题。正文内容的结构安排有并列式、递进式、混合式等。

结语部分主要是总结提升、做些余论、做出展望等，它不是对前文内容的简单重复，它的重点在于总结提升，要求简洁概括，点到即止。

3. 教育案例[①]

教育案例是记录教师教育转化学生的过程或教育事件处理过程的例子，教育案例不同于教学课例。教育案例侧重于记录教师对学生的思想教育、品德教育、班级管理等方面的内容。教学课例侧重于记录或描述课堂教学中教学方式方法等方面的内容。

教学案例的价值是以"案"析"理"。

4. 教学课例[②]

教学课例是对课堂教学进行分析研讨或反思后所形成的具有研讨价值与启示意义的教学研究样例。它是教师研究课堂、改进教学、促进专业发展的最佳载体之一，也是教育课题研究中的重要成果形式。

教学课例是对真实课堂教学的研讨，而不是单纯的课堂教学实录或描述教学课例，具有教学事件真实性、教学问题复杂性、研讨价值典型性等特点。教学课例的价值主要体现在以"例"析"理"，即以所分析评论的"课例"来揭示课堂教学所具有的一般性"道理"。

5. 经验总结

教育经验总结是对教育教学实践活动及其经验教训分析、概括、加工、整理后形成的比较系统的、合乎逻辑的认识成果。经验总结也是重要的研究成果课题研究过程中，要阶段性总结研究进展情况，课题结束后还需要整体性总结。

经验总结的结构一般由标题、正文和落款组成。

（1）总结的标题[③]

总结的标题一般有三种写法。

一种是一般式，也是最常用的写法，其结构包括单位名称、时间、内容和文

① 李冲锋.教师如何做课题[M].上海：华东师范大学出版，2013（8）：154.

② 李冲锋.教师如何做课题[M].上海：华东师范大学出版社，2013（8）：155.

③ 李冲锋.教师如何做课题[M].上海：华东师范大学出版社，2013（8）：156.

体。例如"××实验小学2012年上半年市级规划课题'小学生速度训练实验研究'工作总结"。

一种是内容式，以经验总结的核心内容作为标题，比较适合于专题总结。

例如，"编写和使用高中语文选修教材'中华传统文化名著研读'的体会"。

另一种是主副标题式，主标题一般说明内容，副标题说明单位、时间和文体。

例如，"以课件制作促进课堂变革——××学校2012年校本课题研究总结"。

（2）总结的正文

经验总结的正文部分一般包括以下四个方面的内容。

一是基本情况介绍。在经验总结的开头部分，一般先介绍教育实践活动的基本情况。这部分的写法，可概括工作背景、整体情况，也可说明总结的指导思想和成果，还可先把主要的成绩、经验、问题等简单扼要地提出来，也可点明全文的主要观点、中心思想等。[①]

二是主要成绩经验。这是经验总结的核心部分。"成绩"的叙述有两种不同的写法：一种是把成绩先列出来，然后总结经验；一种是在经验总结的过程中把成绩融合到具体的经验条项之内叙述。写作时可根据自己的需要选择使用方式。

三是问题分析或教训总结。专题性的经验总结只谈经验不谈问题或教训，全面性的经验总结则一分为二地来看待整个研究活动，既谈经验，也谈问题、不足或教训。教训是指由认识上的错误，或方法上的问题而造成工作上的失误所反映出来的反面经验。分析存在的问题、总结失误带来的教训，可以进一步提高认识，明确今后努力的方向，避免工作失误和更大问题的发生。

四是今后努力的方向。这是经验总结的结尾部分。它是在已有成绩和经验、存在的问题和教训的基础上提出来的，目的是以更加明确的方向、更加有效的措施推进后续工作的进展。这部分同时能够起到表明决心和展望前景的作用。

（3）总结的落款[②]

经验总结的落款包括署名和日期。

总结的署名一般在标题之下，也有的写在正文之后的右下方。署名要单独一行，标明单位、作者姓名。如果总结是以单位名义写的，则署名只在标题之下署

---

① 李冲锋.教师如何做课题[M].上海：华东师范大学出版社，2013（8）：157.

② 同上

单位的名称，作者姓名写在正文之后，标记为：执笔人×××。

日期一般单独占一行，写在署名之下。专题性经验总结一般不写日期。

（二）阶段成果的发表

课题研究的阶段性成果写作完成，经过修改后可通过投稿等方式发表出来。发表成果要注意以下事项。

1. 寻找合适刊物

课题研究中，我们根据课题研究的情况选择课题成果的表达形式——研究综述、研究论文、教育案例、教学课例、经验总结等，成果完成后，要根据成果的表达形式和刊物的需求来选择拟发表的刊物。

2. 调整文章格式

不仅要了解期刊在内容上的用稿需求，还要了解期刊在格式上的用稿要求。一般期刊都会在征稿启事或稿约里表明刊物的用稿要求，投稿者要认真领会这些要求，并严格按照要求去修改、调整文章的内容，特别要注意调整文章的格式。

3. 注意稿件的细节

一是内容细节，如错别字、标点符号等；

二是格式细节，如字体、字号、行间距等。

4. 选择投稿方式

如：纸质投稿、电邮投稿和网上投稿。

（三）注意事项

1. 保护个人信息

课题研究过程中，会对学生、教师、家长、领导以及一些社会相关人员进行问卷调查、访谈等，在这些活动中以及获取资料后使用资料时，要注意保护个人信息。

要做到保护个人的基本信息，保护调查对象的隐私，尊重调查对象的意愿。

2. 切忌数据造假，禁止成果剽窃

与研究诚信有关的另一件事是成果的剽窃——把他人的成果东拼西凑、改头换面之后，变成自己的成果。要尊重他人的研究成果，坚决杜绝成果剽窃，是课题研究必须遵循的行为底线。

六、课题管理怎样做好

（一）课题团队管理

1. 培养科研团队精神

（1）大局精神

大局意识就是要看得长远，不计较眼前的得失，从而很好地把握课题的发展方向。

（2）协作精神

协作精神需要每位成员在课题研究过程中紧密配合、共同研讨、分享成功、分担责任。

（3）服务精神

服务精神就是要时时、事事为其他成员着想，为课题组着想，有积极的工作态度和处处为他人服务的精神。

2. 合理分工，责任明确。

3. 专业培训，促进提高。

4. 激发动机，保持劲头。

5. 统筹协调，稳步推进。

（二）课题时间管理

1. 科学规划，尽量落实；2. 定期检查，反思改进。

（三）课题活动管理

1. 精心组织，认真实施；2. 定期活动，保持稳定；3. 做好记录，留作资料。

（四）课题资料的管理

1. 及时收集，分类整理；2. 专人负责，保存归档。

（五）课题经费管理

1. 专款专用，严格控制；2. 科学预算，适当调配；3. 合理花费，重点突出；4. 定期结算，心中有数。

第七章 如何面对"中检"

知识结构图：

一、中期检查的意义是什么

二、中期检查的内容（方式）有哪些

三、中期检查的流程是什么

四、检查报告怎样撰写

五、附：中期检查表案例

中期检查，也称中期评价或中期评审，是各级课题管理部门为保证课题质量、推进课题研究、强化课题管理，在课题研究进行过程中实施的一种管理措施。

中期检查是研究管理的重要环节。作为课题的实施者，要做好准备，迎接中期检查，并尽量取得好的检查结果。

一、中期检查的意义是什么

1. 提高课题研究者对课题的重视程度

以中期检查为手段促进课题研究者对课题的重视程度，确保课题实施计划落到实处。

2. 考核与评估课题

通过对课题实施程度等进行考核与评估，督促课题研究人员归纳总结研究工作，分析已经取得的阶段性成果，反思研究中存在的问题，深化、细化研究过程。

3. 及时修正课题研究的偏差

通过中期检查，专家对课题研究中出现的问题提出指导性意见和建议；研究人员在专家的指导和帮助下，及时修正和调整课题研究内容、研究策略，促进课题研究顺利开展。

4. 有效提升课题研究者的工作能力

通过中期检查，课题研究者要系统地回顾和梳理研究思路，反思研究策略，总结前一段研究工作的经验、成绩和不足，进一步细化研究内容，科学有序地开展下一阶段的研究工作。

5. 保证课题研究的质量

中期检查活动的专家评议对课题的研究过程进行指导，保证课题研究在正确的方向上顺利实施，保证课题研究质量，为圆满结题奠定基础。

二、中期检查的内容（方式）有哪些

（一）中期检查的主要内容

1. 计划执行情况

主要检查实施方案（含调整后）执行与落实亲笔概况，重点检查课题研究材料搜集和整理情况。

2. 阶段性成果

包括阶段性研究报告、论文及相关的其他有形成果等的数量、质量、效果，如课件、课例、视频资料等。

3. 创新点

主要检查课题研究的方法与途径是否有创新，阶段性结论是否切合实际。

4. 下一步工作计划

通过中期检查，检查课题组下一步的工作计划是否科学合理，研究方式是否得当，研究过程是否有偏差。

中期检查内容通常以表格的方式呈现，各级科研管理部门依据检查的主要内容和目的统一制定。

下表是中期检查评估的具体内容和评价标准，可供检查组或者研究者参考。

中期检查评估表 [①]

学校：_____ 课题名称：_____ 课题管理部门：_____

评估项目	评价细则	自评	专家评估
计划执行情况（30分）	1. 开题后严格按照方案和时间进行研究（"6、3、2、1"分）		
	2. 研究的重点突出，策略多样，逻辑强（"6、3、2、1"分）		
	3. 按照计划实施，有详细的过程和资料（"12、6、4、2"分）		
	4. 课题组主要成员制订有明确、具体计划（"6、3、2、1"分）		
	5. 课题至今未启动，本项记0分		
阶段性成果（40分）	1. 每学期有阶段报告、论文、教学设计、课件、案例等（15分）		
	2. 县、市、省、国家课题研究会上交流（或获奖）（"2、3、4、5"分）		
	3. 在县、市、省、国家媒体上发表成果（"2、3、4、5"分）		
	4. 出版专著（5分）		
	5. 成果省内先进、省内领先、国内先进、国内领先，分别记县、市、省、国家课题研究会上交流（获奖）（"5、6、8、10"分）		
创新点（10分）	1. 形成初步成果，有重大创新（10分）		
	2. 有一定意义上的创新（5分）		
	3. 没有创新点（0分）		

① 杨伟东.基础教育教学课题研究十八问（方法篇）[M].郑州：大象出版社，2017（8）：155.

评估项目	评价细则	自评	专家评估
下一步工作计划 （20分）	1.对前期工作中存在的问题有改进措施（"5、3、2、1"分）		
	2.对应做而未做的工作有补救措施（"5、3、2、1"分）		
	3.后续研究思路明确、重难点清晰（"5、3、2、1"分）		
	4.下阶段研究活动安排有序、可操作性强（"5、3、2、1"分）		

综合评价得分： 检查组成员签名： 时间：

（二）中期检查的方式

主要有：通信检查和会议检查两种。

三、中期检查流程是什么

（一）前期准备工作

1. 召开中期检查筹备会

具体做好以下工作：

（1）落实课题组成员各自的研究进度和计划；

（2）讨论所搜集资料的种类和范围，整理好文本资料；

（3）交流课题研究中存在的问题、困难，研讨解决办法；

（4）研讨阶段性成果的展示形式；

（5）讨论下一步工作计划；

（6）确定中期检查的时间和地点。

2. 自查自纠研究计划落实情况

课题研究者对照课题计划，逐条检查研究工作的进展状态，注明完成情况。要做好调整工作，确保计划落到实处。

3. 搜集整理中期检查所需要的材料

主要包括各种数据、照片、录音录像资料、文字资料（如调查报告、访谈提纲、测试试卷等）。这些材料都需要分门别类地整理，以便检查。

4. 撰写中期检查报告要点

包括课题研究的执行情况、阶段性成果及问题、重要变更、下一步计划等。

5. 聘请评议专家

（二）召开中期检查报告会

1. 介绍出席会议的人员

2. 课题进展汇报

课题负责人或者成员代表汇报课题已经开展的研究活动和取得的中期研究成果，汇报后期研究计划。（用PPT、相关视频等形式更为恰当）

3. 展示能体现科研成果的汇报课（根据预期成果形式，选作）

能将科研的成果（含阶段成果）的实践以汇报课的形式展现出来是最具有说服力的。

4. 评议专家查看阶段性成果

5. 评议专家查看相关搜集整理的研究资料

6. 专家评议

7. 专家答疑

（三）召开中期检查活动总结会

中期评估检查以后，课题组要召开中期检查活动总结会。如果课题未经过中期检查，按照检查组的要求商定及时整改；如果课题通过了中期检查，就按照专家组的意见进一步完善。

四、检查报告怎样撰写

中期检查报告的内容主要包括研究进展、阶段性成果、存在的问题、今后的设想、经费的使用、附录等几个方面。

1. 研究进展

研究进展主要写明自课题实施以来，课题承担者所做的主要工作及其对课题研究的推动。这是中期检查报告的重点部分。

课题研究的工作方面，可写工作的起止时间、采取的主要措施，如策略、方法等。在这方面要侧重采取的措施，这可以看出研究者的努力，也可以看出研究者在研究过程中的创造性劳动和研究智慧。

写研究进展时，要查看课题申报书，对照申报书来写。看一下课题申报时的阶段性承诺，到目前为止，应该兑现的有没有兑现；如果兑现了，兑现的质量怎样；还有哪些没有兑现，什么原因没有兑现，要说明或解释没有兑现的原因。

研究进展可以分阶段写，比如在哪一个阶段做了哪些事，取得了怎样的进展；也可以按照取得的进展来写，比如，展开1，进展2……

2. 阶段性成果

阶段性成果是在课题研究的某一个阶段产生的、成型的研究成果。

阶段性成果可以从实践性成果、理论性成果、技术性成果等方面来写。

实践性成果主要是课题实施后对教育教学实践的改变，如师生的变化情况等；理论性成果主要是教研论文、论著、案例、报告等的撰写、发表情况；技术性成果主要是课题研究中相关量表、工具、技术手段等的开发、使用情况。已有研究成果的获奖情况、被采用的情况等，也可以写在这部分里面。

3. 存在的问题

要对课题研究中的问题进行客观的描述，着手探究问题存在的原因。课题研究中会存在很多这样那样的问题。

课题研究中不可能不存在问题，存在问题并不可怕，可怕的是不敢直面问题。只要敢直面问题，并能够寻找解决问题的办法，那么问题也就不是问题。

4. 今后的设想

要根据课题研究存在的问题、今后研究的需要，以及原有的研究计划来写。

这部分主要写今后研究的思路、拟采取的问题改进措施或课题研究的推进措施等内容。

5. 经费的使用：用表格明细的方式呈现出来。

6. 附相关材料

中期检查报告中可以有附件，附上相关材料。比如主要的阶段性成果的相关材料等。

五、附：中期检查表案例

《农村地区辍学问题及策略研究》中期检查报告 [①]

① 本中期检查表系作者普利辉老师完成的一个云南省哲学社会科学教育科学规划项目（立项号AC18003），因各地不同，经验不足，仅作为样表参考框架及思路，忌做他用，多谢谅解。

云南省哲学社会科学教育科学规划项目
中期检查表

项 目 名 称 《农村地区辍学问题及策略研究》

项 目 批 准 号 ×××××

计划完成时间 2019 年 6 月 30 日

项 目 负 责 人 普利辉

所 在 单 位 ××州××县××中学校

填 表 日 期 2019 年 4 月 26 日

云南省教育科学规划领导小组办公室印制

2015 年 1 月

一、项目研究情况（可另加附页）

主要内容：项目研究进展情况，阶段性成果，存在问题及改进措施，下一步研究计划，重要事项变更。

《农村地区辍学问题及策略研究》项目于 2018 年 11 月 19 日获云南省教育科学规划领导小组办公室批复立项，2018 年 12 月 12 日在文山州教科所杨老师、石老师及丘北县教研室王老师的组织下在我校五楼会议室开题。结合该课题《申请·评审书》中的研究计划，经过四个月的认真研究，逐步完成预期任务，现对研究情况作如下汇报：

（一）项目研究进展情况

课题研究按原申报的实施方案，计划有步骤地开展系列工作，圆满完成了预期任务。

第一阶段：前期工作。

1. 培训课题组教师，提高教师研究水平

采用"走出去，请进来"的方式培训课题组教师。在课题研究的这段时间里，学校在安排教师出去学习时，优先考虑课题组教师。将外地先进的经验带回来，把新的精神与教学理念应用到教学中去，转变教学观念，提升教育理论与教育研究水平。

2. 学习研读相关材料，明确本课题研究的现实任务及意义。

3. 阅读与本课题有关的理论文章，了解现阶段本课题中已取得的成果，弄清楚他们有哪些好的做法，取长补短。

第二阶段：撰写开题报告，召开开题报告会（2018 年 12 月 12 日）。

第三阶段：后期具体开展进度计划。

1. 2018 年 12 月 20 日前，制作各相关调查问卷。

2. 2018 年 12 月底，深入调研学生、家庭、学校及社会在控辍保学中的各种要素，形成多角度调查报告。

3. 2018 年 12 月底，完成《控辍保学宣传册》的编写、定稿及印刷，便于学期末进行宣传工作。

4. 2019 年 1 月 12 日前，开展宣传剧《全民重教圆民生》的剧本撰写、确定及拍摄工作。

5. 2019 年 1 月 17 日（街天），利用街天进行第一次宣传工作。

6. 2019 年 2 月 10 日（街天），利用街天和花山场进行第二次宣传工作。

7. 2019 年 3 月 15 日前，进一步探索"农村地区控辍保学"的途径、策略、方法，撰写相关论文并发表。

8. 2019 年 3 月份，根据开学初的易辍学情况，利用课题组编制的宣传册和宣传剧《全民重教圆民生》进行六村次的下村、宣传及调研，达成"全民重教"共识。

9. 2019 年 4 月份，进行三次下村劝返、调研及抽样村主任访谈，形成案例集和访谈集。

（二）阶段性成果

1. 2018 年 12 月 20 日前，分三组制订学校、学生、家庭三个方向的调查问卷；

2. 2018 年 12 月 26 日前，分三组完成了三个方向的问卷调查，并撰写了调查报告；

3. 2018 年 12 月底，完成了共计 100 余页约 36000 余字的《控辍保学宣传册》；

4. 2019 年 1 月 12 日前，开展宣传剧《全民重教圆民生》的剧本撰写、确定及拍摄工作；

5. 2019 年 3 月 6 日完成宣传剧《全民重教圆民生》的制作工作，并向媒体、网络宣传；

6. 2019 年 3 月 15 日前形成六篇论文的撰写及发表工作：

研究成员结合调研案例以及农村地区控辍保学工作的思路和需要，共形成六篇相关论文：普利辉撰写的《加强农村留守儿童教育，严控学生易辍学》、安××撰写的《浅议如何在语文教学中渗透控辍保学工作》、岳××撰写的《学校管理与控辍保学》三篇论文发表在《课程教育研究》2019 年第 5 期；沈××撰写的《初中生物教学要激发学生兴趣，树立创新意识》、李××撰写的《控辍保学中的班级管理》、李××撰写的《谈农村中学"保学控辍"的困惑与对策》三篇论文发表在《课程教育研究》2019 年第 9 期。

7. 2019 年 3 月底，形成十八组劝返"案例集"；

8. 2019 年 4 月 25 日前，形成六村次宣传及"访谈录"。

（三）存在的问题及改进措施

1. 由于时间、精力及个人水平等主客观因素的制约，拍摄时间过紧，有的对白有些粗糙，拍摄质量有些瑕疵。

2. 学生个案分析精准了，但忽视了以民众观众角度分析，在最大限度提起民众的观看度方面欠佳。

3. 安排的内容过紧，量过多，要求民众了解的内容太广，能分成几个梯度来拍摄，并逐一推广效果更佳。

4. 撰写的论文的代表性、新颖性有待提高。

（四）下一步计划

1. 2019 年 5 月份，外出学习及调研，对比整改完善我课题组的相关成果。

2. 2019 年 5 月中旬至 6 月中旬，整改结束。

3. 2019 年 6 月 20 日前撰写总报告，整理结题材料，申请结题。

二、经费使用情况

单位：元

资助经费总额：29000 元

已收到资助经费：29000 元

经费开支情况：

1. 资料费：1000 元

2. 调研差旅费：3300 元

3. 小型会议费：500 元

4. 计算机使用费：0 元

5. 印刷补助费：1800 元

6. 管理费：0 元

7 其他：12020 元

总计：18620 元　　　　结余：10380 元

未使用经费预算：（主要支出项目）（单位元）

1. 资料费：0 元

2. 调研差旅费：6380 元

3. 小型会议费：0 元

4. 计算机使用费：0 元

5. 印刷补助费：0 元

6. 管理费：4000 元

7 其他：0

总计：10380 元

三、单位研究管理部门意见

公章　　　　　　负责人签字

2019 年 4 月 29 日

四、××省教育科学规划领导小组办公室意见

公章　　　　　　负责人签字

年　月　日

第八章　如何撰写报告

知识结构图：

一、结题报告结构是什么

二、结题报告怎样撰写

三、结题报告写作规范有哪些

四、结题报告怎样修改

五、附：结题报告案例提纲

　　（一般研究报告为例、不分章节类型）

课题结题报告是课题的研究成果。结题报告，也称研究报告，是一项课题研究结束后，研究者客观地、概括地介绍研究过程，总结、解释研究成果，向有关部门（机构）申请结题验收的文章。它是课题研究所有材料中最主要的部分，也是研究课题结题验收最主要的依据。

教育课题研究成果有不同的表现形式，主要有实物和文字两大类。实物类包括实验模型、有关图片、多媒体课件等，文字类包括研究论文、教育案例、调查报告、实验报告及有关建议书等。[①]

一、结题报告结构是什么

研究报告的一般结构由三部分构成：前置部分、主体部分和附录部分。

（一）前置部分

前置部分包括：封面、封面二（必要时）；标题页；序（或者叫前言）；摘要与关键词、目录页；图标清单（必要时）、注释表（必要时）。

1. 封面

一般课题管理部门会要求制作封面的内容和格式，按照要求编排即可。封面二一般不需要。

2. 标题页

标题页除了与封面应有一致的内容外，还包括封面上未列出来的责任者职称、职位、学位、单位名称等必要的信息。

3. 序或者前言

这部分一般是作者或者他人对本篇研究报告的基本简介，比如说明工作的缘起、背景、主旨、目的、意义、编写体例，以及资助、支持、写作、经过等。并不是所有的研究报告都需要序或前言。

4. 摘要与关键词

摘要是以提供研究报告的内容梗概为目的，不加评论和补充解释，简单确切地陈述研究报告主要内容的短文。[②]摘要是对研究报告主要观点的高度概括，具有独立性和自含性。摘要的内容应该包含与研究报告同等量的主要信息，即不阅

---

① 李冲锋.教师如何做课题 [M].上海：华东师范大学出版社，2013（8）：182.
② 李冲锋.教师如何做课题 [M].上海：华东师范大学出版社，2013（8）：185.

读全文也能够获得主要信息。摘要一般应说明研究工作目的、实验方法、研究过程、研究结果和最终结论等，重点是研究结果和结论。正规的研究报告一般都有摘要，字数一般以 200 ~ 300 字为宜。

关键词也称主题词，是反映全文主题和最主要内容的有实质性意义的名词性术语[①]。关键词是有实质意义的名词，特别要注意的是不能用动词。关键词的数量一般在 3 ~ 5 个。

5. 目录页

长的研究报告需要有目录页，短小的则可以没有。目录页由结题报告的篇、章、节、目，附录、题录等序号、名称和页码组成。目录页应排在序、前言之后，有的排在摘要与关键词后面。结题报告分册编制时，每一分册都应有全部的目录页。

6. 其他

（1）图表清单

结题报告中的图和表比较多的时候可以分别列出清单，置于目录页之后。图和表的清单应包括序号、题目和所在的页码。

（2）注释表

注释表指符号、标志、缩略词、首字母缩写、计量单位、名词、术语等的注释说明汇集表，注释表应置于图表清单之后。[②]

（二）主体部分

结题报告的主体部分一般包括：引言、正文、结论、参考文献。

1. 引言

引言，是结题报告的序言和开场白。引言部分一般介绍课题提出的背景、课题研究的意义等，以引出正文。引言力求简明扼要，直截了当，不拖泥带水。

2. 正文

正文是结题报告的核心部分，占的篇幅最大，各类结题报告的主要内容都体现在这里。不同类型的结题报告的正文内容各不相同，敬请阅读下文"二、结题报告的撰写"，特别是"一般研究报告"部分。

---

① 李冲锋 . 教师如何做课题 [M]. 上海：华东师范大学出版社，2013（8）：185.

② 李冲锋 . 教师如何做课题 [M]. 上海：华东师范大学出版社，2013（8）：186.

3. 结论

结论是课题研究最终的观点，可概括为这几点：研究了什么，有什么结果，这结果说明了或解决了什么问题。还可在结论部分指出根据这个研究，下一步应深入研究的问题。结论部分要尽量简洁。

4. 参考文献 [①]

参考文献是作者在研究和写作过程中所参考或引证的主要文献资料。参考文献一般置于篇后。

参考文献应是正式公开出版或发表的包括书籍、杂志、报纸上的文章。

参考文献一般注明佐证、论文或著作名称、出版单位或发表期刊、出版或发表的日期等。一般不注明具体页码，具体的页码应该在注释表中标注出来。

（三）结束部分

结束部分包括附录、致谢和后记。

1. 附录

附录是主体部分之后与主体相关的附件材料。

具体包括有关文章、文件、图表、索引、资料、调查问卷、访谈提纲、测验题目等。

附录部分可有可无。但对于正文中有调查问卷、访谈提纲、测验题目的结题报告，一般需要附上上述内容。

2. 致谢

即对研究过程中给予过帮助者致谢。

3. 后记

结题报告的后记，多用于阐述主体部分未涉及的研究认识，补充主体中没有的想法、背景、材料等，写明课题研究的分工情况，对相关单位或者个人表示感谢，抒发研究过程中的感想等。后记也是可有可无，根据对他人的尊重或者自我的需要安排。

二、结题报告怎样撰写

结题报告有一般结题报告、调查报告、实验报告、经验总结报告等类型，不同类型，正文的内容也不相同。

---

① 李冲锋. 教师如何做课题 [M]. 上海：华东师范大学出版社，2013（8）：186.

（一）一般研究报告

一般研究报告的基本结构包括课题研究背景、课题研究意义、课题研究界定、课题研究目标、课题研究内容、课题研究方法、课题研究步骤、课题研究过程、课题研究结果、研究反思及今后设想。撰写时要参照评审书及开题报告等相关内容中的联系性来综合描述。

具体呈现哪些部分的内容，不同级别、不同地区、不同研究的侧重点有所不同。

比如 ×× 省哲社撰写研究报告基本框架归结为依次阐述下列内容：

1. 研究问题即研究目的、研究意义、研究假设、核心概念的阐述；2.研究背景和文献综述；3.研究程序即研究设计、研究对象、研究方法、技术路线等的阐述；4.研究发现或结论阐述；5.分析和讨论阐述；6.建议阐述。

又如有基本框架归结为依次阐述下列内容的：

开头：研究报告题目＋摘要＋关键词。

正文：

一、研究背景

1. 本课题研究的学校背景；2. 本课题研究的时代背景；3. 本课题研究的学术背景：（1）国外此类课题研究综述；（2）国内此类课题研究综述；4. 课题研究价值和目的：（1）本课题研究价值；（2）本课题研究目的；5. 本课题的立项情况。

二、研究设计

1. 研究内容；2. 研究预期目标；3. 课题理论建构：（1）课题核心概念界定，本课题研究性质与研究范围界定；（2）课题系列观点；4. 研究方法；5. 研究对象与研究时间。

三、研究过程

第一阶段：课题价值评估与课题申报阶段……

四、研究的措施及经验

五、研究结果及分析效果，本课题研究存在问题结论

参考文献

附：调查报告＋相关必要的补充材料。

再如："以……改进校本教研的实践研究"可以为以下框架。

第一章 研究概况

一、选题的意义

（一）校本教研是我国新世纪基础教育课程改革推出的一项重要制度

（二）校本教研在实施过程中遇到了诸多棘手的、亟待解决的问题

（三）有机适应型组织理论为校本教研问题的解决提供了新路径

二、核心概念界定

三、相关研究现状

（一）校本教研的内涵和特点

（二）校本教研的实施方式

（三）学校组织变革和有机适应型组织理论

四、研究设计

（一）研究目标

（二）研究内容

（三）研究方法

五、研究过程

（一）课题启动阶段（　　年　　月 – 　　年　　月）

（二）课题实施阶段（　　年　　月 – 　　年　　月）

（三）课题总结阶段（　　年　　月 – 　　年　　月）

第二章　研究成果及社会影响

一、研究成果

（一）实践成果

（二）理论成果

1. 发表了一系列较高学术水平的研究论文

2. 出版了两本研究文集

3. 梳理和分析校本教研中存在的一些热点问题

二、社会影响

（一）课题组成员申宣成在"提升学生学习质量"论坛作主题报告

（二）课题成果在全国基础教研负责人联席会议上展示交流

第三章　主要结论与研究局限

三、研究的主要结论

（一）学校组织结构的变革是改进校本教研的关键

（二）传统的学校科层制组织结构无法适应校本教研的内在需求

（三）有机适应型组织能够满足校本教研的内在需求

（四）以有机适应型组织改进校本教研的三种模式

（五）课例研究是校本教研需要的重要内容

四、研究中存在的问题

（一）需要进一步开发系统的、更具创新力的工具

（二）需要加强有机适应型组织理论的本土化研究

（三）需要适当加强定量研究。

按照内容陈列，课题管理部门会下发撰写要求。在这里，我按照常规的撰写内容一一讲述，具体撰写的顺序和合并的内容要按照各级不同的要求来开展：

1. 课题研究的背景 [①]

课题研究背景也称为问题的提出，主要从研究背景、国内外现状、基础等方面回答"为什么要选择研究这项课题"。该部分要求用两三段简洁的文字讲清选择这项课题的原因，其中需考虑到教育形势的发展和观念、方法、理念、手段的更新。

国内外研究现状述评即文献综述，它以查阅文献为前提，写作时需要指出前人对本课题研究的思想、方法和成果。研究者要尽量充分占有文献资料，所查阅的文献既要与研究问题相关，又不能过于局限。过于局限就违背了学科交叉、渗透原则，会使研究者视野狭隘，思维僵化。综述是在搜集资料后对这一研究课题在一定时期内的研究情况进行概括，分析哪些方面已有人做过研究，取得了哪些成果，确立本课题的研究基础，指出本课题的创新价值和所取得的突破。

2. 课题研究的意义

课题研究的意义包括理论意义和现实意义，可从课题研究的重要性和必要性，以及可能性等方面去思考。该部分可并入课题研究背景部分，但需独立呈现。

教师根据自己在教育教学实践中遇到的困惑和教育难题，指出研究和破解的必要性。同时，结合国家、教育部门新近出台的政策法规，时代的发展、社会的进步、科技的发展对教育教学提出的新要求，以及从现在学校教育、学科教学等方面存在的问题与困惑等现实需要角度去论证课题的意义。

3. 课题研究的界定 [②]

对课题名称中一些重要词语的内涵、课题研究涉及的范围等作简单阐述，所应用到的教育理论和思想只能选最精辟、最适用的摘录，切忌全文照搬。依据理

---

① 李冲锋. 教师如何做课题 [M]. 上海：华东师范大学出版社，2013（8）：189.

② 同上

论的支撑，说明自己的主要研究思想。

核心概念的界定就是说明课题的核心概念。多采用归纳和演绎的方法，引用教育理论、教育大纲、整合文献知识等，以分段或标题陈述的形式确定概念及其内涵与外延，对课题中的研究对象、范畴，抽取出本质属性分别进行概括，最终形成对整个研究课题名称的科学界定。

4. 课题研究的目标 [①]

课题研究的目标体现本课题研究的方向。目标的确定不能空泛，要扣紧课题，还要注意其结构的内在联系，将所确定的目标，最终落实到成果中去。

课题研究目标是课题研究要解决的主要及具体问题，是研究的方向和根本所在。因此，研究目标是具体的，不能大而空，表述不能笼统。

如课题"高中语文古典诗词的意境教学研究"中确立的目标是解决高中古典诗词教学中教学效率低下、效果不理想的问题。尝试通过意境教学方式，引导师生双向互动，调动多种感觉，充分感受作品创造的意境，从而掌握知识，提高学习效率。在这样的目标指导下，作者首先阐释意境与意境教学的关系，论证实施意境教学的可行性。在此基础上指出古典诗词意境教学的重要价值和意义，进而提出古典诗词意境教学的方法。

在目标的指导下，研究报告的各部分形成了一个完整的有机体。当然在确定课题研究目标时，还要考虑课题本身的要求，以及课题组成员的实际工作需要和研究水平。

5. 课题研究的内容 [②]

课题研究的内容主要陈述课题研究的范畴、立足点，表述须紧扣研究目标，简洁、准确。主要内容与课题研究成果同样有着密切的内在联系，课题研究的主要内容必须在研究成果中予以体现。

研究内容要与课题相吻合，与目标相照应，具体回答研究什么问题、研究问题的哪些方面。要努力从课题的内涵和外延上去寻找，紧密围绕课题的界定去选择研究内容，把课题所提出的研究内容进一步细化为若干小问题。

如课题"小学语文识字教学中文化渗透的策略研究"确立的目标是解决现实小学语文识字教学中只是注重汉字的工具性而缺少文化内涵，造成字的形、音、

① 李冲锋.教师如何做课题 [M].上海：华东师范大学出版社，2013（8）：189.
② 李冲锋.教师如何做课题 [M].上海：华东师范大学出版社，2013（8）：190.

义割裂，小学生的文字功底不扎实的问题。

作者围绕目标将报告分为五个部分：第一部分探讨识字教学中进行文化渗透的意义。着重探讨了汉字蕴含的丰富文化内涵，阐释在识字教学中进行文化渗透的重要意义。第二部分分析了小学识字教学的现状、原因。第三部分从汉字的构造特点、小学生的思维心理特点、课标要求和教材变化等方面分析识字教学中文化渗透的可行性。第四部分提出进行文化渗透的策略，小学低年级通过图字对照、动作演示、偏旁归纳等体会汉字文化，高年级则通过比较字的异同、以字串字、讲述故事等进行文化渗透。第五部分阐释文化渗透应以科学性、直观性、趣味性、循序渐进等为原则。从中可以看出，作者紧紧围绕研究目标，把研究的内容都细化成一个个小的问题来探讨、研究，使研究内容充实、具体。

6. 课题研究的方法 [①]

课题研究的方法多种多样，不同研究目的和类型的课题运用的研究方法也不尽相同。中小学课题研究常用的方法有文献研究法、教育观察法、教育调查法、个案研究法、教育叙述法等。教育实践是丰富而复杂的，教育研究是多元而深入的，选择研究方法时也应灵活而多向。

文献研究法：主要指搜集、鉴别、整理文献，并通过对文献的研究形成对事实的科学认识的方法。

教育观察法：指研究者在比较自然的条件下通过感官或借助于一定的科学仪器，在一定时间、空间内的有目的、有计划的考察并描述教育现象的方法。

教育调查法：指在教育理论指导下，有目的、有计划地对部分研究对象进行访谈问卷调查，了解其总体现状，进而分析其因果关系，是揭示教育规律的一种研究方法。

个案研究法：指对某一个体、某一群体或某一组织在较长时间里连续进行调查，从而研究其行为发展变化的全过程。它通常采用观察、面谈、搜集文件证据、描述统计、测验、问卷、图片、影片或录像资料等方法。

教育叙事法：指研究者以叙事、讲故事的方式表达对教育的理解和解释。

7. 课题研究的步骤及过程

研究过程即课题研究的步骤，也就是课题研究在时间和顺序上的安排。一般划分为三个阶段：准备阶段、实施阶段、总结阶段。

---

① 李冲锋. 教师如何做课题 [M]. 上海：华东师范大学出版社，2013（8）：190.

每个阶段有明显的时间设定，从什么时间开始至什么时间结束都要有规定，要有详尽的研究内容安排、具体的目标落实，从而保证研究过程环环紧扣、有条不紊。

（1）准备阶段（××××年×月—××××年×月）

准备阶段是从选题和筹建课题组开始。课题申报前的准备主要有查阅、搜集文献资料，了解国内外的研究现状，为课题研究做好理论上、思想上的准备，完善课题立项申报书，确定研究方向。

（2）实施阶段（××××年×月—××××年×月）

课题立项后就要组织课题组成员召开开题报告会，对课题组成员进行动员和分工。定期组织理论学习、交流论证、反思总结等研究性活动，开展专题研讨、专题讲座、专题报告等定向学术交流活动，坚持开展备课、观课、评课、考察、调研等教育实践活动。

（3）总结阶段（××××年×月—××××年×月）

搜集、整理课题实施过程中所做的各种活动记录表、调查问卷统计数据及分析、课题组成员根据各自分工撰写的研究论文或者教学案例等。由课题主持人负责总结课题研究过程中的收获与不足，并完善课题研究报告。

这部分内容应重点阐述各阶段的研究进展和实施情况、出现的新问题及取得的阶段性成果，清晰呈现研究的不断深入和有序扎实推进。

8. 课题研究的结果 [①]

这个部分包括课题研究的结论和成果，是结题报告中最重要的部分，篇幅可适当长些。能否全面、准确地反映课题研究的基本情况，使课题研究成果得以推广和借鉴，关键看这部分。

研究结论是针对课题研究的问题作出的回答，是整个研究的结晶。其内容包括：对研究总体性的判断，对研究假设的总结性见解；提出切实可行的解决问题的策略和措施；指出尚未解决的问题；提出进一步研究的途径和方法。结论的陈述应精练、鲜明、留有余地。

研究成果要从实践成果和理论成果两方面去陈述，不能笼统地谈。这样的研究成果才有借鉴和参考的价值。同时也应注意研究成果必须体现所确定的研究目标。

---

① 李冲锋. 教师如何做课题 [M]. 上海：华东师范大学出版社，2013（8）：190.

研究成果中的理论成果可以是研究所得到的新观点、新认识，包括课题研究的结题报告、教师论文发表或获奖情况、论文集等。实践成果包括优秀教案或活动设计汇编、个案汇编、实验课、示范课、观摩课（课件）的获奖情况、学生作品集、情况汇总等。

有的结题报告在陈述研究成果时只谈通过研究开设了几节公开课、观摩课，发表了多少篇论文，获得何种奖励，有多少学生参加什么竞赛获得了哪些奖项；或者是通过课题研究，学生的学习成绩和学习能力获得了哪些提高，教师的研究水平得到了哪些提升等。这些仅属于实践成果。一篇结题报告，单单这样陈述，是远远不够的。因为别人无法从这些研究成果中学到什么，这样的研究成果推广价值不大。具有借鉴价值和推广价值的，往往体现在理论成果部分。

有人认为，自己的课题研究没有理论成果。其实不然。理论成果，就是通过研究得到的新观点、新认识，或者新的策略、新的教学模式等。这些新观点、新认识、新策略、新模式，又往往与我们在"研究目标"或"研究内容"中所确定的要达到的成果密切联系。这些就是研究的理论成果，这样的研究成果才有借鉴和参考价值。

研究成果的陈述不能过于简略。有些课题在研究过程中，催生出多篇学术论文。这些学术论文，就是课题研究的部分成果。在结题报告"研究成果"部分，要将这些论文的主要观点提炼、归纳进去。有的结题报告是这样陈述所取得的成果的：研究成果详见某某论文。只是这样陈述是不行的。

9. 研究反思及今后设想 [①]

研究的反思部分即讨论该研究的局限性、尚待解决的问题，陈述要求比较简单。但所找的问题要准确、真实。

今后的设想部分，主要陈述准备如何开展后续研究、课题的应用价值和推广可能性，或者如何开展推广性研究等。

上述九个方面，可根据具体课题的情况有所调整，有些部分可以合并，也可以根据需要增加相关内容，比如国内外现状述评或"综述"或文献综述等。

（二）教育调查报告

教育调查报告是调查某种教育现象，经过整理分析后形成的文字材料。[②]

---

① 李冲锋 . 教师如何做课题 [M]. 上海：华东师范大学出版社，2013（8）：192.

② 同上

1. 教育调查报告的类型

按照调查内容的不同，可把教育调查报告分为以下几种类型。

（1）现状调查报告

现状调查报告是调查教育教学的现状后所形成的报告。[①] 它围绕调查对象的基本情况展开，涉及现状的好坏两方面的内容。在现状调查的基础上，一般要深入探讨现状的发展趋势，并提出相关建议。这种调查报告可为教育决策者和教育实践者提供切实的指导。

（2）事件调查报告

事件调查报告是调查某一具体事件后所形成的报告。事件调查可以是对当下发生的某个具体事件的调查，也可以是对某一方面甚至某一历史时期的工作的调查。事件调查以具体的教育事件为核心展开工作，具有很强的针对性。揭示事件的来龙去脉和事实真相，是事件调查报告的主要内容。

（3）问题调查报告

问题调查报告是以揭露教育教学领域存在的问题为主的调查报告。这类调查集中在揭示问题存在的领域、问题的不同表现形式、分析问题产生的原因，在此基础上提出问题改进的对策和建议。问题调查具有很强的探究性，通过问题的表象，揭示问题产生的根源，寻求问题解决之道。

（4）经验调查报告

经验调查报告是调查某一项研究成果、某一项改革措施、某一项工作进行情况等后形成的报告。经验调查以挖掘先进、优秀的经验为主，目的是通过对经验的挖掘推动教育教学工作的开展。这类调查报告具有较强的指导性，可供领导决策和教育实践者学习使用。

（5）个案调查报告

个案调查报告是对具体的人（教师或学生）的情况展开调查后形成的报告。个案调查是以解决个体存在的问题或发掘个体所具有的经验为目的的。它可以通过"点"的深挖细剖，通过对个别现象的揭示来启迪一般事物的发展。

2. 教育调查报告的结构

调查报告的结构包括标题、前言、主体、附录四个部分。其中，主体部分又分为调查目的、调查对象、调查方法、调查内容、调查过程、调查结果、调查结

---

① 李冲锋. 教师如何做课题 [M]. 上海：华东师范大学出版社，2013（8）：192.

论、讨论和建议、参考文献等内容。

（1）调查报告的标题[①]

调查报告的标题通常有以下写法。

①用调查对象和主要问题做标题。例如，"××市初中生家庭作业负担调查"。

②用一定的判断或评价做标题。例如，"家庭作业负担过重的恶果"。

③用提问的方式做标题。例如，"减负为何久减不轻"。

（2）调查报告的前言[②]

调查报告的前言一般有以下写法

①目的直述法，即在前言中着重说明调查的主要目的和宗旨。

②情况交代法，即在前言中着重说明调查工作的具体情况。

③结论先行法，即在前言中开门见山地把调查结论写出来。

④提问设疑法，即在一开头就提出问题，给人留下悬念。

（3）调查报告的主体[③]

①调查目的。说明为什么要展开这次调查，想获得什么样的结果。

②调查对象。写明调查对象的情况，包括调查对象的总体范围、抽方式、样本容量以及样本的分布特征。

③调查方法。研究主要使用的方法，即具体的调查方式、资料收集与处理中采取的方法和实施的技术手段、研究中采用的工具和设备等。

④调查内容。说明调查的主要问题或方向。

⑤调查过程。研究的具体步骤和过程，说明起止时间、具体的工作方式、方法和内容等。

⑥调查结果。呈现调查的结果，并分析结果。这是调查报告的主体部分和实质部分。在这一部分要按照定量与定性相结合的方法，整理调查研究所得到的资料、数据，分门别类地呈现出来。

⑦调查结论。以研究结果的分析为前提，用简练的语言概括出研究的结论。

⑧讨论和建议。研究者根据研究的客观事实和研究结论，结合自己对教育理论的认识和了解，通过分析和思考，对当前教育理论或实践的发展提出自己的认识、建议和设想。

---

① 李冲锋. 教师如何做课题 [M]. 上海：华东师范大学出版社，2013（8）：193.

② 同上

③ 李冲锋. 教师如何做课题 [M]. 上海：华东师范大学出版社，2013（8）：194.

⑨参考文献。列出调查中所参考或使用的文献。

（4）调查报告的附录

调查报告的附录主要附上调查问题、访谈提纲、其他过程性材料等。

以上内容，可根据研究者的需要在写作时有所取舍。

3．调查报告撰写注意事项

调查报告的撰写要注意以下事项。

（1）秉持求是的态度

撰写调查报告要忠于事实，秉持实事求是的态度，"用事实说话""用事实揭示真相"，不说无根据的话，不做歪曲事实的分析。

（2）翔实地占有材料

调查报告是以调查的数据、材料为依据的，因此要翔实地占有材料。真实是对调查报告材料的第一要求。调查报告所使用的材料必须全部是真实的、客观存在的，而不能是虚构的、歪曲的。[①]

（3）恰当地使用材料

调查中会获得多种多样的材料，在写作时不能堆砌罗列材料，要恰当地处理材料，分门别类地使用。材料的使用要做到"点面结合"，既有典型事例，又有反映总体情况的综合材料；文字、数字、图表三种形式结合使用；统计材料与座谈、访问、观察资料适当配合。

（4）注意表达方式

调查报告可以采用夹叙夹议的方式，但主要是用事实说话，从事实中概括理论。

（三）教育实验报告

教育实验报告，是教育实验之后，对教育实验全过程及其结果进行客观、概括反映的书面材料。[②]

1．教育实验报告的类型

根据实验控制情况，可把教育实验报告划分为两大类：控制情境实验报告和自然情境实验报告。

---

① 李冲锋 . 教师如何做课题 [M]. 上海：华东师范大学出版社，2013（8）：194.
② 李冲锋 . 教师如何做课题 [M]. 上海：华东师范大学出版社，2013（8）：195.

（1）控制情境实验报告

控制情境实验报告是对控制情境实验过程及其结果的客观呈现。因其严格的实验控制，所获取的数据要求严格，所以定量分析比较多。它分析研究实验过程中所获取的全部资料，通过各种数据和感性材料的比较对照，找出研究变量之间的内在联系，发现教育现象发展变化的因果关系，验证教育实验的假设。[1]

（2）自然情境实验报告

自然情境实验报告是对自然情境下教育实验的过程与结果的客观呈现。这种报告虽然也有定量分析，但更侧重定性描述，行文比较灵活。

2. 教育实验报告的结构

在教育实验报告中要写明：实验目的是什么？实验材料是什么？实验过程如何？由实验得到哪些数据？如何处理这些数据？由数据的分析得出什么结论？如有必要，再向读者阐明有待讨论的问题。[2]

教育实验报告的主体由实验设想的形成、实验设计、实验过程、实验结果、讨论与建议、参考文献和附录等几部分组成。[3]

（1）实验设想的形成

①实验课题的形成过程（实验背景）。

②前人在这个方面的研究情况（研究的现状或文献综述）。

③本课题研究的实验目的和意义（研究目的和意义）。

（2）实验计划

①实验的范围，写明在哪个学科，哪些学校，哪些年级、班级中开展这项实验。

②实验的研究假设。

③实验的理论依据。

④实验的方法，具体写出抽样方法、样本容量、分析方式、实验组和控制组、自变量的操作、无关变量的控制等。

⑤实验的步骤。

（3）实验过程[4]

①实验过程即简要介绍实验的起止时间，实验的范围及步骤。这部分可附在

---

[1] 李冲锋. 教师如何做课题 [M]. 上海：华东师范大学出版社，2013（8）：195.

[2] 同上

[3] 同上

[4] 李冲锋. 教师如何做课题 [M]. 上海：华东师范大学出版社，2013（8）：196.

其他部分之后，不单独成目。

②实验中着重研究的问题，关键性问题要逐项阐述。

③解决问题的过程是实验报告的主体部分，要详写，写细、写深、写透。记述问题解决的方式有三种：第一种是以实验中提出的问题为线索，逐项说明每个问题的解决措施；第二种是以时间为线索，分别说明在不同时段里着重解决的问题；第三种是把上述两种结合起来，既说明每个问题的解决措施，又说明在不同时段里着重研究的问题。

④介绍实验资料的搜集情况。主要是两个方面的资料：一是研究对象对施加因子的反应情况，二是介绍运用谈话、访谈、问卷等方式获取的资料情况。

（4）实验结果

实验结果是实验后在实验对象身上产生的实际效果。介绍实验结果要紧扣实验目的和实验假设。写作实验结果要归类和分析整理搜集到的实验数据，运用列表、图示等方法揭示实验对象发生的变化和有关数量关系。有的实验需要进行几轮，以验证、丰富或修正实验结果。许多实验都需要统计检验。实验结果不应是偶然现象的组合，而应揭示事物发展的必然性。

分析实验结果，主要包括以下几点：

①统计分析。一是分析实验数据的分布特征，如集中趋势、离中趋势、相关程度等，计算出一些具有概括性的统计数字，如两极差、中位数、平均分标准差、相关系数等。二是要由样本数据推测总体的性质。

②分析实验结果产生的原因及其说明的问题。原因分析要揭示结果背后的动因，要上升到理论高度来分析。实验结果说明的问题主要是指该项实验的意义和价值。

③与他人相关实验结果的对比。通过对比指出与他人实验的不同之处，指出自己的新发现、新成绩。

④分析说明实验应用性，主要是说明实验应用的范围、条件、环境，在什么程度上有效，并说明实验中还有什么没有解决的问题。分析实验结果后，还要归纳概括分析的情况，最后推导出实验结论。[①]

实验结论以实验结果的分析为前提，用简练的语句概括，以说明实验研究假设是否成立。实验结论应仅限于实验结果证据充分的部分。对证据不足、没有充

---

① 李冲锋.教师如何做课题[M].上海：华东师范大学出版社，2013（8）：197.

分把握的，不能轻率下结论。结论是对实验课题所提出的问题给予肯定或否定的回答。可以把结论单独作为一部分来写。[①]

（5）讨论与建议

①对实验结果作理论上的解释。

②对实验中研究方法的科学性和局限性加以讨论。

③对"证伪"的结果从理论和实际两方面进行分析。

④提出一些建议以供进一步的研究与思考或问题解决。

（6）参考文献与附录

3. 实验报告撰写注意事项

（1）持有科学态度；（2）边实验边写作；（3）精心绘制图表；（4）定量定性结合。

三、结题报告写作规范有哪些

（一）正文提纲的表述

比较长的结题报告，会分章节来写，以五级标题为例，原则上呈现的格式是"第一章（章的名称）；一、二……（一级标题）；（一）（二）……（二级标题）；1.2……（三级标题）；（1）（2）……（四级标题）；①、②……（五级标题）"。

（二）各级标题的表述

1. 一级标题后面要"、"。

2. 二级、四级和五级标题的后面不要加"、"。

3. 三级标题的后面要"."。

4. 标题要单独成行，且标题后面不添加任何标点符号。

5. 各级标题可以使用不同的字号和字体来区分。

（三）准确使用图表

1. "图"的使用

（1）"自明"原则，即不阅读正文，只看图和图名就能理解图意。

（2）"图文一致"原则。

（3）"表上图下"原则。

---

① 李冲锋. 教师如何做课题 [M]. 上海：华东师范大学出版社，2013（8）：197.

2．"表"的使用

（1）"自明"原则。

（2）"表文一致"原则。

（3）"表上图下"原则。

（4）"上下对齐"原则。

（四）引文的规范应用

引用他人的研究成果或者观点叫作"引文"。

1．引用关键词：必须前后加上双引号，以示与作者文字的区别，且双引号内不加任何标点符号。

2．引用原文：引用语句、语段必须前后加上双引号，以示与作者文字的区别。

注意行中引用时要在引文之后用序号或者括号标注引文的出处。

3．引用原意：即不直接照搬原文，在理解原文的基础上，用自己的话语表达原文的原意。在把原文原意和自己的理解糅合在一起时，要特别注意原文原意的完整性和准确性。引用的原意前后都不加引号。

四、结题报告怎样修改

结题报告的修改，主要针对内容和形式两个方面，大到主旨和题材，小到标点符号，都要细细修改，以示研究的严谨和认真。

通过反复阅读、分析，进行"修改题目""修改结构""修改论证""修改理据""修改语言"，最终提高结题报告的质量。

五、附：结题报告案例提纲（一般研究报告为例、不分章节类型）

《社会主义核心价值体系融入中小学教育全过程的策略研究》
结题报告

××市教育局课题组

（××市教育科学研究院×××执笔）

【摘要】本课题以……为基础，采用"……"的方法，就……全过程的策略进行了较为全面的研究。通过文献研究，结合……教学实际，初步构建了……通过问卷调查，揭示了……通过访谈、座谈，了解……借鉴……提出了……策略。同时，本课题还就价值观研究的理论和实践问题进行了深入地讨论，并提出了今后进一步研究的方向。

【关键词】价值观，社会主义核心价值体系，中小学教育全过程，策略研究，结题报告。

（一）课题的提出

价值观是……长期以来……（综述国内外情况）

本研究以已有的价值观研究为理论基础，从……视角，从"……"的研究方法出发，将……有机地整合起来，加以……试图……构建……在了解……基础上，借鉴……探讨……策略。为……针对性、实效性和可操作性提供指导性意见。

（二）研究的目标与内容

1．研究目标

（1）在理论上……初步构建……体系，为……决策服务。

（2）在实践上……策略，为学校开展……提供实践依据。

2．研究内容

（1）开展……通过文献研究，分别构建……体系，着重解决……问题。

（2）问卷调查，科学地揭示……揭示……着重探索……

（3）教师的座谈和访谈，全面了解……现状，发现问题，寻找差距。在总结……基础上，探讨……策略。着重解决……问题。

根据上……本课题……进行研究。

3．研究重点与难点

（1）研究重点

（2）研究难点

（三）研究的思路、方法与步骤

1．研究思路

本研究以……基础，从……视角，将……整合起来。

首先……其次……最后……

2．研究方法

本研究将文献研究、问卷调查、经验总结、座谈与访谈等方法有机地结合起来……（接下来简单描述每种研究方法的应用）。

（1）文献研究

研究……文献，得出……（理论建构）

（2）问卷调查

①被试对象描述

②《……》的编制

③程序

④《……》的信度和效度

（3）访谈与座谈

①访谈与座谈对象描述

②提纲

③访谈与座谈

④报告

3. 研究步骤

根据本课题的研究目标和研究内容，分阶段规范，有序地展开研究。

（1）准备阶段：　年　月　日——　年　月　日

组建课题组，搜集研究资料，制定课题实施方案；召开课题组成员会议，明确课题组成员的分工与职责，组织课题组成员进行理论学习；初步完成调查问卷的设计和访谈提纲的拟订。

（2）实施阶段：　年　月　日——　年　月　日

通过文献研究，结合……构建……

通过调查研究，了解……撰写调查报告，提出相应的教育对策。

通过访谈与座谈，了解……为形……依据。

（3）总结阶段：　年　月　日——　年　月　日

整合……研究成果，形成课题研究总报告，并将课题研究总报告和其他相关研究成果结集成册；召开反馈座谈会和课题组成员讨论会，广泛征求意见，修改研究报告，形成……

（4）成果的应用与推广阶段：　年　月　日以后

选择……学校，就本课题的研究成果进行应用性的实验，以检验研究成果的科学性、可靠性和普适性，为成果的普遍推广提供实证依据。

（四）研究结果与分析

对所有研究的成果或者结果的客观分析。

（五）讨论与对策

呈现所有研究中值得讨论的问题并形成相应对策。

（六）存在的问题及今后进一步的研究方向

1. 进一步……

2. ……

3. 尽管……有待于今后进一步的修订。

4. 在实践中不断……

5. 进一步……深入研究。

参考文献

按照格式要求罗列所有参考的文献。

第九章　如何做好结题

知识结构图：

一、什么是结题

二、结题怎样准备

三、结题怎样申请

四、课题成果怎样鉴定

五、课题鉴定结果有哪些

附：结题申请·审批书样例

结题是相对课题立项而言的，是课题研究必须完成的终结性工作。结题的主要工作是研究成果的鉴定验收。课题研究工作完成后，其成果均须鉴定，通过鉴定后方可结题。结题一般由课题负责人向课题管理部门提出申请，课题管理部门组织专家进行课题成果鉴定，成果通过鉴定后予以结题。

一、什么是结题

1. 结题是研究成果的全面总结

结题不仅仅是撰写结题报告、填写结题评审书，更重要的是对整个课题研究和研究的成果做全面、系统地总结，达到使研究成果物化、系统化。

2. 结题是经验的系统提升

在课题的开展过程中，研究者一定有一些经验、心得，甚至失败的教训。结题便是对这些经验、教训的总结。

3. 结题是研究成果推广的前提

结题之后并不是结束课题研究，其实结题只是课题研究的总结，课题研究之后，还有研究成果的推广应用。如果不推广，不应用，做研究就失去意义了。

结题是全面地总结研究的成果，系统的概括研究的经验，在这个基础上，可以很好地把成果推广出去。

4. 结题是后续课题申报的基础

课题顺利结题，说明课题负责人或者课题组成员具有一定的研究能力和水平，为今后继续申报课题奠定了一定的基础。

二、结题怎样准备

（一）分析结题的条件 [①]

1. 研究的目的是否达到？

2. 研究各阶段、各方面的工作、活动是否落实？

3. 研究的质量、水平如何？是否达到预期的目的？能否达到课题管理部门的要求？

4. 研究的各项材料是否齐全？

---

① 李冲锋．教师如何做课题 [M]．上海：华东师范大学出版社，2013（8）：229．

（二）准备结题材料

1. 结题材料的类型

（1）课题工作材料：课题立项申报书、批复文件、课题研究方案、课题变更申请表、开题报告、开题论证记录、研究过程中的体会、课题活动大事记录、阶段性工作总结等。

（2）原始材料：所有与课题开展有关的有保存价值的材料，如调查问卷、访谈提纲、收集的各种有效数据等。

（3）成果材料包括主件和附件，主要有结题报告、论文等文字材料，以及光盘、图表等非文字成果。

（4）影响性材料：成果发表后引起的争议文章、引用等情况。

2. 课题材料的要求

真、精、齐、清（文本清楚）、定（定稿）、美。

3. 结题材料的整理①

不同级别、不同地区要求整理的内容、顺序并不一致，课题主管部门会下发专门的清单，大致包括：

（1）结项鉴定申请书（必须提供）

（2）最终成果简介（必须提供，3000字左右。要求详见第三部分）

（3）研究总报告（必须提供，不少于2万字。要求详见第三部分）

（4）咨询报告（重点招标课题、重点课题必须提供，4000字左右）

（5）公开发表的论文（文章首页须标明课题名称及立项编号，须提供刊物封面、目录页、文章完整内容页复印件）

（6）立项通知书（必须提供）

（7）课题申请书（必须提供）

（8）开题报告（必须提供）

（9）年度检查表（必须提供）

（10）课题变更表（必须提供）

（11）专著（封面须标明课题名称及立项编号，须提供专著封面、封底、目录页、版权页复印件）

（12）工具软件、视频目录（提供光盘。程序类须打包并可运行）

---

① 按照云南省教育科学规划办大致目录梳理而成，仅供参考。

（13）成果影响材料（获奖证明，研究结论被州、市级及以上党政机关采纳的证明，应用证明等）

（14）课题组成果统计一览表

（三）撰写工作总结

课题研究总结并不等同于结题报告，研究总结是对课题自立项到成果形成的研究情况、工作、活动等的全面回顾、分析和概括。

主要包括：

1. 研究的过程，完成的内容，达到的目的和水平，科学与意义和创新之处；

2. 获学术奖励、专利及推广应用等情况；

3. 分析超过或者未达到预定目标、进度和研究内容的原因；

4. 今后本领域研究工作的设计、建议。

（四）做好经费结算

三、结题怎样申请

（一）了解结题要求

结题的要求并不是在结题之前才提出来的，在课题发布时，结题要求就已经下发告知相关研究人员。在整个课题研究过程中，应围绕结题要求，并向结题要求努力开展研究工作。结题前要做的，不过是把这些要求重新拿出来，再一一对照，关注具体要求、具体细节，按照要求和规范准备结题。不同地区、不同课题管理部门对结题的申请方式、申请时间等要求不同，要严格按照相关要求来准备结题并提出结题申请。

（二）下载或接收结题材料（注：结题审批书样例，请参阅本章最后"附"部分）

（三）填写鉴定申请

1. 课题名称要精准

课题名称必须与课题立项时的名称保持一致。

2. 完成单位要盖章

要在课题鉴定书上盖上完成单位的公章。公章一般不用部门章，要用单位公章。

3. 填写的立项时间要准确

4. 成果的形式要对应

无论在名称上、类型上，还是在数量上都要相对应，研究成果的形式要与申报的实际成果避免不一致。

5. 鉴定项目不用管（这部分是上级主管、鉴定部门完成）

6. 主持者前后一致

7. 成员次序不更换

课题组成员名的排序与立项申报时保持一致，不应该更换。如果课题研究过程中有所变动，向课题管理部门申报更换过的，可以按照更换过的次序填写。

8. 按照要求打印。

四、课题成果怎样鉴定

（一）课题成果鉴定方式

通讯鉴定、会议鉴定、现场鉴定、成果认定。

每种鉴定方式从字面上也不难理解，这里重点说下"成果认定"。

成果认定主要通过经审定或认可的社会专业评价机构的评价、在专业期刊上发表论文或公开出版著作、获得政府奖励等来表示研究成果已经获得社会认可，可以不再接受其他方式的鉴定，从而给予结题。

成果认定也称免于鉴定，只要成果通过了认定，就可以不再参与通讯鉴定、会议鉴定和现场鉴定。成果认定其实本质也是一种同行专家的评议，只不过不是由课题管理部门直接组织专家鉴定而已。

（二）成果鉴定的依据[①]

1. 成果的科学性

科学性，主要看课题成果是否符合教育科学理论，是否遵循教育规律；是否符合逻辑、道理清楚、令人信服；论点、论据、论证正确与否。

2. 成果的创新性

创新性，主要看成果是不是"独、特、新"。独，指他人没有独我有，即常说的"填补了空白"。特，指大家都有，但我有自己的特色。新，即在他人的基础上有所创新，得到新论题、新观点、新见解、新看法、新技术和新结论等。

3. 成果的理论性

理论性，主要衡量课题研究总结出的观点、理念、理论达到了什么水平，是否发展了当代教育科学的最新成果，是否探求了教育现象的发生、发展、变化的

---

① 李冲锋. 教师如何做课题 [M]. 上海：华东师范大学出版社，2013（8）：242.

规律，能否用来指导新的教育实践。

4．成果的效益性

效益性，主要看课题研究的结果有什么社会效益和经济效益，研究成果有什么指导价值和推广意义，研究的成果是否管用。

5．成果的规范性

规范性，主要看研究成果具体操作是否规范，文字表述是否准确等。

课题鉴定要本着科学态度，坚持实事求是、公平合理的原则进行。这样才能形成客观、公正、全面、中肯的鉴定意见。如果在鉴定过程中弄虚作假、有偿交换、照顾人情，就无法形成正确的鉴定意见，使鉴定走上歧途，严重影响鉴定结果。

五、课题鉴定结果有哪些

课题鉴定的结果一般有三种：通过鉴定、限期再鉴、不通过鉴定。

附：结题申请 · 审批书样例 ①

云南省哲学社会科学教育科学规划项目
结项鉴定审批书

项目批准号＿＿＿＿＿＿＿＿＿＿＿＿＿＿＿＿

项 目 类 别＿＿＿＿＿＿＿＿＿＿＿＿＿＿＿＿

学 科 分 类＿＿＿＿＿＿＿＿＿＿＿＿＿＿＿＿

项 目 名 称＿＿＿＿＿＿＿＿＿＿＿＿＿＿＿＿

项 目 负 责 人＿＿＿＿＿＿＿＿＿＿＿＿＿＿＿

所 在 单 位＿＿＿＿＿＿＿＿＿＿＿＿＿＿＿＿

填 表 日 期＿＿＿＿＿＿年＿＿＿月＿＿＿日

云南省教育科学规划领导小组办公室

2014 年 1 月 修订

---

① 该"结题申请 · 审批书"范例选自云南省教育科学规划办，一是仅做参考熟知结构，二是如有侵权请联系编者删除。

声　明

本申请鉴定结项的研究成果不存在知识产权争议；云南省哲学社会科学规划办公室和云南省教育科学规划领导小组办公室享有宣传介绍、推广应用本成果的权力，但保留作者的署名权。特此声明。

项目负责人（签章）

年　月　日

填 表 说 明

一、本表仅适用于云南省哲学社会科学教育科学规划项目鉴定结项申请。

二、按照有关规定认真如实地填写表内栏目。无内容填写的栏目可留空白；所填栏目不够用时可加附页；凡选择性栏目请在选项上画圈或打"√"。

三、"主题词"栏需填写反映成果内容的4个以内关键词；"最终成果简介"的写法和要求见申请书内该栏目的"主要内容与要求提示"。

四、云南省哲学社会科学教育科学规划项目由云南省教育科学规划领导小组办公室组织结项鉴定，采取会议鉴定、会议集中鉴定或通讯鉴定等方式。结项鉴定验收费从课题研究经费中开支。

五、课题研究完成后直接向鉴定组织单位报送结项鉴定材料3套。结项鉴定材料包括立项通知书、项目申请书、开题报告、年度检查表、结项鉴定审批书、专著或研究总报告、最终成果简介、教育决策参考、已发表的系列研究论文、相关证明（领导批示、获奖情况、媒体报道及被决策采纳或应用等的证明文件）、获准批复的变更申请表。

除专著外，每套结项鉴定材料必须按照《云南省哲学社会科学教育科学规划项目结项鉴定要求》（从云南省教育科学规划办网站 http：//…….cn 下载）统一装订成册。

六、云南省教育科学规划领导小组办公室通信地址：……邮政编码：……

七、请将本结项鉴定申请书及课题最终研究成果材料（最终成果简介、教育决策参考）的电子版发至电子信箱……com。

一、数据表

鉴定结项成果名称	1.							
	2.							
主 题 词								
预期成果形式				最终成果形式				
计划完成时间	年 月 日		实际完成时间		年 月 日		申请鉴定时间	年 月 日
成 果 形 态	A. 出版物 B. 打印稿 C. 手稿或其复印件 D. 其他							
成 果 字 数	千字		出版或发表情况					
获 奖 情 况								
转摘、引用情况								
结 项 种 类	A. 正常 B. 提前 C. 延期 D. 免于鉴定 E. 申请中止或撤销							

项目负责人及项目组主要成员简况

项目负责人	姓 名		性 别		民 族		出生日期	年 月 日
	所在单位			行政职务		专业职务		
	研究专长			学 历		学 位		
	通信地址					邮政编码		
	联系电话	（宅）		（办）	E-mail			

课题组主要成员	姓 名	单 位		职称	承担任务	

注：项目组主要成员按成果（计划）出版或发表时的实际署名顺序填写。

二、总结报告

主要内容提示：1.项目预期研究计划的执行情况；2.成果研究内容及方法的创新程度、突出特色和主要建树；3.成果的学术价值和应用价值，以及社会影响和效益；4.成果存在的不足或欠缺，尚需深入研究的问题等。3000字左右。

项目负责人（签章）：

年　月　日

注：本栏可加附页。

三、项目组的主要阶段性成果

序号	成果名称	成果形式	作 者	出版社及出版时间或发表刊物及刊物年期
1				
2				
3				
4				
5				
6				
7				
8				
9				

注：（1）项目组的主要阶段性成果，请按项目负责人、项目研究任务主要承担者、项目组一般成员的顺序填写。可加行、加页。

（2）主要阶段性成果的重要转摘、引用和应用情况可加页说明。

四、项目最终成果简介

主要内容与要求提示：

1. "最终成果简介"是结项的必需材料，供介绍、宣传、推广成果使用。

2. 简介内容包括：该项目研究的目的和意义（略写）；研究成果的主要内容和重要观点或对策建议（详写）；成果的学术价值、应用价值，以及社会影响和效益（略写）。

3. 简介内容应由项目负责人撰写；文章内容要层次清楚、观点明晰、用语准确、文风朴实，要有实质性内容，并具有整体性和系统性，不得简单排列篇章目录；成果形式为专著的5000字左右，调研报告、论文（集）等3000字左右。

4. 文章结尾处应注明项目批准号、项目名称、最终成果名称、项目组主要成员、是否出版，如出版，应注明出版社和出版时间，并由项目负责人签字。

5. "最终成果简介"用A4纸打印，按结项鉴定材料装订顺序要求，与其他结项材料装订成册，并另提供一份活页。

五、经费决算表

批准经费	万元	实拨经费	万元
项目研究经费 1. 资料费（须填写细目，下同） 2. 国内调研差旅费 3. 小型会议费 4. 计算机使用费			

5. 咨询费

6. 印刷费

7. 管理费

8. 其他经费

9. 项目结余经费
出版补助
剩余经费

为确保拨付预留经费的安全性和准确性,请务必填写您单位现使用的账户:

户　名＿＿＿＿＿＿＿＿＿＿＿＿＿＿＿＿＿＿＿＿＿＿＿＿＿＿

账　号＿＿＿＿＿＿＿＿＿＿＿＿＿＿＿＿＿＿＿＿＿＿＿＿＿＿

开户行＿＿＿＿＿＿＿＿＿＿＿＿＿＿＿＿＿＿＿＿＿＿＿＿＿＿

单位财务部门意见

公　章　　　　　　　　　负责人(签章)

年　月　日

单位审计部门意见

公　章　　　　　　　　　负责人(签章)

年　月　日

六、受委托研究管理部门（或所在单位）审核意见

　　主要内容提示：成果质量是否符合协议书（立项申请书）的要求，项目组的研究工作和自我管理是否符合云南省哲学社会科学规划项目管理的有关规定；对于经费决算是否同意财务、审计部门意见。

公　章　　　　　　　　　　负责人（签章）

年　月　日

七、鉴定结论

内容提示：××年×月×日，鉴定组对云南省哲学社会科学教育科学规划项目××课题的结项鉴定材料进行了认真阅读（会议鉴定：听取课题组汇报、质询答辩），并在鉴定组充分讨论的基础上，形成如下结项鉴定意见：第一，研究的意义和价值；第二，研究工作和贡献；第三，不足与建议；第四，是否达到预期目标；第五：是否同意结项。

总得分	科学性（25）	效益性（25）	创新性（25）	规范性（15）	难易程度（10）

优秀：90分及以上；良好：76-89分；合格：60-75分；不合格59分及以下。

结项等级	□优秀　□良好　□合格　□不合格
是否通过验收	□通过　□不通过

专家组组长签章：

专家组成员签章：

年　　月　　日

八、云南省教育科学规划领导小组办公室意见

结项等级：

是否同意结项：

公章

年　月　日

第十章　如何推广成果

知识结构图：

结题是课题研究的结束，但就其影响和研究的意义来说才刚刚开始。很多价值的研究成果不能停留在结题报告里，得进行推广及应用。

课题成果的推广就是有计划、有步骤地传播研究的成果，在一定范围内应用，使之转化为教育效益的过程。

一、研究成果推广有什么意义

1. 检验成果的实效性

检验研究成果是否可以在更长的时间、更广的范围取得一定的效果，在推广过程中还可以进一步发展和丰富成果内容。

2. 拓展成果的受益面

让更多的人和更多的地区受益于课题研究的成果，使课题走出去，让更多的人知道、学习、运用，增加成果的受益面。

3. 提高教育教学质量

课题成果只有落实到教育教学的实践中去，才能发挥它的作用，达到教育教学研究的应用目的。

4. 促进教师专业成长

课题成果的推广可以扩大研究者或研究团队的学术影响力，作为课题受益者的教师，在对课题成果的学习、消化、吸收、运用中，不断接受新的教育教学理念，学习新的教育教学手段、方法，完善教育教学行为，其专业水平和专业能力会逐渐得到提高。

5. 提高学校的影响力

虽然课题研究是由教师具体来做的，但其影响不止教师个人，还会给学校带来社会影响。

二、研究成果推广有哪些困境

1.研究成果发表难；2.发表推广积极性低；3.成果推广力量薄弱；4.成果转化力度小；5.行政主持力量弱。（很多因素不是我们研究者层面所能解决的，这里我就一带而过）

三、研究影响表现形式有哪些

研究影响指研究成果发表或完成后所形成的对他人的影响，他人的应用方式和研究影响的表现形式是相一致的，具体为：

1. 观点引用；2. 内容摘编；3. 全文复印；4. 文集收录；5. 篇目索引；6. 文献参考；7. 引发争鸣；8. 引发评论；9. 实践应用；10. 被抄被盗。

四、课题成果推广怎样论证

课题成果推广是一项很严肃的事情，需要经过严格的论证。因为成果一旦推广出去，在使用中失败，不仅会影响课题研究者和行政推广部门的声誉，而且会给教育教学的实践带来难以逆转的损害。因此，不能轻易推广课题成果，以免造成不必要的副作用。在推广应用之前要有一个推广论证，以保证课题成果推广的价值、可行性和成功率。

课题成果的推广论证会，可以由课题组或其所在的单位组织召开。在论证课题成果推广时，可从以下几个方面考虑。

（一）成果品质分析

1. 成果的先进性

该成果是否体现了当代教育发展的趋势？是否符合国家、地区教育发展的需求？是否在该领域创造性地提出了新的理论观点，新的方法、策略或手段？是否超越了他人的研究结果？在本领域是否处于领先地位？

2. 成果的针对性

该成果是否很好地解决了课题所研究的问题？对同类或相近、相似问题是否具有解决的可能性？

3. 成果的可操作性

在选择推广成果时应当选择适合于应用的、可行的和可操作的成果。教育研究成果一般可以分为两类。一类本身就具有可行性和可操作性，拿来就可以直接用。一类属于知识形态，以理论形式存在的。

（二）成果受众分析

成果推广，不仅涉及推广方，更涉及接受方，即受众。要想达到好的推广效果，必须分析成果受众，这是提高成果推广效率的关键。要论证成果受众接受成果的认知基础、情感基础，即他们接受成果的动机、对成果认同的可能性与程度、能否掌握成果等。[①]

（三）推广效益分析

成果推广要考虑推广的人员、经费、时间等问题如何解决、如何保障，付出是否能够获得足够的效益。只有那些能够带来社会效益和经济效益的成果才有推广的价值和必要性。

（四）推广可行性分析

课题成果推广需要建立具体的组织、制度等，以保障成果的推广。这些组织和制度等如何建立、如何保持其有效运转等也需要论证分析。

经过论证，综合考虑后，可以判断一项成果是否具有推广价值，推广的范围、措施、手段、保障等如何。一旦确定成果可以推广，那么就应该行动起来，制订推广方案，积极把研究成果推广出去，使之转化为实际的教育生产力。

五、课题成果推广有哪些方式

（一）通过发表推广

课题成果比较简便，容易产生影响的推广方式是以论文、结题报告等形式公开发表。发表的方式有期刊发表、会议发表、书籍发表、网络发表等。

（二）通过会议推广

会议推广是一种比较直接的推广方式。主要采取现场推广会。

现场推广会上，要做以下工作：

1. 研究成果材料展示。要布置参观室或地点展示研究成果，如照片、奖状、课题档案材料等。[②]

2. 课题成果汇报课。就是让取得成果的教师上成果实践课，一般在开会之前上课，那些能充分体现教师研究成效、能结合课堂教学的课题实践课是研究成果推广最有效的见证。[③]

3. 课题讨论会。在成果材料展示、听课的基础上，开展课题研讨会，使人们加深对课题的认识。

（三）争取行政推广

行政力量对课题推广有极大的推动作用，如果能够获得教育行政部门或者其

---

① 李冲锋．教师如何做课题 [M]．上海：华东师范大学出版社，2013（8）：262．

② 李冲锋．教师如何做课题 [M]．上海：华东师范大学出版社，2013（8）：264．

③ 同上

他行政部门对课题成果推广的支持，那么课题成果就会在一定区域和范围内产生影响。通常省级及以上的课题研究中的成果采纳推广应用需要州级及以上的行政部门才有效。

（四）开展实验推广

实验推广一般遵循稳步推进、逐步扩展的原则，由近到远、由点到面地推广，即先在自己的班级、学校实验，然后到少数几所学校实验，最后在一定区域内大面积地实验推广。

（五）加强宣传推广

媒体的宣传力量是强大的，课题组一定要积极运用各种媒体、各种渠道宣传报道课题成果。

对内宣传，可以充分利用校刊、校报、校广播、宣传栏等定期或不定期地开展。

（六）通过培训推广

把课题成果与教师培训结合起来是一种很好的成果推广方式。

（七）通过课程推广

课题成果课程化是课题成果开发、转化、运用的一个比较高的阶段。如果有些课题成果可以开发、转化成课程，或课题本身就是课程开发类的，就可以通过课程的方式推广。这种方式直接把课题成果转化为课程，进入课堂，让学生成为课题研究的受益者。[①]

（八）通过奖项推广

为推广课题成果，课题组要积极参加各种研究评奖活动。研究课题的发布机构、教育行政部门或其他机构，如一些专业委员会等，往往会定期（一般为一年一次）地组织研究成果评奖，课题组应该重视这种评奖，并积极申报研究奖励。

课题成果一旦获得奖励就有机会进一步宣传，进一步扩大影响，同时增加社会各方的关注，增加获得各方支持推广的机会。

课题推广是一项长期的任务，经过不断推广，使课题成果逐渐扩大影响，逐渐扎根教育实践，从而为教育教学的发展做出贡献。这样课题研究的价值才会真正得到体现和最终实现。

---

① 李冲锋.教师如何做课题 [M].上海：华东师范大学出版社，2013（8）：266.

第十一章 笔者主持的一次省哲社一般课题结题主要材料①

熟知了结题材料的整理、结题报告的撰写和结题审批书的填写及上报，那么具体需要什么来做支撑呢？

本章将从十二块内容粗略展示一个完整课题研究结题时需要梳理的主要材料，赋予大家一定的参照、思考和启发。

（封面略）

目　录

---

①　本"课题结题主要材料"系作者普利辉老师完成的一个云南省哲学社会科学教育科学规划项目（立项号 AC18003），因各地不同，经验不足，仅作为样表参考框架及思路，忌做他用，多谢支持。

一、

云南省哲学社会科学教育科学规划项目

结项鉴定审批书

项目批准号 _____ AC18003 _____

项目类别 _____ 一般课题（省哲社） _____

学科分类 _____ 基础教育 _____

项目名称 _____ 《农村地区辍学问题及策略研究》 _____

项目负责人 _____ 普利辉 _____

所在单位 _____ ××州××县××中学校 _____

填表日期 _____ 2019 年 6 月 18 日 _____

×× 省教育科学规划领导小组办公室

2014 年 1 月 修订

声　明

本申请鉴定结项的研究成果不存在知识产权争议；云南省哲学社会科学规划办公室和云南省教育科学规划领导小组办公室享有宣传介绍、推广应用本成果的权力，但保留作者的署名权。特此声明。

项目负责人（签章）

年　月　日

填　表　说　明

1. 本表仅适用于云南省哲学社会科学教育科学规划项目鉴定结项申请。

2. 按照有关规定认真如实地填写表内栏目。无内容填写的栏目可留空白；所填栏目不够用时可加附页；凡选择性栏目请在选项上画圈或打"√"。

3. "主题词"栏需填写反映成果内容的 4 个以内关键词；"最终成果简介"的写法和要求见申请书内该栏目的"主要内容与要求提示"。

4. 云南省哲学社会科学教育科学规划项目由云南省教育科学规划领导小组办公室组织结项鉴定，采取会议鉴定、会议集中鉴定或通讯鉴定等方式。结项鉴定验收费从课题研究经费中开支。

5. 课题研究完成后直接向鉴定组织单位报送结项鉴定材料 3 套。结项鉴定材料包括立项通知书、项目申请书、开题报告、年度检查表、结项鉴定审批书、专著或研究总报告、最终成果简介、教育决策参考、已发表的系列研究论文、相关证明（领导批示、获奖情况、媒体报道及被决策采纳或应用等的证明文件）、获准批复的变更申请表。

除专著外，每套结项鉴定材料必须按照《云南省哲学社会科学教育科学规划项目结项鉴定要求》（从云南省教育科学规划办网站 http：//…….cn 下载）统一装订成册。

6. ××省教育科学规划领导小组办公室通信地址：……邮政编码：……

7. 请将本结项鉴定申请书及课题最终研究成果材料（最终成果简介、教育决策参考）的电子版发至电子信箱…….com。

（一）数据表

鉴定结项成果名称	1. 研究总报告：《农村地区辍学问题及策略研究》研究总报告 2. 专著、论文：宣传剧《全民重教圆民生》、论文《加强农村留守儿童教育，严控学生易辍学》等六篇

主 题 词	控辍保学	总报告	宣传剧	论文
预期成果形式	研究报告、研究论文	最终成果形式		研究报告、宣传剧、论文
计划完成时间	2019 年 6 月 30 日	实际完成时间	2019 年 6 月 18 日	申请鉴定时间	2019 年 6 月 30 日

成 果 形 态	A．出版物 B．打印稿 C．手稿或其复印件 D．其他

成 果 字 数	24.6 千字	出版或发表情况	论文《加强农村留守儿童教育，严防学生易辍学》等六篇在《课程教育研究》2019 年第 5 期、第 9 期上发表。

获 奖 情 况	课题人员撰写的论文《加强农村留守儿童教育，严防学生易辍学》等六篇均获《课程教育研究》杂志社论文评审一等奖。

转摘、引用情况	宣传剧《全民重教圆民生》在××日报、××日报、××电台、××网等媒体报道、推广应用，点击、播放 50000 余次。

结 项 种 类	A．正常 B．提前 C．延期 D．免于鉴定 E．申请中止或撤销

项目负责人及项目组主要成员简况

项目负责人	姓　名	普利辉	性别	男	民族	彝族	出生日期	年 月 日
	所在单位	××州××县××乡××中学		行政职务	无		专业职务	中小学高级教师
	研究专长	语文教学		学历	本科		学位	无
	通信地址	××州××县××乡××中学校			邮政编码			×××
	联系电话	××× （办）	E-mail			×××@qq.com		

课题组主要成员	姓　名	单　位	职　称	承担任务
	安××	××州×县××中学校	中小学一级教师	劝返剧编写、撰写论文、调查报告、案例收集。
	岳××	××州×县××中学校	中小学高级教师	劝返剧监制、撰写论文、调查报告、案例收集。
	沈××	××州×县××中学校	中小学一级教师	劝返剧演员、撰写论文、调查报告、案例收集。
	李××	××州×县××中学校	中小学一级教师	劝返剧演员、撰写论文、调查报告、案例收集。
	李××	××州×县××中学校	中小学一级教师	劝返剧演员、撰写论文、调查报告、案例收集。

注：项目组主要成员按成果（计划）出版或发表时的实际署名顺序填写。

（二）总结报告

主要内容提示：1. 项目预期研究计划的执行情况；2. 成果研究内容及方法的创新程度、突出特色和主要建树；3. 成果的学术价值和应用价值，以及社会影响和效益；4. 成果存在的不足或欠缺，尚需深入研究的问题等。3000 字左右。

《农村地区辍学问题及策略研究》项目于 2018 年 11 月 19 日获云南省教育科学规划领导小组办公室批复立项，2018 年 12 月 12 日在文山州教科所杨老师、石老师及丘北县教研室王老师的组织下，在我校五楼会议室开题。结合该课题《申请·评审书》中的研究计划，经过课题组成员七个月来的认真研究，已超额完成预期成果，现申请结题，特在此做如下总结报告：

1. 项目预期研究计划的执行情况

课题研究按原申报的实施方案、计划，有步骤地开展系列工作，圆满且超额完成了预期成果。

第一阶段：前期工作

（1）培训课题组教师，提高教师研究水平。

采用"走出去，请进来"的方式培训课题组教师。在课题研究的这段时间里，学校在安排教师外出培训学习时，优先考虑课题组教师。将外地先进的经验带回来，把新的精神与教学理念应用到教学中去，转变教学观念，提升教育理论与教育研究水平。

（2）学习研读相关材料，明确本课题研究的现实任务及意义。

（3）阅读与本课题有关的理论文章，了解现阶段本课题中已取得的成果，弄清楚他们有哪些好的做法，取长补短。

第二阶段：撰写开题报告，召开开题报告会（2018 年 12 月 12 日）

第三阶段：后期具体开展进度计划

（1）2018 年 12 月 20 日前，分三组制定"学生、家庭、学校"三个方面的调查问卷。

（2）2018 年 12 月底，深入调研学生、家庭、学校在控辍保学中的各种因素，形成"学生层面、家庭层面、学校层面"等三个方面的调查报告。

（3）2018 年 12 月底，完成《控辍保学宣传册》的编写、定稿及印刷，便于学期末进行宣传、发放工作。

（4）2019 年 1 月 12 日前，开展宣传剧《全民重教圆民生》的剧本撰写、定稿和拍摄。

（5）2019 年 1 月 17 日（街天），利用街天进行第一次宣传工作。

（6）2019 年 2 月 10 日（街天），利用街天和花山节进行第二次宣传工作。

（7）2019 年 3 月 6 日前，完成宣传剧《全民重教圆民生》的剪辑、制作，并通过新闻媒体、网络等推广应用。

（8）2019 年 3 月 15 日前，研究成员结合调研案例以及农村地区控辍保学工作的思路和需要，共形成六篇相关论文：普利辉撰写的《加强农村留守儿童教育，严控学生易辍学》、安××撰写的《浅议如何在语文教学中渗透控辍保学工作》、岳××撰写的《学校管理与控辍保学》三篇论文发表在《课程教育研究》2019 年第 5 期；沈××撰写的《初中生物教学要激发学生兴趣，树立创新意识》、李××撰写的《控辍保学中的班级管理》、李××撰写的《谈农村中学"保学控辍"的困惑与对策》三篇论文发表在《课程教育研究》2019 年第 9 期。

（9）2019 年 3 月份，进行三次下村劝返、调研及家长访谈，形成十八组"案例集"。

（10）2019 年 4 月份，根据开学初的易辍学情况，利用课题组编制的宣传册和宣传剧进行六村次的下村、宣传及调研，达成"全民重教"共识。与上述"5"和"6"形成共八次"实践应用集"。

（11）2019 年 5 月份，外出学习及调研，对比完善整改我课题组的相关成果。

（12）2019 年 5 月中旬至 6 月底前，整改结束，准备结题。

（13）整理结题材料，撰写结题报告，申请结题。

2. 成果研究内容及方法的创新程度、突出特色和主要建树

（1）研究的内容

①农村地区学生易辍学原因的调查研究；

②农村地区控辍保学策略研究；

③达成目标：

通过研究找到当前农村地区学生易辍学原因；

为解决农村地区学生易辍学率偏高的问题提出合理的建议并提供科学的解决策略；

形成有效的宣传材料，如宣传册的制作、宣传剧的拍摄及运用，有效控制我校的易辍学率。

（2）研究方法

①问卷调查法，这是我们研究的主要方法

调查目的：全面了解易辍学的原因。了解教师教育教学行为及内心想法；了解在校生的思想动态及活动行为；了解易辍学生及在校学生的成长历程；了解易辍学生离开学校后的去向和真实感受等。

问卷调查材料内容：课题组结合实际需求编制针对学生、家庭、学校等全方位的有效问卷，做好相应的调查研究并撰写客观、真实的调查报告，为课题开展和控辍保学工作打好坚实的基础。

调查对象：部分易辍学生、部分初中在校生、我校部分教师、部分家长。

参加调查人员：课题组全体成员、部分教师、部分中学生。

②访谈法

根据课题研究的需要对部分学生、家长及抽样村主任进行有目的性的访谈，进一步获取真实有效的调研材料。

③典型个案分析法

通过课题研究过程中出现的一些典型案例，分析其成功与失败之处，总结成功经验，改正错误方式，进一步促进课题研究良性开展。

④实践运用法

组建一支宣讲团队，根据相关政策和法律编写成读本和视频材料进行宣讲教育；

物化调研成果如宣传视频、论文、制度等，并运用到我校的控辍保学工作中。

（3）创新程度及突出特色

该课题从易辍学学生自身、学校、家庭三个层面进行调查和研究，深入分析，找到当前农村地区学生易辍学的真正原因，探索"农村地区控辍保学"途径、方法，从而提出农村地区控辍保学的有效策略，并对宣讲团、宣传材料、视频资料等方法加以运用与验证，达到有效控制易辍学率、提高学校学生巩固率等目标。

此课题的研究有较高的价值和现实意义，有很强的针对性，在实践中应用和检验研究成果是本课题的创新之处。研究方法科学可行，研究实施步骤清晰，研究人员分工合理，预期成果显著，达成了预期的研究目标。

3. 成果的学术价值和应用价值，以及社会影响和效益

（1）宣传剧《全民重教圆民生》

内容简介

针对农村地区易辍学生劝返工作的实际情况，结合上级相关文件精神，以教师为主线，全面开展入户劝返工作，确保适龄儿童、少年圆满完成九年义务教育。

本剧讲述了政府人员、学校领导及教师对三名易辍学生即三组易辍学家庭开展劝返工作的全过程。本剧的目的是用现实生活中有文化和无文化的不同生活方式形成鲜明对比，安排了三部劝返剧：《国

家政策这般好，读书良机莫失了》《学得文化作用大，走遍天下都不怕》《无视法律无文化，害人害己害爹妈》。

三部剧，三组家庭，三种不同的理念和教育方式，三个不同选择的易辍学生，最后有了三条不同的人生道路……

三部剧以对白和民间山歌的形式，达到以下目的：宣传教育扶贫及资助政策；社会各方力量并举，保障学生顺利升学；宣传《中华人民共和国义务教育法》以及各级各部门关于控辍保学工作的各项措施。

剧情最后列举了三例我省控辍保学事例，温馨提醒家长引以为戒，积极送子女完成九年义务教育。

①成果的学术价值、应用价值：

作品的对白内容、对歌歌词紧紧围绕我国的《义务教育法》《义务教育法实施细则》《未成年人保护法》教育资助政策以及其他国家的好政策；

视频作品直观、内容精练、简明扼要、便于识记；

用方言对白，用本地民间山歌对唱，比较接地气，通俗易懂。

山歌形式展现了浓浓的云南本土文化。

②社会影响和效益

该劝返剧于2018年12月底开始确定剧本并进行拍摄，于2019年3月6制作完成。

2019年3月6—7日，课题组在优酷网、爱奇艺、腾讯视频上传，并向民众大力推广，截至2019年5月28日，播放15000余次。

2019年3月7日，课题组以我校召开的2019年春季学期第一次家长会为契机，积极认真向参加家长会的700余名家长宣传并共同收看该成果剧。

2019年3月18日，经逐级请示，该宣传剧得到××州委宣传部采纳、应用、推广。

2019年3月27日，在××卫视试听××栏目要闻专栏以"××六乡村教师拍微电影，用山歌花样劝学"为题进行报道。

这是一次在官方媒体进行推广宣传，此后3月28日到4月2日期间在××新闻网、××网社会频道、××网××扶贫热线、蓉城等在线媒体，以"用心良苦！××六名乡村教师拍微电影劝学"等为题广泛报道、转载。累计点击播放共计46817次。

2019年3月29日，在我县又一次教育扶贫政策宣传之际，课题组全校性到班宣传并布置，与家长一同收看该宣传剧工作，牢记相关资助政策，进一步了解相关法律法规。

4月9日–11日、4月23日–25日，课题组分两个阶段选定六个村进一步宣传并做小面积收视回访。通过进一步的宣传应用以及收视回访，结果表明该宣传剧起到的宣传教育作用不可否认，就我乡、校来看，较好地提高了民众的教育意识，严防了我校的学生易辍学行为，为我校的控辍保学工作起到举足轻重的作用。

综合播放次数：优酷1401次，腾讯10517次，媒体点击46817次，为控辍保学起了较为有效的宣传教育作用。

（2）研究论文

研究成员结合调研案例以及农村地区控辍保学工作的思路和需要，共形成六篇相关论文：普利辉撰写的《加强农村留守儿童教育，严控学生易辍学》、安××撰写的《浅议如何在语文教学中渗透控辍保学工作》、岳××撰写的《学校管理与控辍保学》三篇论文发表在《课程教育研究》2019年第5期；沈××撰写的《初中生物教学要激发学生兴趣，树立创新意识》、李××撰写的《控辍保学中的班级管理》、李××撰写的《谈农村中学"保学控辍"的困惑与对策》三篇论文发表在《课程教育研究》2019年第9期。

续表

4. 成果存在的不足或欠缺，尚需深入研究的问题等

（1）由于时间、精力及个人水平等主客观因素的制约，拍摄时间过紧，有的对白有些粗糙，拍摄质量有些瑕疵。

（2）学生个案分析精准了，但忽视了民众观众角度分析，民众的观看度欠佳。

（3）安排的内容过紧，量过多，要求民众了解太广，能分成几个片段视频来拍摄，并逐一推广效果更佳。但这样处理下来又对民众来说，难免太烦琐，没有新颖感。

（4）撰写的论文的代表性、新颖性以及决策性有待改善。

（5）有待加强对同地区推广，起到一定的社会效益。

项目负责人（签章）：

2019 年 6 月 18 日

注：本栏可加附页。

（三）项目组的主要阶段性成果

序号	成果名称	成果形式	作 者	出版社及出版时间 或发表刊物及刊物年期
1	《全民重教圆民生》	专著	普利辉等六名成员	未出版
2	《加强农村留守儿童教育，严控学生易辍学》	论文	普利辉	《课程教育研究》 2019 年第 5 期
3	《浅议如何在语文教学中渗透控辍保学工作》	论文	安 × ×	《课程教育研究》 2019 年第 5 期
4	《学校管理与控辍保学》	论文	岳 × ×	《课程教育研究》 2019 年第 5 期
5	《初中生物教学要激发学生兴趣，树立创新意识》	论文	沈 × ×	《课程教育研究》 2019 年第 9 期
6	《控辍保学中的班级管理》	论文	李 × ×	《课程教育研究》 2019 年第 9 期
7	《谈农村中学"保学控辍"的困惑与对策》	论文	李 × ×	《课程教育研究》 2019 年第 9 期

注：（1）项目组的主要阶段性成果，请按项目负责人、项目研究任务主要承担者、项目组一般成员的顺序填写。可加行、加页。

（2）主要阶段性成果的重要转摘、引用和应用情况可加页说明。

主要阶段性成果的重要转摘、引用和应用情况说明

研究成果《全民重教圆民生》于 2018 年 12 月底开始确定剧本并进行拍摄，于 2019 年 3 月 7 制作完成。

① 2019 年 3 月 6—7 日，课题组在优酷网、爱奇艺、腾讯视频上传，并向民众大力推广，截至 2019 年 5 月 28 日，播放 15000 余次。

② 2019 年 3 月 7 日，课题组以我校召开的 2019 年春季学期第一次家长会为契机，积极认真向参加家长会的 700 余名家长宣传并共同收看该成果剧。

③ 2019 年 3 月 18 日，经逐级请示，该宣传剧得到 ×× 州委宣传部采纳应用推广。

④ 2019 年 3 月 27 日，在 ×× 卫视试听 ×× 栏目要闻专栏以"×× 六乡村教师拍微电影，用山歌花样劝学"为题进行报道。

这是一次在官方媒体进行推广宣传，此后 3 月 28 日到 4 月 2 日期间在 ×× 新闻网、×× 网社会频道、×× 网 ×× 扶贫热线、蓉城在线等媒体，以"用心良苦！×× 六名乡村教师拍微电影劝学"等为题给予广泛转载、报道。累计播放、点击 46817 次。

⑤ 2019 年 3 月 29 日，在我县起又一次教育扶贫政策宣传之际，课题组全校性到班宣传并布置，与家长一同收看该宣传剧工作，牢记相关资助政策，进一步了解相关法律法规。

⑥ 4 月 9 日 –11 日、4 月 23 日 –25 日，课题组分两个阶段选定六个村进一次宣传并做小面积收视回访。通过进一步的宣传应用，并进行收视回访，结果表明该宣传剧起到的宣传教育作用不可否认，就我乡、校来看，极大限度提高了民众的教育意识，严防了我校的学生易辍学行为，为我校的控辍保学工作起到举足轻重的作用。

综合播放次数：优酷 1401 次，腾讯 10517 次。累计媒体点击、播放 50000 余次，为控辍保学起了较为有效的宣传教育作用。

（四）项目最终成果简介

主要内容与要求提示：

1. "最终成果简介"是结项的必需材料，供介绍、宣传、推广成果使用。

2. 简介内容包括：该项目研究的目的和意义（略写）；研究成果的主要内容和重要观点或对策建议（详写）；成果的学术价值、应用价值，以及社会影响和效益（略写）。

3. 简介内容应由项目负责人撰写；文章内容要层次清楚、观点明晰、用语准确、文风朴实，要有实质性内容，并具有整体性和系统性，不得简单排列篇章目录；成果形式为专著的5000字左右，调研报告、论文（集）等3000字左右。

4. 文章结尾处应注明项目批准号、项目名称、最终成果名称、项目组主要成员、是否出版，如出版，应注明出版社和出版时间，并由项目负责人签字。

5. "最终成果简介"用A4纸打印，按结项鉴定材料装订顺序要求，与其他结项材料装订成册，并另提供一份活页。

（五）经费决算表

批准经费	3万元		实拨经费	3万元

项目研究经费

1. 资料费（须填写细目，下同）

共 1000 元：

购买参考书籍费 600 元；

网络下载学习资料复印费 400 元。

2. 国内调研差旅费

共 9680 元：

2019年1月17日及2月10日年前、年后街天宣传、调研费 600 元（每街宣传调研、每人差旅 50 元）；

2019年3月2日—3、14日—15日、21日—22日共三轮、18人次入户劝返、调研；

案例收集差旅费 900 元（每人次 50 元）；

2019年4月16日—18日及23日—25日，共六村次入村宣讲差旅费 1800 元（每村宣讲、每人差旅 50 元）；

2019年5月8日—11日到县内两校、县外一校交流，调研差旅费 3900 元；

2019年6月4日—6日，共三次"新易辍学问题下"入村宣讲差旅费 900 元（每村宣讲每人差旅 50 元）；

2019年6月中、下旬课题组到××、××、昆明咨询相关事项、做结题"书"、上交材料等差旅费 1580 元。

3. 小型会议费

共 500 元：（注：实际接待伙食支出620元，其中课题经费列支500元，上级六位参与开题会议的领导缴纳伙食费120元）

（1）2018年12月12日开题报告会议费 500 元。（州级专家2人、县级专家及领导4人，以及课题组3人）

4. 计算机使用费

无

5. 咨询费 无 6. 印刷费 共 <u>1800</u> 元： 宣传册复印费（400 余册，街天宣传发放）共 <u>1800</u> 元 7. 管理费 管理绩效费用共 <u>4000</u> 元： 　其中：普利辉 691 元、岳××673 元、安××635 元、李××673 元、沈××664 元、李××664 元。 8. 其他经费 共 <u>12020</u> 元 宣传剧拍摄劳务费 <u>2500</u> 元：三号男生丑角演员劳务费 400 元；村主任扮演及作词演唱、录音劳务费 1000 元；场地租用费 200 元；一号、二号男生演员劳务费 200 元；男家长劳务费 200 元；女家长扮演、对唱、录音费 500 元。 宣传剧拍摄费：<u>860</u> 元。 宣传剧剪辑、制作费 <u>5660</u> 元。 六篇论文于《课程教育研究》上发表费用 <u>3000</u> 元。 9. 项目结余经费 出版补助 0 元 剩余经费 0 元
为确保拨付预留经费的安全性和准确性，请务必填写您单位现使用的账户： 户　名　<u>　××县教育局　</u> 帐　号　<u>　×××××××××　</u> 开户行　<u>农行××县支行　</u>
单位财务部门意见   　　　　　　　　　　　　　　　公　章　　　　负责人（签章） 　　　　　　　　　　　　　　　　　　　　　　2019 年 6 月 20 日
单位审计部门意见   　　　　　　　　　　　　　　　公　章　　　　负责人（签章） 　　　　　　　　　　　　　　　　　　　　　　2019 年 6 月 20 日

（六）受委托研究管理部门（或所在单位）审核意见

主要内容提示：成果质量是否符合协议书（立项申请书）的要求，项目组的研究工作和自我管理是否符合××省哲学社会科学规划项目管理的有关规定；对于经费决算是否同意财务、审计部门意见。

研究成果：

1. 《农村地区辍学问题及策略研究》研究总报告；

2. 论文《加强农村留守儿童教育，严控学生易辍学》《浅议如何在语文教学中渗透控辍保学工作》《学校管理与控辍保学》《初中生物教学要激发学生兴趣，树立创新意识》《谈农村中学"保学控辍"的困惑与对策》六篇于期刊《课程教育研究》2019 年第 5 期和第 9 期上发表；

3. 宣传剧《全民重教圆民生》在 ×× 日报、×× 日报、×× 电台、×× 网等媒体报道、推广应用，优酷视频播放 1401 次，腾讯视频播放 10517 次，累计媒体点击、播放 50000 余次，为控辍保学起了较为有效的宣传教育作用。

成果质量符合立项申请书的要求，项目组的研究工作和自我管理符合 ×× 省哲学社会科学规划项目管理的规定，经费决算同意财务、审计部门意见。

公　章　　　　　　负责人（签章）

2019 年 6 月 20 日

（七）鉴定结论

内容提示：××年×月×日，鉴定组对××省哲学社会科学教育科学规划项目××课题的结项鉴定材料进行了认真阅读，（会议鉴定：听取课题组汇报、质询答辩），并在鉴定组充分讨论的基础上，形成如下结项鉴定意见：第一，研究的意义和价值；第二，研究工作和贡献；第三，不足与建议；第四，是否达到预期目标；第五：是否同意结项。

总得分	科学性（25分）	效益性（25分）	创新性（25分）	规范性（15分）	难易程度（10分）

优秀：90分及以上；良好：76–89分；合格：60–75分；不合格59分及以下。

结项等级	□优秀　□良好　□合格　□不合格
是否通过验收	□通过　　□不通过

专家组组长签章：

专家组成员签章：

年　月　日

（八）××省教育科学规划领导小组办公室意见

结项等级：

是否同意结项：

公章

年　月　日

二、

云南省哲学社会科学教育科学规划项目

最终成果简介

项目批准号＿＿＿＿＿＿＿AC18003＿＿＿＿＿＿＿

项目类别＿＿＿＿＿＿一般课题（省哲社）＿＿＿＿＿＿

学科分类＿＿＿＿＿＿＿基础教育＿＿＿＿＿＿＿

项目名称＿＿《农村地区辍学问题及策略研究》＿＿

项目负责人＿＿＿＿＿＿＿普利辉＿＿＿＿＿＿＿

所在单位＿＿＿×× 州 ×× 县 ×× 中学校＿＿＿

填表日期＿＿＿＿2019 年 6 月 18 日＿＿＿＿

《农村地区辍学问题及策略研究》项目（AC18003）最终成果宣传剧《全民重教圆民生》简介

课题负责人：普利辉　执笔

《农村地区辍学问题及策略研究》项目组于 2018 年 7 月向云南省教育科学规划领导小组办公室申报。2018 年 11 月，经省教育厅、中共云南省委宣传部批准，被云南省教育科学规划领导小组办公室立为"2018 年度云南省哲学社会科学教育科学规划"项目（编号 AC18003）。

在 ×× 州教科所领导和县级研究主管部门领导的指导下，该项目于 2018 年 12 月 12 日及时开题。随后项目组成员积极、认真按照研究的内容和计划开展各项研究，至今为期 7 个月，圆满并超额完成原计划研究任务，形成最终研究成果《全民重教圆民生》。现在围绕研究的目的和意义、研究成果的主要内容和重要观点等四个方面进行阐述。

（一）该项目研究的目的和意义

1. 选题意义与研究价值

《中华人民共和国义务教育法》第四条规定：国家、社会、学校和家庭依法保障适龄儿童、少年接受义务教育的权利。可是，自实行至今，虽然国家和社会早已创造了良好的义务教育环境，但极少数家庭并没有依法保障儿童、少年接受完九年义务教育，特别是我们农村地区易辍学现象日渐严重。

农村地区学生的易辍学问题是当前农村教育面临的首要难题，是农村地区普及九年义务教育的最大障碍。农村地区学生易辍学近几年已被教育主管部门及当地政府当作首要教育问题之一，进行了强有力的政府行政干预，但效果不太理想，学生易辍学情况依然存在。即使部分易辍学生返校，他们的学习已是名存实亡，这严重阻碍了"普九"和义务教育均衡发展的进程。更何况近年农村地区也要实现"普十二"，这就更是难上加难了。

治理易辍学问题是"人才的可持续发展"的重要前提，是普及九年义务教育和即将"普十二"的前提，是振兴教育的重要前提，是振兴中华的重要前提。因此，我们申请了控辍保学这个研究课题，希望能找到有效地控制和预防农村地区及我校学生的易辍学的方法，降低农村地区及我校学生的易辍学率，实现普及九年义务教育。

2. 研究的内容

（1）农村地区学生易辍学原因的调查研究；

（2）农村地区控辍保学策略研究；

（3）达成目标：

①通过研究找到当前农村地区学生易辍学原因；

②为切实解决农村地区学生易辍学率偏高的问题提出合理的建议并提供科学的解决

策略。

③形成有效的宣传材料，如宣传册的制作、宣传剧的拍摄及运用，有效控制我校的易辍学率。

（二）研究成果《全民重教圆民生》主要内容和重要观点或对策建议

剧情简介

针对农村地区易辍学生劝返工作的实际情况，结合上级相关文件精神，以教师为主线，全面开展入户劝返工作，确保适龄儿童、少年圆满完成九年义务教育。

本剧讲述了政府人员、学校领导及教师对三名易辍学生及三组易辍学家庭开展劝返工作的全过程。本剧的目的是用现实生活中有文化和无文化的不同生活方式形成鲜明对比，安排了三部劝返剧：《国家政策这般好，读书良机莫失了》《学得文化作用大，走遍天下都不怕》（含一个续剧镜头）、《无视法律无文化，害人害己害爹妈》（含四个插剧镜头）。

三部剧，三组家庭，三种不同的理念和教育方式，三个不同选择的易辍学生，最后有了三类不同的人生道路……

三部剧以对白和民间山歌对唱的形式，达到：

1. 宣传教育扶贫及资助政策；2. 社会各方力量并举，保障学生顺利升学；3. 宣传《中华人民共和国义务教育法》以及各级各部门关于控辍保学工作的各项措施。

剧情最后列举了三例我省控辍保学事例，温馨提醒家长引以为戒，积极送子女完成九年义务教育。

领导召开"控辍保学"工作布置会议：

用"开学三天内清查未到校学生情况，并及时安排入户落实"的会议片头，让全体家长明白学校领导、教师对此类学生及此项工作的重视，提高家长监管好子女并按时送子女入学的意识。

剧情一：《国家政策这般好，读书良机莫失了》

本剧情为该宣传剧的第一个劝返剧，劝返对象的背景是：建档立卡户家庭，家庭极为困难，父亲常年在外打工。在这样的家庭环境下，孩子想到父母的辛苦，不再回校学习。

于是政府代表人员"村主任"、老师对其进行劝返入学工作。

剧情采用对白、山歌对唱的方式，把国家在教育、扶贫等方面的好政策展现给观众，达到让全民了解国家教育扶贫、资助政策的目的。

对白部分老师和村主任耐心询问学生未返校的原因，并针对易辍学原因向家长（妈妈）和学生讲解相关的资助政策：（1）"实行两免一补"："两免"是免除学杂费和教科书费用（具体金额根据学段不同，免除费用不同）；"一补"是寄宿生生活补助，初中每个学生每年有1250元。（2）义务教育阶段营养餐改善计划，每个学生每年有800元，用作在学校里面的早点补助，有牛奶、饼干、米线等。（3）针对建档立卡户家庭，州级每年每一个学生有100元的学习用品补助。（注：所列数据都是2019年及之前的数据）

通过宣传让家长和子女熟悉国家的教育扶贫资助政策，解决"因贫困而读不起书"的后顾之忧。

山歌对唱部分宣传了：扶贫学生读书，视学生如宝，两免一补等教育扶贫及资助政策。其中为了山歌对唱的完整及押韵也延伸宣传了退耕还林、精准扶贫、医保等方面的好政策。最后用"学得知识在肚中，才能创业奔小康……"作结，引导学生去学校好好学习文化知识，将来做个对社会有用的人。

"国家政策这般好，孩子上学有保障"，通过村主任和老师的一番引导、劝说，该生"莫失"这一"良机"，答应回校继续学习。

剧情二：《学得文化作用大，走遍天下都不怕》

本剧情为该宣传剧的第二个劝返剧，劝返对象的背景是：该生学习基础较差，学不进去，最终担心自己连个高中都考不起，所以不想回学校继续学习。

剧情同样采用对白、山歌对唱的方式，把"社会各方力量并举，保障学生顺利升学"的主旨宣传到位。

对白部分通过一番对话，老师明白了学生未返校就读的原因是"学习基础差，学不进去，最终担心考不上"。老师针对学生的这一顾虑，鼓励学生努力学习，即使到最后考不上高中，选择去职校学一门技术也未免是坏事，正所谓"三百六十行，行行出状元"。

以此劝勉学生，只要尽力，就会问心无愧，不要去想以后的结果；只要想读书，国家终有你喜欢的"一门"学业供你选择。

简单的十节山歌对唱向学生及家长宣传了：家长要找准孩子不读的原因，配合学校做好教育；学生要浪子回头坚定信心接受教育；学好文化好谋生；学得手艺好发展。

在村主任、老师、家长的共同教育、劝导下，该生收拾好行李，跟随老师回校学习，最后选择了到职业技术学校学一门技术。为本剧最后的一个"续剧"部分埋下伏笔、奠定基础。给民众一个"学习技能也是好出路"的良性引导及宣传教育。

剧情三：《无视法律无文化，害人害己害爹妈》

本剧情为该宣传剧的第三个劝返剧，劝返对象的背景是：父母比较配合学校的工作，积极支持送孩子到学校学习。但该生整天"不务正业"、游手好闲……辍学在家，无论怎么劝导都不愿回学校，劝他，他就当着家长和老师的面抵触，离家出走。

这是劝返工作中的"反面"案例，他不听劝导未回校学习乃至最后的不良结局，意在希望家长和孩子引以为戒。

剧情同样采用对白、山歌对唱的方式，把《义务教育法》《未成年人保护法》等相关法律向家长和学生宣传。

对白部分展现了家长的积极态度及对小孩管教的无奈；也呈现了此类孩子的无可救药行为；更让民众了解了教育方面的有关法律政策。

山歌对唱部分告诫此类学生：年小要听劝，莫错好时机；新社会新形式，文化知识最重要；抓住机遇、珍惜时间，回校学习。

最后以"游手好闲终害己，最后步入少管所……奉劝小娃要学好，千万莫走犯法路"作结，教导学生切不可无视学校教育、任其发展，引导家长要监管好自己的子女。否则……

通过老师和村主任的宣传教育，该生过于固执，没有认识到接受教育的重要性，他自由散漫、无可救药，以"外出打工、离家出走"威胁家长和老师，拒绝回校。为后面的四个"插剧"和本劝返剧的结局埋下伏笔。

以此告诫家长要教育好子女，督促子女接收义务教育，否则孩子尽早进入社会，由于年少无识，容易走上违法犯罪之道。

插剧（四个镜头）

（1）年小无识出路难

劝返不了去学校上课，在家又游手好闲的，家长便送他去附近超市找事情做。

让他做，主要目的是让他体验不读书的在家的艰难出路。

结果，店老板的回答是："14岁年纪太小了，回学校读书去。太小了，你14岁还没有成年，你怎么能上班呢？用人单位也不会用你。"

安排这样的"镜头"主要是为了告诫家长和学生：年龄太小，加上没有初中及以上的文化，以后的出路很难的。老板的一番话也提醒用人单位不要使用童工，做合法的商人。

（2）无聊之至……社会败类

本剧结合社会上一些少年的不良行为，穿插该生不愿继续到学校学习步入社会后成天在"街头飙车""调戏女生"等镜头。利用这样的"坏镜头"和周边人们的议论，启示类似的少年这样的行为是败坏的。多读书，有道德，才能做一名对社会有用的人。

（3）再次找工作……年少无识出路难

看不惯孩子在家整天东游西逛，染上不良少年的恶习。劝其回学校读书，他又极度反感。父亲只能再次帮他找点事做，看看能不能让他"安分守己"。可是，依然是插剧1的结果。这样安排剧情，旨在再一次突出插剧的主题。

（4）害人害己害爹妈

找不到活做，在家游手好闲，东游西逛，到社会上又染上了不良少年的不少恶习。彻底成为一名所谓的"二流子"。

最后怕的是，**严重到赌博、打架、杀人**……几个月后老师的再一次劝返，得到的是家长的一番愁眉苦脸。害人，害己，更害了爹妈！

本剧中这样的反派结局安排，或许严重了，但这样的人走上这样的路，也时有发生。通过这样的"坏结局"，让民众和孩子们引以为戒，多接收教育，带给他们良性思考。

续剧（一个镜头）：《学得文化作用大，走遍天下都不怕》<续>

这是三部劝返剧的最后一个镜头——劝返剧二的续剧。

劝返剧二的对象背景是：学习成绩差，到最后连个高中都考不上，所以厌学不回学校继续学习，经过老师和村主任的一番劝说，找到"学一门技术"的出路，高兴地回了学校学习。

四年后，他在技术类学校，学得一门技术，而且有了较好的发展。四年后的一个春节，他回到老家看望当年劝他上学的村主任和老师。

用这样的结局和劝返剧三的结局形成鲜明的对比。最终教育、引导家长和学生，让民众进一步提高思想，明确"唯有知识，才能改变命运"。必须接受国家规定的年限教育，否则……

剧情最后列举三例我省控辍保学方面的事例，进一步让家长明确必须监督子女完成九年义务教育，否则是违法行为。希望家长引以为戒，积极送子女完成九年义务教育。

（三）成果的学术价值、应用价值以及社会影响和效益

1．成果的学术价值、应用价值体现在：

（1）作品的对白内容、对歌歌词是我国的《义务教育法》《义务教育法实施细则》《未成年人保护法》、教育资助政策以及其他国家的好政策凝练而成；

（2）视频作品直观，内容精练，简明扼要，便于识记；

（3）用方言对白，用本地民间山歌对唱，比较接地气，通俗易懂；

（4）山歌形式展现了浓浓的××本土文化。

2．社会影响和效益

该劝返剧于2018年12月底开始确定剧本并拍摄，于2019年3月6制作完成。

（1）2019年3月6日—7日，课题组在优酷网、爱奇艺、腾讯视频上传，并向民众大力推广收看，截至2019年5月28日，播放15000余次。

（2）2019年3月7日，课题组以我校召开2019年春季学期第一次家长会为契机，积极认真向参加家长会的700余名家长宣传收看该成果剧。

（3）2019年3月18日，经逐级申报，该宣传剧得到××州委宣传部采纳应用推广。

（4）2019年3月27日，在××卫视试听××栏目要闻专栏以"××六乡村教师拍微电影，用山歌花样劝学"为题进行报道。

这一次是在官方媒体进行推广宣传，此后3月28日到4月2日期间在××新闻网、××网社会频道、××网××扶贫热线、蓉城在线等媒体，以"用心良苦！××六名乡村教师拍微电影劝学"等为题广泛报道、转载。截至2019年5月28日，累计点击、

播放共 50000 余次。

（5）2019 年 3 月 29 日，在我县掀起又一次教育扶贫政策宣传之际，课题组全校性到班布置并宣传全校学生与家长一同收看该宣传剧工作，牢记相关资助政策，进一步了解相关法律法规。

（6）4 月 9 日 –11 日、4 月 23–25 日，课题组分两个阶段选定六个村开展宣传并做小面积收视回访。通过进一步的宣传应用，以及收视回访，结果表明该宣传剧起到的宣传教育作用不可否认，就我乡、校来看，极大限度提高民众的教育意识，严防了我校的学生易辍学，对我校的控辍保学工作起到举足轻重的作用。

综合播放次数：优酷 1401 次，腾讯 10517 次，媒体点击 50000 余次为控辍保学起了较为有效的宣传教育效果。

（四）成果存在的不足或欠缺，尚需深入研究的问题等

1. 由于时间、精力及个人水平等主客观因素的制约，拍摄时间过紧，有的对白有些粗糙，拍摄质量有些瑕疵。

2. 学生个案分析精准了，但忽视了以民众观众角度分析，在提起民众的观看兴趣方面有待提高。

3. 安排的内容过紧，量过多，要求民众了解太广，能分成几个梯度来拍摄，并逐一推广效果应该更佳。

《农村地区辍学问题及策略研究》（编号：AC18003）

课题负责人：普利辉

课题组成员：岳××、安××、李××、沈××、李××

最终成果名称《全民重教圆民生》（未出版）

三、

2018 年度云南省哲学社会科学教育科学规划项目

研究总报告

项 目 批 准 号	AC18003
项 目 类 别	一般课题（省哲社）
学 科 分 类	基础教育
项 目 名 称	《农村地区辍学问题及策略研究》
项 目 负 责 人	普利辉
所 在 单 位	××州××县××中学校
填 表 日 期	2019 年 6 月 18 日

序　言

现如今我国中小学义务教育入学率已经达到较高水平，入学难已经不再是义务教育面临的重大问题。然而就是在这种全国一片大好形势下，在校生易辍学的案例却屡见不鲜，特别是农村地区义务教育学校"控辍保学"的情况不容乐观，这一话题逐渐进入人们的视野，引起全社会的广泛关注。

造成农村义务教育阶段学生易辍学的原因是多方面的，国家从 2006 年开始的针对义务教育阶段的"两免一补"政策，各校的入学率与巩固率都有明显提高。随后又推出营养餐计划，现在已惠及千家万户。但农村地区"控辍保学"工作仍任重而道远。

因此，我们一行六人以申报 2018 年度××省省哲社研究项目为契机，于2018 年 7 月向××省教育科学规划领导小组办公室申报《农村地区辍学问题及策略研究》课题。2018 年 11 月 19 日，经云南省教育厅、中共云南省委宣传部批准，

该课题被 ×× 省教育科学规划领导小组办公室立为"2018 年度云南省哲学社会科学教育科学规划"项目（编号 AC18003）。

在课题组六位成员精心筹备下，2018 年 12 月 12 日由文山州教科所杨副所长、石老师及丘北县教研室王副主任主持，在我校五楼会议室开题。

随后课题组成员积极、认真按照该课题《申请・评审书》中研究的内容和计划开展各项研究，至今为期 6 个半月，圆满并超额完成原计划研究任务，形成宣传剧《全民重教圆民生》《控辍保学宣传册》《调查报告》 相关论文等最终研究成果。

围绕"宣传教育"为根本中心这一要务，课题组组成宣传团队，利用成果《全民重教圆民生》及《宣传册》入村、行街大面积宣讲十余次，入户宣传、劝返二十余家次，访谈村主任十八人次，走访民众一千五百人次。

并得到 ×× 网教育（扶贫）栏目、×× 日报、视听 ××、×× 日报、掌上 ×× 等新闻媒体支持，给予报道、推广，据不完全统计点击、收视 60000 余次。为提高全民教育意识、控制学生易辍学起到举足轻重的作用。

【内容摘要】

农村地区学生的易辍学问题是当前农村教育面临的首要难题，是农村地区普及九年义务教育的最大障碍。农村地区学生易辍学近几年已被教育主管部门及当地政府当作首要教育问题之一，进行了强有力的政府行政干预，但效果不太理想，学生易辍学问题依然存在。这严重阻碍了"普九"和义务教育均衡发展的进程。更何况，近年农村地区也要实现"普十二"，这就更是难上加难了。

治理易辍学问题是"人才的可持续发展"的重要前提，是普及九年义务教育和即将"普十二"的前提，是振兴教育的重要前提，是振兴中华的重要前提。因此，我们申请了控辍保学这个研究课题，旨在找到有效地控制和预防农村地区及我校学生的易辍学的方法，降低我校学生的易辍学率，为"普十二"奠定基础。

课题组全体成员通过采用下列研究法完成了相应的研究内容：

1. 采用调查法（含访谈法）完成了课题计划中的易辍学问题问卷调查和村主任访谈，撰写易辍学生形成原因学生、家长、学校三个层面的调查报告和六个村次的村主任访谈录，为进行劝返、宣传工作提供理论依据。

2. 采用行动研究法完成了年前、年后的两次行街宣传和六个村次的的入村宣讲，以此提高"全民控辍"意识。

3. 采用文献法汇编了《控辍保学宣传册》，以及六篇相关论文并发表在《课程教育研究》2019年第5期和第9期，进一步实现研究成果的物化工作。

4. 采用案例研究法（含个案研究）入户劝返、调研18人次及即十八组家庭，形成"案例集"，为教师日常教育教学学生提供"方向"。

5. 采用经验总结法，外出到外县、乡三所农村地区学校进行"控辍保学经验交流"，借鉴更好、更有效的工作经验和方法。

6. 采用实践法拍摄劝返剧《全民重教圆民生》，并应用到宣传活动中，以此检验成果。

课题研究的开展，通过采用调查、访谈、案例收集、宣讲等方式，一定程度上提高了民众的义务教育意识，严防了我校学生易辍学的现象。同时，培养了一批研究型教师，促进了教师专业化发展。

【内容结构图】

（一）研究问题及目的、研究的意义、核心概念、研究假设

1. 研究的问题及目的

2. 研究的意义

3. 核心概念

4. 研究假设

（二）研究背景和文献综述

（三）研究程序：研究设计、研究对象、研究方法、技术路线

1. 研究设计及研究方法？

2. 研究对象

3. 研究技术路线

（四）研究发现或结论（七个方面）

（五）分析和讨论（六个方面）

（六）建议（四个方面建议及六个方面启示）

【参考文献】

【附录】

（一）易辍学原因调查及《调查报告》

1. 易辍学问题（学生层面）调查报告

2. 易辍学问题——学校管理层面调查报告

3. 易辍学问题（家庭层面）调查报告

（二）宣传剧《全民重教圆民生》剧本

（三）研究《全民重教圆民生》成果推广应用情况

（四）论文获奖及发表情况

【正文】

第一，研究问题：研究目的、研究意义、研究假设、核心概念。

1. 研究的问题及目的

（1）农村地区学生易辍学原因的调查研究；

（2）农村地区控辍保学策略研究；

（3）达成目标：

①通过研究找到当前农村地区学生易辍学原因；

②为切实解决农村地区学生易辍学率偏高的问题提出合理的建议并提供科学的解决策略；

③形成有效的宣传材料，如宣传册的制作、宣传剧的拍摄及运用，有效控制我校的辍学率。

2. 研究意义

《中华人民共和国义务教育法》第四条规定：国家、社会、学校和家庭依法保障适龄儿童、少年接受义务教育的权利。可是，自实行至今，虽然国家和社会早已创造了良好的义务教育环境，但是仍有未接受完成九年义务教育的易辍学学生产生，特别是我们农村地区易辍学现象日渐严重。

农村地区学生的易辍学问题是当前农村教育面临的首要难题，是农村地区普及九年义务教育的最大障碍。农村地区学生易辍学情况近几年已被政府及教育主管部门当作首要教育问题，进行了强有力的政府行政严防和干预，但效果不太理想，学生易辍学现象依然存在，尤其是农村地区。这严重阻碍了"普九"和义务教育均衡发展的进程。更何况，近年即将推行"普十二"，这就更是难上加难了。

治理易辍学问题是"人才的可持续发展"的重要前提，是普及九年义务教育和即将"普十二"的前提，是振兴教育的重要前提，是振兴中华的重要前提。

因此，我们申请了控辍保学这个研究课题，希望能找到有效地控制和预防农村地区及我校学生的易辍学的方法，降低我校学生的易辍学率。

3. 核心概念

（1）农村地区

农村地区是指不同于城市、城镇，以从事农业生产为主的劳动者聚居的地方。显然，本地区子女的家长大多都是农民，文化程度不高。

（2）控辍保学

易辍学是指除正常的毕业（结业）、升级、休学、转学、死亡以外，其他所有中途离开学校不再上学的行为。

控辍保学就是控制学生易辍学情况，加大治理易辍学工作力度，保证适龄儿童和少年完成九年义务教育，提高"普九"的质量和水平。

（3）策略研究

控辍保学的研究很多，本课题的研究主要是：

①分析农村地区控辍保学的诸多主客观因素；

②针对导致易辍学的因素，学校方面利用科学的教育教学方法、科学的管理措施，探索、总结出适合我校的控辍策略，降低农村初中生的易辍学率。

4. 研究假设

（1）课题组成员分成三个组次从学生层面、家庭层面、学校层面调查学生易辍学的基本原因，为此后的控辍保学劝返工作提供思路及方向。

（2）课题组依据上级各级各部门关于控辍保学的相关文件要求及精神，结合我校开展控辍保学的实际需要，汇编该项研究的《控辍保学宣传册》，并通过在校生及行街宣传等形式发放到民众手中。从而提高民众的教育意识，了解国家的相关政策、法律。

（3）课题组六名成员每人包保3名易辍学学生或曾经辍学的学生进行劝返、入户调研，收集、整理各项案例，完成有意义的学生劝返工作外，还收集了具有参考价值的案例，为开展劝返工作提供借鉴，促进工作的有效性。

（4）结合案例、控辍保学的相关理论，撰写六篇论文，让研究开展"理论与实践相结合"。

（5）结合实际案例，围绕比较接地气的民众生活娱乐方式，自编、自导并自演，完成长达64分钟涵盖教育法律、资助政策等方方面面的宣传剧《全民重教圆民生》。通过宣传剧的实践应用，营造了全民重教的氛围，提高了民众思想意识，有效控制了辍学率。

5. 研究的创新点

课题"农村地区辍学问题及策略研究"，拟从易辍学学生自身、教师、家庭和社会进行调查和研究，深入分析，找到当前农村地区学生易辍学的真正原因，探索"农村地区控辍保学"途径、方法，从而提出农村地区控辍保学的有效策略，并以宣讲团、宣传材料、视频资料等实践行动方法加以运用与验证，达到有效控制易辍学率、提高学校学生巩固率等目标。

研究有较高的价值和现实意义，有很强的针对性，在实践中应用和检验研究成果是本课题的创新之处。研究方法科学可行，研究实施步骤清晰，研究人员分工合理，预期成果明确，可以达成预期的研究目标。

第二，研究背景和文献综述：理论基础、相关研究成果。

从二十世纪九十年代中期的"普九"验收开始，控辍保学问题就已成为广大教育工作者积极探讨的课题。检索各大期刊数据库，以"易辍学"为关键词的文章非常多。但是关于农村地区研究很少，有效、因地制宜的农村地区控辍保学策略也很少，易辍学现象较为严重。

正因为如此，课题组以此为契机，寻求能够有效预防和控制农村地区以及我校易辍学的可操作性举措和策略，最终对我校乃至同类学校控辍保学工作起到借鉴作用。

从国外研究情况看，针对农村地区控辍保学问题，国外研究者主要围绕"易辍学学生的典型特征是什么？究竟发生了什么事导致学生易辍学？易辍学的后果和影响是什么？"

针对这些问题，不同的研究者采用不同的数据来源、不同的分析方法并根据不同的时间地点进行了各自的回答，其中在对易辍学原因的分析研究上，已经取得较为一致的意见，即把影响学生易辍学的因素主要归纳为学生的个体特征、家庭背景、学校环境等方面。

课题组大量参考网站相关良性信息，认真研读《农村义务教育阶段留守儿童易辍学问题研究》《关于初中学校控辍保学的思考》《控辍保学：学校管理者必须面对的课题》《农村初中控辍保学工作的体会》《如何用爱留住学生——"控辍保学"经验谈》《做好班主任工作，实现学生零流失》《欠发达地区农村初中生易辍学原因及策略》《中华人民共和国义务教育法》《教师法》等文献。结合我地区的易辍学现状，认真做好调研、分析工作，积极开展成果物化及推广应用工作。促使研究工作切合实际、接地气并提高研究实效性，严防学生易辍学。

第三，研究程序：研究设计、研究方法、研究对象、技术路线。

1. 研究设计及研究方法

（1）问卷调查法，这是我们研究的主要方法

调查目的：全面了解易辍学的原因；了解教师教育教学行为及内心想法；了解在校生的思想动态及活动行为；了解易辍学学生及在校学生的成长历程；了解易辍学学生离开学校后的去向和真实感受等。

问卷调查材料内容：课题组结合实际需求编制针对学生、家庭、学校等全方位的有效问卷，做好相应的调查研究并撰写客观、真实的调查报告，为课题开展和控辍保学工

作打好坚实基础。

调查对象：部分易辍学生、部分初中在校生、我校部分教师、部分家长。

参加调查人员：课题组全体成员、部分教师、部分中学生。

（2）访谈法

根据课题研究的需要对部分学生、家长及抽样村主任进行有目的性地访谈，进一步获取真实有效的调研材料。

（3）典型个案分析法

通过课题研究过程中出现的一些典型案例，分析其成功与失败之处，总结成功经验，改正错误方式，进一步促进课题研究良性进行。

（4）实践运用法

①组建一支宣讲团队，根据相关政策和法律编写成读本和视频材料进行宣讲教育；

②物化调研成果如宣传视频《全民重教圆民生》、相关论文、宣传册等，并运用到我校的教育教学中。

2．研究对象

（1）入户劝返、调研并收集案例。

课题组六名成员每名"包保"劝返、调研易辍学或曾易辍学学生共18名。这18名学生及涉及18组家庭虽不能涵盖全部农村地区的现象，但具有调研的较高参考价值。通过对这18组样本的调研分析，归结得到的"案例集"对分析农村地区易辍学的原因、开展控辍保学工作有较高的借鉴性。

（2）街天宣传。

课题组利用年前务工人员大量回家并备年货和年后大量务工人员尚未外出务工的两次较为集中的集市进行控辍保学宣传，让民众最大限度了解目前的教育、扶贫等方面的政策，积极支持按时送子女到校学习，有效预防易辍学现象。

（3）2019年4月份，进行了六个晚上及六个村次的宣讲活动。

课题组利用六个晚上的时间对排查出来的参考易辍学（或曾经易辍学）学生数较多的本乡辖区的六个村寨进行宣讲活动。

所排查的六个村共涉及630户、2541名民众，439位适龄儿童少年家庭，具有较高的代表性和宣讲调研的科学性。

此项活动共分为"会前村主任访谈""会上宣讲"和"会后"收视回访三个议程。

通过村主任访谈了解村里的教育意识和存在的问题，并给村主任提出良好的管理意见和建议；会上的宣讲让民众进一步了解相关法律、法规及政策，做好子女的监护工作；会后的收视回访旨在强调研究成果宣传剧《全民重教圆民生》的意义，提高履行相关法律的意识。

3．研究技术路线

第一阶段：前期工作

（1）培训课题组教师，提高教师研究水平

采用"走出去，请进来"的方式培训课题组教师。在课题研究的这段时间里，学校在安排教师外出培训学习时，优先考虑课题组教师。将外地先进的经验带回来，把新的精神与教学理念应用到教学中去，转变教学观念，提升教育理论与教育研究水平。

（2）学习研读相关材料，明确本课题研究的现实任务及意义。

（3）阅读与本课题有关的理论文章，了解现阶段本课题中已取得的成果，弄清楚他们有哪些好的做法，取长补短。

第二阶段：撰写开题报告，召开开题报告会（2018年12月12日）

第三阶段：后期具体开展进度计划

（1）2018年12月20日前，制作各相关调查问卷。

（2）2018年12月底，深入调研学生、家庭、学校在控辍保学中的各种要素，形成多角度调查报告。

（3）2018年12月底，完成《控辍保学宣传册》的编写、定稿及印刷，便于学期末进行宣传工作。

（4）2019年1月12日前，完成宣传剧的拍摄工作。

（5）2019年1月17日（街天），利用街天进行第一次宣传工作。

（6）2019年2月10日（街天），利用街天和花山节进行第二次宣传工作。

（7）2019年3月开学前，进一步探索"农村地区控辍保学"的途径、策略、方法，并写出相关理论文章。

（8）2019年3月份，进行三次下村劝返、调研，形成案例集和访谈集。

（9）2019年4月份，根据开学初的易辍学情况，利用课题组编制的宣传册和宣传剧进行六村次的下村、宣传及调研，达成"全民重教"共识。

（10）2019年5月份，外出学习及调研，对比完善整改我课题组的相关成果。

（11）2019年5月中旬至6月底前，整改结束，准备结题。

（12）整理结题材料，撰写结题报告，申请结题。

第四，研究发现或结论。

（一）2018年12月20日至12月31日，完成调查问卷的制作及进行问卷调查并撰写调查报告。

课题组一共六人，分为三个小组，从三个层面调查分析学生易辍学的原因。

1．普利辉、安××为一组完成易辍学问题（学生层面）调查并撰写《易辍学问题（学生层面）调查报告》。（详见报告附录部分《调查报告》，下同）

通过分析归结调查组提出：

（1）把对男生的引导和教育作为控辍保学工作的重中之重，"掌控"了男生，就犹如"掌控"了易辍学。

（2）加强对学生进行"知识作用"方面的教育，提高学生学习知识的意识。

（3）让被家长"宠坏"的学生体验劳动及辛苦，感受收获的来之不易；

（4）进一步宣传国家的相关政策和法律法规；

（5）督促家长给自己的子女适当施压；

（6）学校、社会全方位加强对留守儿童的教育；

（7）指导家长做好"家庭教育"工作；

（8）重视学生的"基础教育"，提高学生的学习能力；

（9）学校管理中要加强对教职员工的职业道德教育；

（10）做好违纪学生的引导工作；

（11）关注单亲、孤儿、离异等儿童少年的教育工作；

（12）引导、教育并全方位控制未成年儿童、少年结婚。

2. 岳××、李××为一组完成易辍学问题（学校层面）调查并撰写《易辍学问题（学校层面）调查报告》。

调查组提出学校管理方面的良好建议：

（1）加强学校食堂管理，合理增加菜的品种，改进烹饪方式方法；

（2）改进并加强学生纪律、教师纪律管理；

（3）引导、指导教师转变教育教学观念，改进教学方式方法，提高学生的学习兴趣；

（4）加强师德师风建设，引导教师多关心爱护学生，做学生的知心朋友；

（5）进一步推进课外兴趣小组活动，增设活动项目，保证活动时间；

（6）加强《义务教育法》《未成年人保护法》的宣传，同时，加大转变学生及家长"读书无用""早回家，早赚钱""读书不如打工"等不良观念的力度；

（7）注重学科基础知识教学、注重查缺补漏，帮学生把学习基础打牢。

3. 沈××、李××为一组完成易辍学问题（家庭层面）调查并撰写《易辍学问题（家庭层面）调查报告》。

本次家长问卷调查，我们摸清了学校的"家底"，让我们很客观地"看"到了自己工作上的成绩和差距，同时为今后的工作指明了努力的方向。随着社会的不断进步，人类的追求也越来越高，特别是对教育方面的要求会不断提高。这对我们教师来说，无疑是压力越来越大，但压力越大挑战越多，机会越多！用心用情做学生喜爱的老师，办社会满意的学校。

（二）2019年1月2日—10日，由课题组成员沈××、李伟永两位老师为主，依据上级各级各部门关于控辍保学的文件精神和要求，结合实际开展的情况，充分地汇编了100余页约36000字的《控辍保学宣传册》。（由于占有页数过大，本报告中不附此内容）

主要内容有：《义务教育法》《未成年人保护法》，国家资助政策，省州县乡各级政府文件，××中学控辍保学方案制度等。

并印刷1800余册，利用年前、年后的街天以及学生放假宣传时机，发放到民众手中，让民众更好了解相关教育法律、法规和资助政策，了解政府、学校的举措。提高全民重教意识。

（三）全体课题组成员全力以赴，于2019年1月12日前开展宣传剧《全民重教圆民生》的剧本撰写、定稿以及开拍工作，并于2019年3月6日剪辑、制作完成，于2019年3月6日起在新闻媒体、网络等"帮助"下推广应用。（详见本报告附录《全民重教圆民生》剧本）

1. 剧情简介

针对农村地区易辍学生劝返工作的实际情况，结合上级相关文件精神，以教师为主线，全面开展入户劝返工作，确保适龄儿童、少年圆满完成九年义务教育。

本剧讲述了政府人员、学校领导及教师对三名易辍学学生及三组易辍学家庭开展劝返工作的全过程。本剧的目的是用现实生活中有文化和无文化的不同生活方式形成鲜明对比，安排了三部劝返剧：《国家政策这般好，读书良机莫失了》《学得文化作用大，走遍天下都不怕》（含一个续剧镜头）《无视法律无文化，害人害己害爹妈》（含四个插剧镜头）。

三部剧，三组家庭，三种不同的理念和教育方式，三个不同选择的易辍学学生，最后有了三类不同的人生道路……

三部剧以对白和民间山歌对唱的形式，达到：

（1）宣传教育扶贫及资助政策；

（2）社会各方力量并举，保障学生顺利升学；

（3）宣传《中华人民共和国义务教育法》以及各级各部门关于控辍保学工作的各项措施。

剧情最后列举了三例我省控辍保学事例，温馨提醒家长引以为戒，积极送子女完成九年义务教育。

2. 成果的学术价值、应用价值体现在：

（1）作品的对白内容、对歌歌词是我国的《义务教育法》《义务教育法实施细则》《未成年人保护法》和教育资助政策以及其他国家的好政策凝练而成；

（2）视频作品直观，内容精练，简明扼要，便于识记；

（3）用方言对白，用本地民间山歌对唱，比较接地气，通俗易懂。

（4）山歌形式展现了浓浓的××本土文化。

3. 社会影响和效益

该劝返剧于2018年12月底开始确定剧本并进行拍摄，于2019年3月6日制作完成。

（1）2019年3月6日—7日，课题组在优酷网、爱奇艺、腾讯视频上传，并向民众大力推广收看，截至2019年5月28日，播放共计15000余次。

（2）2019年3月7日，课题组以我校召开2019年春季学期第一次家长会为契机，积极认真向参加家长会的700余名家长宣传并一同收看该成果剧。

（3）2019年3月18日，经逐级申报，该宣传剧得到××州委宣传部采纳应用推广。

（4）2019年3月27日，在××卫视试听××栏目要闻专栏以"××六乡村教师拍微电影，用山歌花样劝学"为题进行报道。

这是一次在官方媒体进行推广宣传，此后3月30日到4月2日期间在××新闻网、××网社会频道、××网××扶贫热线、蓉城在线等媒体，以"用心良苦！××六名乡村教师拍微电影劝学"等为题给予广泛转载、报道。截至2019年5月28日点击、播放共计46817次。

（5）2019年3月29日，在我县又一次教育扶贫政策宣传之际，课题组全校性到班布置并宣传全校学生与家长一同收看该宣传剧工作，牢记相关资助政策，进一步了解相关法律法规。

（6）4月9日—11日、4月23日—25日，课题组分两个阶段选定六个村进行宣传并做小面积收视回访。通过进一步的宣传应用，并进行收视回访，结果表明该宣传剧起到的宣传教育意义不可否认，就我乡、校来看，极大限度提高民众的教育意识，严防了我校的学生易辍学，为我校的控辍保学工作起到举足轻重的作用。

综合播放15000余次，累计媒体点击、播放50000余次为控辍保学起了较为有效的宣传教育作用，有效控制了农村地区的学生易辍学率。

（四）2019年3月15日前，研究成员结合调研案例以及农村地区控辍保学工作的思路和需要，共形成六篇相关论文并发表。（详见本报告附录"论文发表情况"部分）

普利辉撰写的《加强农村留守儿童教育，严控学生易辍学》、安××撰写的《浅议如何在语文教学中渗透控辍保学工作》、岳××撰写的《学校管理与控辍保学》三篇论文发表在《课程教育研究》2019年第5期；

沈××撰写的《初中生物教学要激发学生兴趣，树立创新意识》、李××撰写的《控辍保学中的班级管理》、李××撰写的《谈农村中学"保学控辍"的困惑与对策》三篇论文发表在《课程教育研究》2019年第9期。

（五）2019年3月份，进行三轮次下村劝返、调研及家长访谈，形成十八组《案例集》。

课题组结合开学初的学生到位情况以及三月份中途学生短暂辍学的劝返需要，分别于 3 月 2 日—3 日、3 月 14—15 日、3 月 21 日—22 日三个时间段对全乡 83 个自然村涉及易辍学的 15 个自然村共 18 名同学进行劝返，并进行 18 组家庭家长访谈及调研分析。

1. 家长要引导子女要养成一种良好的行为习惯，不能太迁就子女；

2. 家长要如实关注孩子的身心健康，区分"生病"与"装病"，做好引导，杜绝孩子"装病"不认真上学；

3. 正确看待子女的发展，杜绝对成绩不闻不问或者以成绩打击子女学习的情况发生；

4. 九年级学生家长要密切联系老师，双方配合缓解子女中考压力，做好家庭、学校对子女的心理调适工作；

5. 减少家庭矛盾，减轻子女心理压力，减少心理创伤；

6. 外出务工的家长要最大限度地做好子女的"安置"和"监管"工作，避免子女为所欲为；

7. 家长、民众要正确看待"经济潮流"，不要陷入"读书无用论"的误区；

8. 肩负管教子女重任，做好子女的管教工作，不要一来管不了，二来把所有任务推给学校老师。

此项研究活动的实施、开展，劝返及调研的 18 名同学，14 名回校就读。

（六）课题组全体成员应用宣传册、宣传剧《全民重教圆民生》，在年前、年后街天和六村次的下村宣讲，形成共八次的"实践应用集"。

对课题成果的实践应用是最为关键的一个研究环节，课题组根据我校及周边乡镇的控辍保学工作开展需要，应用宣传册和宣传剧《全民重教圆民生》利用年前、年后以及日常的入村宣讲的方式，进行成果实践应用环节。

1. 年前、年后宣传

课题组全体成员，不辞辛劳，利用年前大量务工人员返乡过年和年后大量务工人员尚未外出务工的两个"黄金时间"，在××乡辖区人员密集的两个集市进行宣传。累计发放宣传册 1000 余册，共向 3000 名民众、家长耐心讲解《义务教育法》等法律及《教育资助政策》，以达到"广泛宣传，严防年后适龄儿童少年外出务工"的目的。

2. 入村宣讲

2019 年 4 月份，进行六个晚上及六个村次的宣讲活动。

课题组利用六个晚上的时间对排查出来的参考易辍学（或曾经易辍学）学生数较多的本乡辖区六个村寨进行宣讲活动。

所排查的六个村共涉及 630 户、2541 名民众，439 位适龄儿童、少年家庭，具有较高的代表性和宣讲调研的科学性。

此项活动共分为"会前村主任访谈""会上宣讲"和"会后"收视回访三个议程。

通过村主任访谈了解村里的教育意识和存在的问题，并给村主任提出良好的管理意见和建议；会上的宣讲让民众进一步了解相关法律、法规及政策，做好子女的监护工作；会后的收视回访旨在强调研究成果宣传剧《全民重教圆民生》的意义，提高履行相关法律的意识。

（七）2019年5月9日—10日，课题组六名成员以"主动取经，寻求妙方"为宗旨，依次到××县民族中学、××县曰者中学、砚山县维摩二中三校进行"控辍保学"经验交流活动。

经验交流的主题是"控辍保学"中的易辍学原因、采取措施及存在的难题。课题组全体成员通过与三校校长、副校长、教务主任、校党政领导等主管人员的交流，达成如下"共识"。

1. 易辍学原因

（1）农村地区接受教育意识不强

由于受到"读书无用论""早生贵子早发财"等传统观念的影响，大多数易辍学学生的家长认识不到知识的重要性，在经济潮流冲击中信奉比较直接、快速的金钱主义。对孩子不接受义务教育督促、引导、教育不够，随随便便，任其自由发展。

（2）多数孩子"娇生惯养"

不停地给孩子"买（换）手机""买摩托""给足够的花销资金"等成为孩子继续上学的条件，家长不积极引导，让孩子为所欲为。

有了手机，带手机进校园给学校管理带来了难度，学生在校学习期间无法自控玩游戏、聊天等致使孩子心不静、学习下降、厌学。成为学生易辍学的重要原因。

答应孩子买摩托车骑车上学，一是安全得不到保障，二是无形中为孩子的到处闲游或离校出走提供了便利。

孩子以各种借口向父母"索要"足够的资金更促使孩子走向不良渠道。

当然，孩子的上述要求达不到要求，没有满足其对父母的"要挟"，他就不读书。家长也没辙。

（3）留守儿童监管、教育缺失

社会、家庭、学校对留守儿童的监管及教育严重不足，缺乏父母教育、隔代教育以及社会关注度不够现象明显。

学校作为教育的主要阵地，学生在校期间结合日常教学管理给予留守儿童"特别"的教育义不容辞。但是，学生在学校接受良好的教育后，放周末和长假回到家中，留守儿童、少年的监管成为极为困难的新问题。

（4）社会对教育的重视度不够，家长的支持力不足

近几年来在党和政府的关心下，教育地位逐年提升，但从教育根本上得到社会的重视及家长的支持，需要漫长的过程。家校与社会教育密切协作有待改善。

（5）学校管理中教师面对教育相关法律法规和师德师风条例"不敢管"现象日趋严重。家校、师生矛盾渐渐严重，阻碍了学校教育的良好发展，打击了教师的积极性。

2．采取措施

（1）各级各部门领导重视控辍保学工作，各项资助措施稳步实施

严格执行并加大各项资助力度，解决因贫困易辍学的首要问题；并把控辍保学工作列入相关考核之中。达成政府、社会、学校齐心合力，严防易辍学的有利保障趋势。

（2）拟定有效方案、层层签订、压实责任

学校制定因地制宜的《控辍保学实施方案》，层层签订责任书，压实责任；并把控辍保学工作列入教师年终考核。这样从制度和责任上保障了控辍保学工作的有利推进与实施。

（3）政府、学校、村相关领导人员第一时间开展劝返

政府、学校、村形成合力，紧密联系，在学生易辍学的第一时间开展易辍生劝返工作，做到及时、有效，严防了学生易辍学现象的发生。

（4）领导、教师"包保班级"

领导、教师"包保班级"，责任到人，做好班级学生教育、引导工作，强力做好该班的"控辍"和"保学"工作。

这是最有效的一项严防易辍学措施，准确说不仅仅我们交流的四所学校这样开展控辍保学，应该是全州乃至全省都要求班级"包保"，压实责任。

（5）学校做好家长的沟通

各校积极利用家长座谈会、家访、主题班会、专题讲座等形式宣传，加强与家长的沟通，确保齐心协力，及时做好学生的思想、教育工作。

但由于农村地区家长几乎为农民，到会或者每种形式的教育宣传活动都能参加的现象不容乐观。往往问题较多的学生家长不来或者应付式叫其他亲戚朋友来参与，特别值得重点监管的留守儿童家长更不会按时、积极回校参与。因此，声势有了，效果甚微。

（6）加大班级有易辍学趋向的学生的监控力度，及时引导，防止学生流失

"包班"教师及领导"擦亮眼睛"，及时洞察学生动向，特别做好有易辍学趋向的学生的指导和监控工作，防止学生流失。

3．存在的难点

（1）在开展控辍保学劝返工作和实施一系列补救措施时带来的负面影响，一定程度上加剧了部分不积极、不上进、基础差、有厌学情绪的学生易辍学。

在他们的意识里有"不读了老师会去请我（甚至用车接我去）读书""辍学一两年都可以回校继续读，何不回家玩一段时间""职业培训也可以拿到毕业证我没有必要在教室熬三年"等错误的认识。

于是，如何控制新增成为面临的新问题。

（2）劝返回校的学生绝大部分带有流入社会的不良行为习惯，影响"带坏"一大批原在校生

这些劝返回来的学生，融入社会的时间或长或短，"染上"了不良行为习惯，比如文身、打耳钉、染发、谈恋爱、吸烟等，他们不自觉，老师也难以教育改正，导致一大批原在校生也"变坏"，给"保学"和"控辍"带来极大挑战。

（3）劝返生的管理和教育

常规学生的管理难度如此之大，劝返学生该如何管理、教育，给老师们出了一套更为难解的答题。

4. 建议

（1）将"控辍保学"列入村规民约；

（2）集聚各方力量做好宣传教育工作，提高全民意识；

（3）有效加强家长座谈会、家访、主题班会、专题讲座等工作；

（4）层层压实责任，包干到人；

（5）加大政府、法律系统的监管、惩罚力度；

（6）加强对全体学生进行心理健康、辅导及讲座等形式的教育；

（7）需要积极开发日常教学模式，解决学生基础差从而厌学、最终易辍学的源头。

第五，分析和讨论。

1. 课题组六名成员分成三个组进行学生易辍学因素的自身、家庭、学校三个层面的问卷调查，科学、有效地分析并撰写《易辍学问题（学生层面）调查报告》《易辍学问题（学校管理层面）调查报告》《易辍学问题（家庭层面）调查报告》三个方面的调查报告，归结了学生易辍学的若干原因和学校管理方面的建议，为学校开展控辍保学等工作提供科学依据和思路，为教师入户宣传、入村宣讲指明了方向。

2. 由课题组成员沈××、李××两位老师负责，于2019年1月2日—10日共9天期间，依据上级各级各部门关于控辍保学的文件精神和要求以及《义务教育法》《未成年人保护法》等相关法律，结合实际开展的情况，充分汇编了100余页约36000字的《控辍保学宣传册》。并利用年前、年后的街天以及学生放假宣传时机，发放到民众手中，让民众更好了解相关教育法律、法规和资助政策，了解政府、学校的举措。提高全民重教意识。

3. 全体课题组成员全力以赴，于2019年1月12日前开展宣传剧《全民重教圆民生》的剧本撰写、定稿以及开拍工作，并于2019年3月6日剪辑、制作完成。

自2019年3月6日起得到××卫视、××日报、××网、××日报等新闻媒体和腾讯、优酷等网络"帮助"给予推广应用。

截至2019年5月28日，综合播放次数15000余次，媒体点击50000余次。为控辍

保学起到较为有效的宣传教育作用，有效控制了农村地区的学生易辍学率。

4. 2019 年 3 月 15 日前，课题成员结合调研案例以及农村地区控辍保学工作的思路和需要，有效阅读并参考国内知名的关于控辍保学研究的书刊，形成《加强农村留守儿童教育，严控学生易辍学》《浅议如何在语文教学中渗透控辍保学工作》《学校管理与控辍保学》《初中生物教学要激发学生兴趣，树立创新意识》《控辍保学中的班级管理》《谈农村中学"保学控辍"的困惑与对策》共六篇相关论文，分别在《课程教育研究》第 5 期和第 9 期发表。

以此进一步提升课题组成员的控辍保学工作实施的理论水平，为此后开展控辍保学入户、入村宣讲奠定坚实的思想基础。

5. 2019 年 3 月份，课题组开展三轮次下村劝返、调研及家长访谈，形成十八组"案例集"。

通过开展此项研究活动，既及时对 18 名同学进行劝返动员工作，也收集了一份最为真实的学生易辍学的根本性案例，为易辍学原因分析提供科学依据，为做好家长和学生的思想工作指明导向。

6. 研究成果宣传册、宣传剧《全民重教圆民生》的实践应用。

对课题成果的实践应用是最为关键的一个研究环节，课题组根据我校及周边乡镇的控辍保学工作开展需要，应用宣传册和宣传剧《全民重教圆民生》，在年前、年后以及 2019 年 4 月份的六个晚上上街、入村进行宣讲、宣传。

其中，街天宣传环节共发放 1000 余册宣传册、向 3000 名民众、家长耐心讲解《义务教育法》等法律及《教育资助政策》，以达到"广泛宣传，严防年后适龄儿童少年外出务工"的目的。

入村宣讲环节，课题组利用六个晚上的时间对参考易辍学（或曾经易辍学）学生数较多排查出来的本乡辖区六个村寨进行宣讲活动。

所排查的六个村共涉及 630 户、2541 名民众，439 个适龄儿童少年家庭，具有较高的代表性和宣讲调研的科学性。

此项活动共分为"会前村主任访谈""会上宣讲"和"会后"收视回访三个议程。

通过村主任访谈了解村上的教育意识和存在的问题，并给村主任提出良好的管理意见和建议；会上的宣讲让民众进一步了解相关法律、法规及政策，做好子女的监护工作；会后的收视回访旨在强调研究成果宣传剧《全民重教圆民生》的意义，提高履行相关法律的意识。

第六，建议。

课题组六名成员不辞辛劳、积极主动地在课题研究计划时限内圆满并超额完成研究任务，俗话说"金无足赤，人无完人"，由于个人经验、投入精力时间等各方面因素，难免有些缺陷。现提出如下改进建议，以提高控辍保学工作效率：

1. 课题研究实践环节中共排查并抽取六个自然村和两天街天进行宣讲，虽然取得较好的效果和成绩，但针对全乡乃至全县农村地区，宣传面仍然不够，有待在往后的控辍保学工作中进一步加大力度、提高推广面，以更为有效地提高全民重教意识，严防、严控学生易辍学情况。

2. 课题开展结束后，仍将控辍保学作为学校的重要工作，结合教务处对控辍保学工作的实际情况和需要，进一步组建宣讲团队，扩大入村面积，密切联系民众，更全面地做好"家校合一，齐抓共管"工作。

3. 针对所撰写的三个层面的调查报告，进一步深入分析、客观评价，找准各方面因素的根本点，据此培训教师并能对症下药，更好、更全面地做好学校控辍保学等各方面的工作，提升教育教学服务质量。

4. 引导包括六名课题组成员在内的全校教职工，进一步深入学习控辍保学等相关教育教学工作的书籍，沉淀相关工作理论，并将理论应用到实际工作中，提高工作效率。

开展《农村地区辍学问题及策略研究》课题研究的同时也得到一些宝贵的"启示"：

1. 尽快找准对策，严防开展控辍保学劝返工作和实施一系列补救措施时带来的负面影响。比如易辍学在家几个月后，在老师再三地劝返工作下"被迫"再次回校学习，这无形中给原本在校又思想涣散的部分学生一个错误的决定——我坚持不住了，也回去玩一段时间，反正老师会来"请我"！

2. 劝返回校的学生绝大部分带有流入社会时的不良行为习惯，影响"带坏"一大批原在校生。这些劝返回来的学生，融入社会的时间或长或短，"染上"了不良行为习惯，比如文身、打耳钉、染发、谈恋爱、吸烟等，他们不自觉及老师也难以教育改正，导致一大批原在校生也"变坏"。给"保学"和"控辍"带来极大挑战。

3. 将"控辍保学"列入村规民约，提高全民控辍意识，减轻控辍保学工作压力。

4. 集聚各方力量做好宣传教育工作，提高全民监督，做到全民控辍氛围。

5. 学校要因地制宜，积极开发教学模式，解决学生基础差从而厌学，最终易辍学的源头。

6. 就课题研究本身而言，团队精神需进一步加强，特别在课题负责人指导成员对于课题整个研究过程和材料的准备等方面有待加强，以最大限度地培养出一批能进行研究的"研究型教师"。

总之，通过近7个月的课题研究，虽然牺牲了众多包括寒假在内的休息时间，但一则个人能力得到了大面积提升，二则为我乡的控辍保学工作作出了巨大的贡献。

"农村地区辍学问题及策略研究"为主题的课题研究在有限的时间虽然圆满结束，

但是学校的控辍保学工作仍然"任重而道远"，我及课题组六名成员将继续用开展课题研究的精神，在学校控辍保学中、在农村地区控辍保学急需之地，义无反顾地开展好各项工作，在地区控辍保学工作中进一步敬献绵薄之力。

【参考文献】（参考的文献要紧扣课题）

[1] 藏书起.农村义务教育阶段留守儿童易辍学问题研究 [J].吉林教育，2014（25）：4-5.

[2] 谢冰凌，覃高潮.关于初中学校控辍保学的思考 [J].广西教育，2008（Z5）：12.

[3] 梁好.控辍保学：学校管理者必须面对的课题 [J].基础教育改革动态，2011（23）：18-19。

[4] 胡仕群.农村初中控辍保学工作的体会 [J].华人时刊（校长），2014（Z1）：81.

[5] 李凤学.如何用爱留住学生——"控辍保学"经验谈 [J].新课程（中），2016（3）：247.

[6] 董明华.做好班主任工作，实现学生零流失 [J].中华少年，2012（13）.

[7] 谢泽源，杨晓荣，谢梅林.欠发达地区农村初中生易辍学原因及策略 [J].中国教育学刊，2012（3）：37—40。

【附录】

（一）易辍学原因调查及《调查报告》（保留框架，具体内容略）

1.易辍学问题（学生层面）调查报告

附：《学生层面调查问卷》

2.易辍学问题——学校管理层面调查报告

开展工作图片：（略）

3.易辍学问题（家庭层面）调查报告

附1：现场图（略）

附2：易辍学问题（家长层面）调查问卷（家长卷）

（二）2018年度××省哲学社会科学教育科学规划项目《农村地区辍学问题及策略研究》（AC18003）宣传剧《全民重教圆民生》剧　　本①

策划编剧：普利辉　　监　　制：岳××　　责任编写：安××

导　　演：普利辉　　对歌作词：邵××（兼饰村主任）

主　　演：李××李××沈××（饰老师）、王老师　罗老师（饰家长）

封面设计：李××、李××　　摄像剪辑：付老师

_____

①　在撰写报告中，可以保留具体的、有较高价值举措的附录，在这里占用一点篇幅把"剧本"呈现出来，旨在给大家较好的参考和异样的启发。

片头一：

2018年度××省哲学社会科学教育科学规划项目

《农村地区辍学问题及策略研究》（AC18003）宣传剧

《全民重教圆民生》

片头二：

剧情简介：

针对农村地区易辍生劝返工作的实际情况，结合上级相关文件精神，以教师为主线，全面开展入户劝返工作，确保适龄儿童少年圆满完成九年义务教育。

本剧讲述了政府人员、学校领导及教师对三名易辍生即三组易辍生家庭开展劝返工作的全过程。本剧的目的是将现实生活中有文化和无文化的不同生活方式形成鲜明对比，安排了三部劝返剧：《国家政策这般好，读书良机莫失了》《学得文化作用大，走遍天下都不怕》《无视法律无文化，害人害己害爹妈》。

三部剧，三组家庭，三种不同的理念和教育方式，三个不同选择的易辍生，最后有了三类不同的人生道路……

三部剧以对白和民间山歌的形式，达到：

1. 宣传教育扶贫及资助政策；

2. 社会各方力量并举，保障学生顺利升学；

3.宣传《中华人民共和国义务教育法》以及各级各部门关于控辍保学工作的各项措施。

剧情最后列举了三例我省控辍保学事例，温馨提醒家长引以为戒，积极送子女完成九年义务教育。

片头三：

策划、编剧、导演：

普利辉——项目负责人、高级教师（有读音）+照片（飞入）

监　制：

岳××——项目组成员、高级教师（有读音）+照片（飞入）

责任编写：

安××——项目组成员、一级教师（有读音）+照片（飞入）

主　演：

李××——项目组成员、一级教师（有读音）+照片（飞入）

沈××——项目组成员、一级教师（有读音）+照片（飞入）

李××——项目组成员、一级教师（有读音）+照片（飞入）

罗老师——年级组组长、一级教师（有读音）+照片（飞入）

王老师——音乐骨干教师（有读音）+照片（飞入）

片头四：

对歌作词、主演：

邵××——××省××州民间山歌传承艺人（有读音）+照片（飞入）

摄像、剪辑：

付老师——国家高级摄影师、省摄影家协会会员（有读音）+照片（飞入）

出品人：普利辉

"引子"

（一）领导召开"控辍保学"工作布置会议

（校长）尊敬的各位老师：大家下午好！

在这非教师例会时期通知各位召开本次紧急会议，主要是因为有一项重要事情需要紧急完成。

开学三天了，通过教务处和班主任的清理，还有十来个同学没有按时回校报到。通过电话途径无法联系这些同学和家长，不明确他们未按时返校的原因。

所以，需要各位按照安排进村入户落实。

具体分组情况，教务处散会后会发到工作群中，在这里我主要强调相关事项：

1. 此次劝返的目标是：全面落实，全力劝返；2.时限：周日前完成，下星期日晚自习要求学生回校报到；3.具体劝返时间各组自定，但不得占用正常教学时间；4.注意下村的教师形象和安全。

（二）进村入户劝返小组会议——出发

（组长）各位老师：

根据学校控辍保学工作会议的要求及校长对控辍保学工作的指导及要求，我们要下村去劝返易辍生，下面我们商量一下去劝返易辍生的相关事宜，我们几个是今天下午放学以后在自己家吃饭后，六点左右在校门口集合，进村入户劝返易辍生。

那在这儿呢做个要求，大家就利用会后和出发前去劝返的这段时间先了解一下易辍生的基本情况，与易辍生的班主任对接一下，把学生的情况摸清楚，以方便我们入户劝返缀学学生。

（校门口集中）各位老师都吃过饭了吧？（吃过了！）那我们就上车出发吧！我已经联系过村主任了，他在家的。

（三）老师上车——来到村长家门口——敲门——村主任开门

角色	剧情安排及对话	备注
老师	村主任吗？	普通话
村主任	是呢，你是老师吗？……你不要讲普通话，普通话我听不懂，有什么事？	
老师	你们村有几个学生开学三四天了，还没有去学校报到，他们家具体在哪里我们不知道，麻烦你带我们去。	改为方言
村主任	我看看是哪几个，我认得吗？	老师递过名单
村主任	哦，认得呢，这几个"鬼儿嘎"，一天书么不克读，只记得在家玩。我带你们去。	
老师	麻烦你了！	
村主任	不麻烦，应该呢。走！	

剧情一：《国家政策这般好，读书良机莫失了》

人物：老师（李××、沈××、普利辉）、村主任、女家长1号、男生1号（男家长外出务工）

（一起上车——来到第一位劝返对象家：建档立卡户）

	（对白）	
角色	剧情安排及对话	备注
老师	在哪里？	
村主任	是这儿，我带你们去。（敲门）小文，有人在家吗？	
女家长	是哪个？	
村主任	我是村主任，你认不得吗？你家娃娃冇去读书，我带着这些老师来喊你家娃娃去读书。	
老师	我们是学校的老师，大嫂！	
女家长	村主任和老师，你们进来。好、好、好，进来坐，进来坐。	
村主任	好好，谢谢咯。既然说老师叫我和他们来叫这个小娃去读书，你家小文在吗？	
女家长	在呢。	
村主任	在的话叫他出来。	
女家长	小文过来！	
学生	来了！	
女家长	坐那儿，你看村主任和老师来叫你去读书。	
学生	哦，老师你们来了。	

老师	你为什么不想去读书？	
学生	我家穷，不想去读书了，我爹也去打工了。只有我妈一个人在家。经济困难，我也不想读了，我在家里能帮多少帮多少，不去读了。	
老师	你这种想法想帮家里是对的，但是读书和帮家里面是两回事，你现在正好读书，你还是要得回学校读书，你一个小娃在家里面也做不了什么。然后对于经济方面，这两年国家政策也好，有好多补助，李老师你拿文件给他看看。	
村主任	现在国家有这么好的政策，让老师念念政策，哪些方面能帮助你，就尽量地帮助你。	
老师	大嫂，你们一起来看看这个，是我们××县教育精准扶贫学生的一个资助政策，针对我们义务教育阶段。我们和你们解释一下，小娃去读书现在实行两免一补，两免是免除学杂费和教科书费用，免除多少的明细这里面有。然后小娃在这里读书，在学校里面住校有寄宿生生活补助，每个学生每年有1250元，是打在学校食堂里面，学生在校食堂吃饭是不需要钱的。然后还一个就是义务教育营养餐改善计划，每个小娃每年是800元，也是给他们在学校里面的早点补助，有牛奶、面包、米线等，也就是说，小娃在学校里面吃不要钱。然后你们是档卡户家庭，州上每年每个学生有100元的学习用品补助，具体的这张上面已经写得很清楚了，这个是义务教育阶段的，还有职中、高中的，还有大学的，具体叫小娃念给你听，你多了解一下。	
村主任	你看看这些老师和大人们操了好多心，来叫你去读书。像你这么小的岁数不去读书要得，现在国家政策好，哪些方面该扶贫该补助你，已经拿文件给你了，你们好好看看，还是去读书，等长大后才会有用处。 不去读要不得，你听大爹和你说：	

（对唱）

序号	男（村主任）	女	备注
1	国家政策就是好 走遍天下都难找 扶贫学生要读书 学生就像一个宝	既然政策这么好 学生就像一块宝 在校读书你不读 为何要往家里跑	（目视小孩，小孩动作）
2	国家有了好政策 男女老少都认得 学生在校来读书 又免学费又供吃	国家政策不一般 带动人民奔小康 人民走上富裕路 不愁吃来不愁穿	
3	国家政策好得多 万众一心唱欢歌 歌唱党的政策好 学生读书供吃喝	国家政策好得多 农民不再受奔波 家家走上富裕路 穷呢少来富呢多	

续表

4	国家政策最开放 大事小事都好办 种地还给补偿金 公粮余粮不再上	国家有了开放路 发动农民来栽树 退耕还林把树栽 国家经济来补助	
5	人人都怕生怪病 大病小病进医院 有钱多能住几天 无钱可能要老命	生病医院克瞧瞧 医疗保险你要交 大病小病不要怕 一万八千都报销	
6	国家政策顶呱呱 哪家贫穷扶哪家 房子烂了盖房给 路不好走砍地下	路不好走就修路 还要扶贫档卡户 比得吃呢送大米 比得衣穿要照顾	
7	政策好了无话说 劝你娃娃去上学 等他文化学到手 致富路上用得着	不怪爹来不怪妈 娃娃不读是怪他 只要他读给他读 家中活计不望他	
8	不能只怪小娃娃 有些责任怪爹妈 望着娃娃回家去 耕田耙地全靠他	喊声主任听我说 不是我们不给读 望子成龙谁不想 怪他自己不去读	
9	我说他婶听分明 有些事情怪家庭 娃娃不读你要劝 不怪你们要怪谁	不是怪我不给读 怪他回家来放牛 好话说了多和少 劝了多少不回头	
10	劝他还是去入学 不要半途来跑脱 错过时光买不着 世上比得后悔药	不怪爹来不怪妈 不是我们不供他 以后敢说不供你 兜嘴给你几嘴巴	（目视小 孩， 小孩动 作）
11	说打说骂比得用 孩子听了会心疼 让他好好想一想 想通自然回学校	要是他能这样想 我也为他来鼓掌 只要他听爹娘说 诳我爹娘比白养	
12	好话丑话我都讲 看看他是咋个想 学得知识在肚中 才能创业奔小康	你说这话都爱听 看看给能打动心 要是他去把书读 谢谢你们好良心	

续表

对白		
角色	剧情安排及对话	备注
村主任	你妈也说了这么多话，你还是要好好地读书，因为你现在年纪还小，做不成什么事情，在家里面也帮不了你妈多少忙，赶紧去学文化，老师也来劝你去读书，把书读好才是你的任务，给好？你要听话。	
老师	你去多读点书，以后才能更好地报答你的爸爸妈妈。	
老师	是的，大爹也说，你妈也劝你，我们也亲自到你家了，还是把书读完，读完书以后才有出息，在家里面也没有什么出路，要多读书，以后才多有眼界，然后呢，以后出去做什么也好，都比你在家里面好，好吗？	
学生	听你们这么说，我还是去读书了。	
老师	那今晚就去了嘛。	
学生	今晚我先收一下东西，明天我再去，你们先去。	
村主任	好！好！好！那你明天一定要来。好，那这件事就这样了，妹子你听着，这个事情就交给你了，因为他爸爸去打工。你明天把娃娃送来学校交给老师。	
女家长	好的，好的。	
老师	打扰你了。	
女家长	麻烦各位老师和村主任。	
大家	不麻烦、不麻烦。	
女家长	那各位老师，村主任你们慢走。	
大家	好、好、好。	
学生	老师你们慢走。	
老师 村主任	是了，是了，明天记得一定要来，不要让我们白操心，一定来！让你妈送你来学校里。	
学生	好！	

剧情二：《学得文化作用大，走遍天下都不怕》人物：老师（李××、沈××）、村主任、女家长 2 号、男生 2 号、男家长 1 号（一起上车——来到第二位劝返对象家：成绩差厌学）

（对白）		
角色	剧情安排及对话	备注
村主任	这家是在这里，我领你们去。……他婶婶，你们在家呢嘛。	
女家长	在呢，村主任，有什么事吗？	
村主任	你看开学这么多天了，你家娃娃也不去读书，你们还领着在家里面做活，太不像话了。	

续表

女家长	哎呀，我们也说了，他就是不去，我们也没有办法。	
村主任	要去读书的，他爸爸不在吗？	
女家长	在的，他爸爸在那儿。	
男家长	我在这里粉刷水池。	
村主任	粉刷水池？上来吧兄弟，我们来找你说说，劝劝你家两个，叫你家娃娃去读书，现在娃娃还小，你们还叫他在家里面做农活。息一下，叫娃娃过来，这两个是学校的老师，叫我带着他们来的。	
老师	是的，我们是学校的老师，开学这么几天了，也不见去读书，小娃年纪还小嘛，怎么在这里干活计。	
老师	你们可以去学个一技之长，比如技校之类的，有了一技之长，你以后也有更好的出路。	
女家长	使不出去啊，我们也一直在说，使不去读，我们也没有办法。	
老师	是不是成绩不好？	
男家长	成绩也不好，小娃也不去，使几次他也不去读。我们也没有办法。	
老师	小娃还是要多做一下他的思想工作，毕竟年纪还小，我们不能按他的想法，他想读就读，不想读就不去读，还是要动员他去读书。	
女家长	嗯，我们还是尽量想办法，走回去家里面坐。	
村主任	不去了、不去了，在这里说一下，因为其他还有两三个学生要去喊，我们还要去其他家，该交接的事情我们交接一下，你们俩还是劝劝，让小娃去学校里面读书。让小娃去读完是你俩的义务，这些事情必须要做的。	
家长	好、好、好，我们尽量想办法。	
老师	你怎么不去读书？	
学生	老师，我读不进去了，上课又听不进去，成绩又不好，去读到最后连高中都考不上，我不想读了。	
老师	你读书读不进去可以学其他的，现在有技校、职中这些，可以学烹饪、学汽修，还有美容美发之类的，你出来有一技之长，也饿不着，还可以赚钱，不像你在家里面铲点沙灰，干点活计，去读书吧，要不我们跟你联系去读技校。	
学生	老师我不想读了。	
老师	那你多学点知识就多有点文化，你以后出门，打工坐着车也知道车开到哪里，也不至于坐着车都认不得，所以还是多学点知识，多有点文化。	
学生	我不想读了，读了还不是高中都考不上。	
村主任	晦晦呀，你怎么这样惹，现在岁数小，什么事情都做不成，你连拌点砂浆都拌不成，大爹和你这样说，你妈妈、你爸爸，也要劝劝他，他婶你有什么话交代他，你说说嘛。	

续表

女家长	让我说给你们听。		
（对唱）			
序号	女	男	备注
1	老师主任听我说 我们也是无奈何 说了多少他不克 游手好闲不做活	你是孩子爹和妈 孩子不读劝劝他 他是你们接班人 以后发展全靠他	
2	老师主任听我说 这种娃娃无救药 望他那份鬼样子 养他自己养不活	我说他婶你听清 孩子不读有原因 蛮不讲理拿他怪 原因出在哪一边	
3	他的年纪又还小 样样活计做不了 你们大家说说看 叫我咋做才算好	我说他婶你听理 赶快送他把书读 等他文化学到手 你不求人人自求	
4	这种事情不可能 做事要找文化人 像他这种鬼模样 哪个会用这种人	因为小孩还年轻 西天路上来取经 要受多少磨和难 最后才能得真经	
5	说了多少他不听 比得哪句他爱听 你们大家劝劝看 看他给能转回心	说多说少为孩子 不为小孩我不来 多少老师来叫你 望你成为有用材	
6	叫声晦晦你听清 多少老师来操心 看看这块烂废铁 给能改变成黄金	你也不小要懂礼 多少老师来帮你 好话说了多和少 看看你给记心里	
7	老师村长到我家 都是为了小娃娃 摸摸良心想又想 这种心思为谁花	我说晦晦莫荒唐 你呢初中没读完 半途而废不学好 水到东海难回头	（目视小孩，小孩动作）
8	劝你年轻多读书 以后莫要怨当初 人无文化难致富 树无水浇易枯枝	好话丑话我都讲 看看你是咋个想 浪子回头金不换 人有才能天下闯	
9	老也说来小也说 劝你还是克读书 等你文化学到手 大事小事用得着	你也劝来我也劝 还是看看他意见 希望好好克读书 学好文化好谋生	

续表

10	趁着年轻多学学 学的文化好处多 学会建筑盖洋房 肚子才华怕什么	多学文化好处多 学在肚里怕什么 学会设计架桥梁 致富路上好处多	（目视小孩，小孩动作）
（对白）				
老师	杨国勇，你瞧，你村主任大爹还有你妈妈她们也说这么多，叫你去读书，等下去学校，你成绩不好，我们去找一所好点的学校，给你去学一门好点的技术。		
男家长	赶快去读书了。		
老师	大哥、大嫂，你们还是把小娃送去读书了。		
男家长	晦晦，你看你村主任也来了，还有老师他们也来喊了，你也要听老师的话，还是要去读的。		
学生	嗯，这种说么老师你们等我收一下东西，和你们一起去。好啦，收下东西去。	收好东西，跟老师回校读书。（续剧：四年后）		
家长	老师，给你们费心了。		
老师	我们应该呢，应该呢，这是我们的职责。		
家长	好，你们慢走了。		
老师	再见！		

剧情三：《无视法律无文化，害人害己害爹妈》

人物：老师（李××、李××）、村主任、女家长3号、男生3号、男家长2号

（一起上车——来到第三位劝返对象家：后进生厌学）

（插剧）老师村主任来本家——遇到小孩在门口路上打"鸟"玩——对白引入

对白		
角色	剧情安排及对话	备注
老师	他家在哪？	
村主任	喏，还在下边呢，还远呢，他家在下边呢。你看，那个小娃在那里了。	
老师	一天在这里玩弹弓，小伙子，你怎么不去读书？	
村主任	你爸爸他们在家吗？	
学生	在呢。	
老师	走走走，领我们回去。这里就是你家吗？	
学生	是呢。	
老师	走，进去看看。	

村主任	兄弟,你们在家呢嘛。	
男家长	在呢、在呢,回来坐。	
村主任	你家这个小娃没有去读书,这两个是学校的老师,叫我带他来,喊这个小娃去读书。	
家长	赶忙来坐,老师来坐。	
大家	谢谢!	
老师	大哥,这个小娃上个星期就没有去读书,是什么原因?天天在外面玩弹弓,打小雀。	
家长	我们也是喊他去读,他也不去读,左喊右喊都不去读,我们也没有办法。	
老师	现在国家政策那么好,该读书要去读呢,义务教育法规定,13-15周岁都属于义务教育的适龄阶段。他不去读书的话,是违反义务教育法的。	
家长	我们说好几次了,他一直不去读。	
老师	主要是说,现在国家对教育也比较重视,你看像去年兰坪县的家长就是没有送小娃去读书,然后被政府起诉上法院,我们地方也是不送小娃去读书,办贷款政府也不给办,我们看下小娃给还去读。	
老师	张洪涛,你怎么说,给还去读?来坐着,你为什么不去读书?	
学生	我学不进去,不读了。	
老师	学不进去你能学多少算多少,知识学在你的脑壳里对你以后有作用的,以后才有能力照顾你的爸爸妈妈,跟我们去读书,可以吗?	
学生	老师你们不用操心了,我不读了,你们再来喊,我要去打工了。	
老师	如果你不去读书,你爸爸妈妈要承担法律责任呢。要被人家告到法庭上去,你给认得?是违法呢,给得了?	
学生	认得了!	
老师	你也不用想着去打工,走跟我们去读书,给好?你上个星期就没有去读书,现在跟我们去了嘛?	
学生	不去了。	
老师	你是怎么想的,为什么不去读书?	
学生	我学不进去,我不想读了。	
老师	你能学多少,算多少,对你以后的发展也是好的,所以跟我们去读书了,给好?	
学生	你们再叫,我要去打工了。	
村主任	小妹妹,你听着,大爹跟你说,你还小、还年轻,应该去学学,读读书,多学点文化,以后去打工或者做什么,人家才会要你,你现在还年轻,不懂事,去打工人都不要你。	

续表

老师	多学点知识，以后才有能力，报答你的爸爸妈妈。	
学生	我不读了。	
村主任	要读呢。	
学生	我不读了！	厌烦地 走开
男家长	你跑去干什么，转回来，老师也在这里，还有你大爹他们也在这里。	

（对唱）

序号	男	女	备注
1	看你小小年纪轻 老人劝你你不听 还进学校把书读 莫要错过好时机	叫他读书他不干 就是天天打烂罐 叫他干活他推懒 叫他吃饭他先上	（目视小孩，小孩动作）
2	看他现在年纪小 不知做事坏和好 等他长大有文化 好事要做多和少	老师主任都听清 古辈老人说上前 从小看大分好坏 到老还是一包筋	
3	这种事情不可能 小孩不是那种人 劝他读书学文化 以后能做人上人	这话听得倒新鲜 提起小娃伤透心 要是他成有用人 除非太阳出西边	
4	我说他婶莫昏说 大家劝他去入学 等他初中读完了 自能找份好工作	要是他能听人话 免得爹妈来牵挂 要是他能去读书 我们苦点也不怕	
5	看你年轻人又小 什么事情做不了 还是好好去读书 听教听说好不好	你不读书跑回来 老师主任为你来 要知他们良苦心 不为喊你就不来	
6	劝你读书是好事 多学文化多识字 等你初中读完了 当兵打工都无事	叫你读书不在心 不知书中有黄金 要知书中黄金贵 莫要浪费好青春	（目视小孩，小孩:不愿意听的样子）
7	好也说来丑也说 看你心中是如何 劝你还是克读书 莫把青春来耽搁	你不听劝随你便 以后莫把老人厌 劝你读书你不克 以后只能种田地	

续表

8	劝了多少你不听 好话丑话说在前 以后不要来埋怨 莫怪妈来莫怪爹	天不怕来地不怕 就怕肚中没文化 农民辛苦为哪样 就因肚中没文化	
9	如今事事讲科学 什么事情靠网络 你没文化用不了 电脑你都摸不着	如今这种新社会 没有文化真是累 电脑摆在你面前 别人会用你不会	
10	提起网络人人夸 生意买卖都靠他 电脑摆在你面前 不会用它白啦啦	什么事情靠网络 大事小事用得着 科学发展进步快 没有文化跟不着	
11	要学文化趁年轻 莫要错过好时机 黄金时间一错过 寸金难买寸光阴	年轻时候不学好 黄金时候到处跑 日落西山才回头 日出东方找不回	
12	劝你读书读不成 踏踏实实来做人 游手好闲终害己 最后步入监狱门	读书时代已错过 没有文化易闯祸 奉劝小娃要学好 千万莫走犯法路	

（对白）

角色	剧情安排及对话	备注
村主任	哎，这个小娃没有办法了，没有救药，没有办法，我们要回去了。	
老师	大哥，大嫂，你们小娃要多教育下，让他多想想，再做做思想工作，过一段时间或许又回心转意，学校的大门永远都是敞开的。	
家长	好、好、好。	
老师	什么时候送来我们都要的。	
村主任	怕得，你两个再劝劝这个娃娃，他能读么，学校的老师随时开着大门等着的，你们劝一下他。	
老师	我们走了，我们工作也忙。多教育教育小娃。	
家长	好。	
老师	打扰了、大哥、大嫂。	
家长	没有，辛苦你们了。	

（插剧）年小无识出路难，无视法律无文化，害人害己害爹妈

插剧情描述1：

"男家长2号"带着"男生3号"去超市和"520"婚纱摄影店找工作，但由于"年龄小，加上没有初中及以上的文化"，没有哪个地方愿意招他。

插剧情描述2：

"男生3号"由于没地方要他"做工"，在家又不想干活。整天游手好闲，流浪社会，他的"后进思想"渐渐恶化了。终于：

1. 在街头飙车，不尊老爱幼。（飙车镜头＋周围老人的抱怨）；2. 随意调戏女孩。（镜头＋女生骂"流氓"）；3."几个月"后……（老师再次劝返——小孩结局）

剧场安排

1. 超市找工……年少无识出路难

角色	剧情安排及对话	备注
家长	老板，我领这个小娃来这里找点工做，你们超市要人吗？	
老板	他多大了？	
家长	14岁。	
老板	14岁年纪太小了，回学校读书去。太小了，你14岁还没有成年，你怎么能上班呢？用人单位也不会用你的。	
家长	他就是不读，在家里面也不读书，在家里面也是闲逛着。	
老板	太小了，太小了用人单位是不会要的。	
家长	你瞧你不去读书也没有谁要你。	
老板	因为你年纪小，还不到打工的时候，满18周岁就可以了。	
家长	那就先回去，回去瞧。那老板麻烦了。	
老板	没事。	

2. 无聊之至……社会败类

角色	剧情安排及对话	备注
学生	（在街上飙车！！！）	
众人	哎，哪家这个小娃么像要短命了，把摩托骑着从面前过，恨不得把人都吓死，他像要忙着去投胎吧。 想提前死，不是得娘养的。哪个娘老子白白地养了，养了在这些上飘风浪荡呢，像个二流子一样。	
学生	美女，走去那边玩！	调戏女生
女生	流氓！！	辱骂

3. 再次找工……年少无识出路难

角色	剧情安排及对话	备注
家长	老板你好!	
老板	你好!	
家长	你们这里开这么大的店，给招工，我领小娃过来。	
老板	有几岁了，小娃?	
家长	小娃有 14 岁。	
老板	14 岁太小了，14 岁应该还在读书才对嘛。	
家长	他就是不读了，没有办法，所以领他来找点活计做做。	
老板	14 岁最起码要把初中读完，这两年最起码也要把初中读完，还是回去，听你爸爸他们的话，好好的读书。	
家长	听到了吗? 哪里人家都不要，年纪小，那跟我回去，好好地读书，读两年的书，再来。	
老板	是呢，要好好地读书!	

4. 罪有应得

角色	剧情安排及对话	备注
老师	他家就是在这里了，我们去看看给在。	
老师	大哥给在家?	
家长	哪个?	
老师	我们是中学的老师。	
家长	哦，老师。	
老师	你家小娃这几个月怎么还没有去学校?	
家长	哎，小娃是没有办法，你们老师来喊，我们也跟他说了，他也不去读，现在小娃是在社会上乱七八糟呢，前面一段时间，小娃在街上跟人家赌钱，赌钱差着人家的钱，然后又闹了点事，闹事以后又杀着别人一刀，把人家杀伤了，现在小娃已经被带走了，我们也无法管，这个小娃相当不听话，没有办法了，头都淘绿完了。	
老师	是了、是了，既然小娃出事情不在，那我们先回去了，过几天怎么办么再来说。	
家长	老师，那来家里面坐一会嘛。	
老师	不用了，我们还要上课。那我们走了。	
家长	慢走。	

续剧：《学得文化作用大，走遍天下都不怕》

字幕：四年后……

（男生2号上了技校，有了一技之长，做了个小老板，回来看村主任和老师）

角色	剧情安排及对白	备注
男生	大爹！你在呢嘛。	
村主任	是呢，你是哪个？	
男生	你记不得我了吗？	
村主任	记不得了。	
男生	那么多年前，当时我不读书，那时你是村主任，你领着老师到我家里，劝我去读书，我叫杨国勇。	
村主任	哦，想起来了，你是杨国勇。 你现在在哪里工作？	
男生	当时你们劝我去读书，读书以后，现在在浙江做点小生意，还是差不多了。	
村主任	哦，好、好，这个呢？	
男生	这个是我媳妇。	
村主任	是你媳妇？你有本事了，现在在那边打工，当个小老板，媳妇也找了个外省的。	
男生	那还不是因为当时你们照顾，都是你们鼓励，这次回来，我来感谢下你们。	
村主任	要得了嘛，小伙子你还是可以呢，还来感谢，还来瞧下大爹，坐下，坐、坐、坐。现在么好了，混成个小老板，媳妇也找个外省的。你在那边开个厂吗？	
男生	是的，开着个小厂。	
村主任	可以了、可以了。谢谢了、谢谢了，大爹谢谢你们，你还想得周到，还来看大爹。	
男生	我们还要去看老师！	
村主任	看老师？好、好、好，你们去看以后，有时间么回来，我家在这里，还没有改变的。	
男生	是了、是了，大爹。	
村主任	谢谢了！谢谢了！	

几例警示录：

（一）××县（地区）"官告民"案件插入视频（材料一）

（二）易辍学学生家长：不送子女读书是违法的，不仅要罚款，还会受到法律惩罚！

（××省教育厅11月2日）

10月31日早上，多辆警车开到里达镇牛场村委会，这是××县公安局、县检察院、县法院、县司法局、县教育局在牛场小学召开全县控辍保学××现场会，向易辍学学生家长讲解法律法规和教育扶贫政策，发放"限期复学通知书"，要求易辍学学生家长送子女返回学校继续读书。

通过现场宣讲，在会后的交流互动中，家长们都认识到不送子女入学的严重性。有的立即打电话，让外出打工的子女回来读书；有的表示，将会竭尽全力劝导孩子回校读书；有的则说，请政府部门共同帮助劝子女返校。

（图片略）

（三）中国教育网，2018年4月11日报道：（材料三）（要求：图+文+语音）

近日，××省教育厅、司法厅出台《督促监护人送适龄儿童少年接受义务教育办法（试行）》，要求各州市教育局、司法局持续深入广泛宣传《办法》，提高监护人依法送子女入学的法律意识。

出台《办法》明确，经宣传教育和责令改正仍拒不送适龄儿童少年接受义务教育的监护人，由乡镇人民政府（街道办事处）予以行政处罚。监护人在规定时限到期经催告仍然拒不履行行政处罚决定的，由乡镇人民政府（街道办事处）向人民法院申请强制执行或提起诉讼。

片尾：

百年大计，教育为本

全民重教，民生圆满

感谢各位父老乡亲履行公民义务

感谢教育事业人员艰辛付出

感谢各机关工作人员支持教育

祝：身体健康、万事如意！（剧组全体工作成员鞠躬致谢）

四、公开发表的论文（或影响证明）

1. 研究成果《全民重教圆民生》推广应用情况

2. 研究成果《全民重教圆民生》媒体推广应用情况

（1）2019年3月6日上传优酷网进行宣传，截至2019年5月28日，共播放1401次。

（2）2019年3月7日上传爱奇艺视频网进行宣传，2019年5月28日收看热度为"15"，网站不统计播放次数。

全民重教圆民生

针对农村地区辍学问题，结合上级相关文件精神，以教师为主线，开展全面劝返工作，确保适龄少年儿童圆满完成九年义务教育。   本剧讲述了政府人员、学校领导及教师对三名辍学生进行劝返的全过程。三组家庭，三种不同的理念和教育方式，三个不同选择的辍学生，最后有了三类不同的人生道路。   三部剧《国家政策这般好，读书良机莫失了》、《学得文化用大，走遍天下都不怕》、《无规法律无文化，害人害己害家乡》）以对白和民间小戏的形式，达到：宣传相关资助政策，宣传相关教育法律法规和调动全社会力量保障学生顺利升学的教育目的。   剧情最后列举了三例我省控辍保学事例，温馨提醒家长引以为戒，积极送子女完成九年义务教育。

（3）2019年3月7日上传腾讯视频进行宣传，截至2019年5月28日，播放10517次。

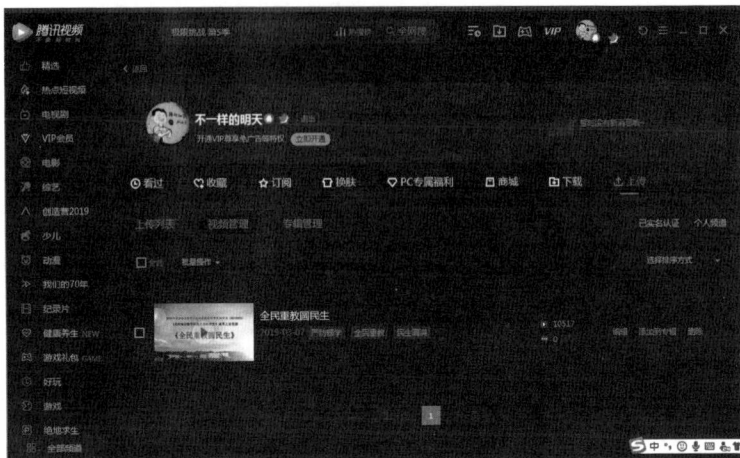

（4）2019年3月27日××电视台视听××栏目推广应用，截至2019年5月28日，点击、播放46817次。

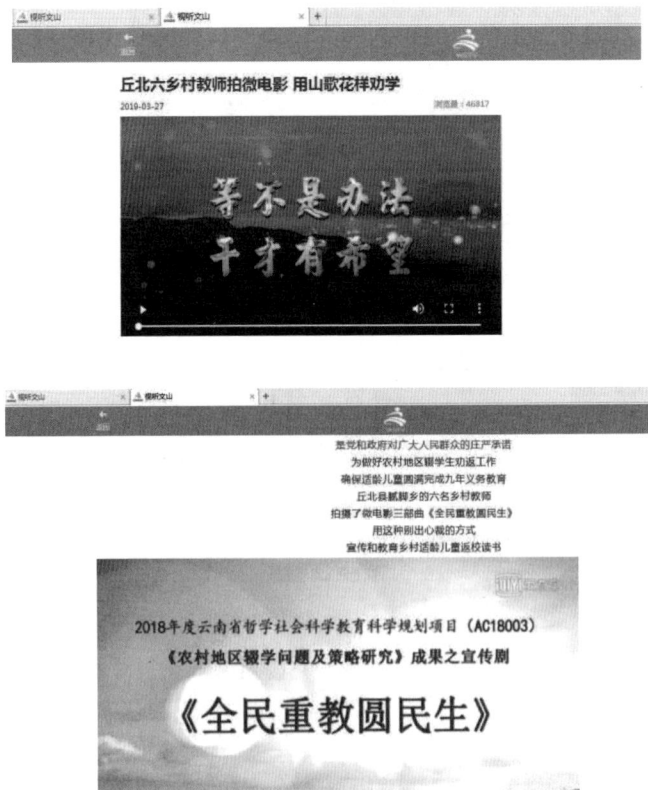

（5）2019年3月30日××日报报道，截至2019年5月28日，阅读3423次。

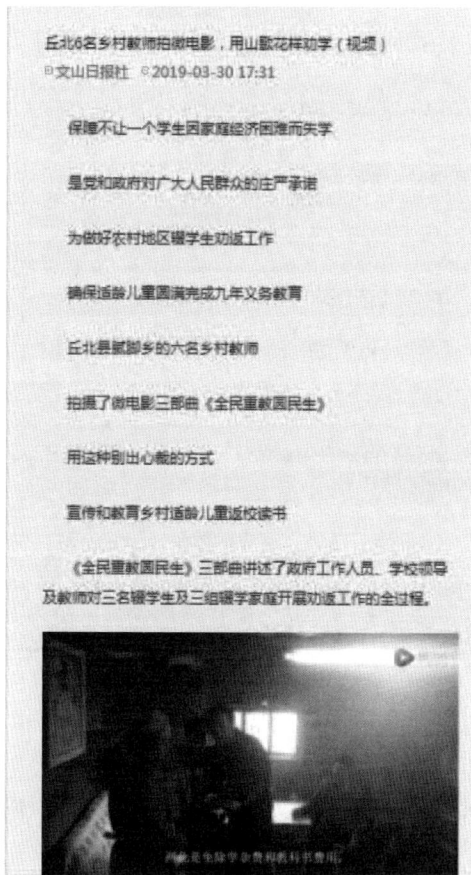

主创人员 普利辉

"山歌曲调高亢、嘹亮、节奏自由、悠长，是劳动人民用来直抒情怀的民歌种类。以此形式宣传教育最适合我们云南这个多民族地区民众'口味'。我们把需要宣传的相关法律法规及政策内容以山歌的形式展现出来，押韵、顺口，通俗易懂，容易让民众了解，达到宣传目的。"

（来源：视听文山 记者张麟）

编排：侯佑琴 审核：资云波 返回搜狐，查看更多

声明：该文观点仅代表作者本人，搜狐号系信息发布平台，搜狐仅提供信息存储空间服务。

（6）2019年4月1日××网社会频道××看点进行报道。

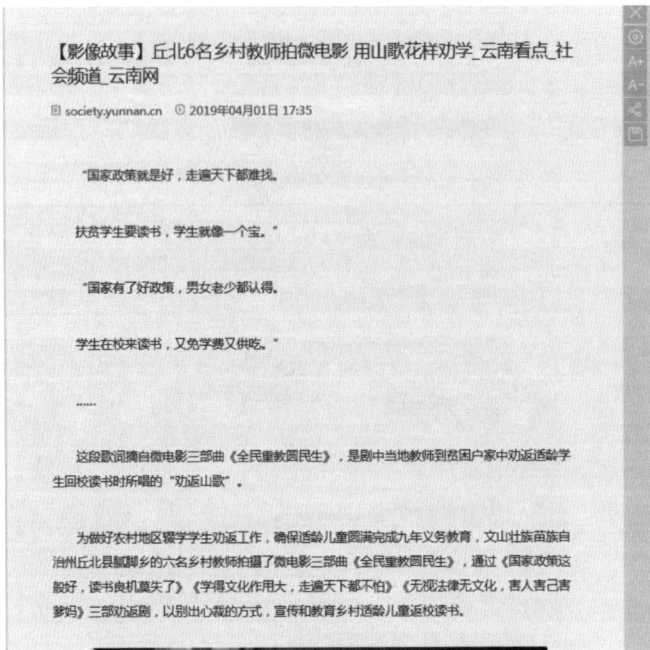

（7）2019年4月2日××网扶贫热线进行报道。

（8）2019年4月3日××日报进行报道。

丘北6名乡村教师拍微电影用山歌花样劝学

云南日报 2019.04.03

丘北6名乡村教师拍微电影 用山歌花样劝学

"国家政策就是好，走遍天下都难找。

扶贫学生要读书，学生就像一个宝。"

3. 论文获奖及发表情况（获奖证书＋发表的封面、目录、正文页）略

五、课题立项通知书（文件）（略）

六、

申请编号	I2018010242	版本号	35
立项编号			

云南省哲学社会科学教育科学规划项目申请·评审书

选　题　依　据　　　　　　依据指南

项　目　名　称　　　　农村地区辍学问题及策略研究

学　科　分　类　　　　　　基础教育

项　目　类　别　　　　一般课题（省哲社）

项　目　负　责　人　　　　　　普利辉

负责人所在单位　　　　××县××中学校

填　表　日　期　　　　　2018-07-17

云南省教育科学规划领导小组办公室 制

2018 年 5 月

申请者的承诺

　　我保证如实填写本表各项内容。如果获准立项资助，我承诺以本表为有约束力的协议，遵守云南省哲学社会科学规划领导小组办公室和××省教育科学规划领导小组办公室的有关规定，认真开展研究工作，取得预期研究成果。云南省哲学社会科学规划办公室和云南省教育科学规划办公室有权使用本表所有数据和资料。

　　　　　　　　　　　　　　　　　申请者（签章）：＿＿＿＿＿＿

　　　　　　　　　　　　　　　　　　　　　　年　月　日

填 表 说 明

1. 项目名称：应准确、简明反映研究内容，最多不超过 40 个汉字（包括标点符号）。

2. 关键词：按研究内容设立。最多不超过 3 个关键词，词与词之间空一格。

3. 选题依据：指依据指南选择项目或自选的项目。限选填一项。当选择 A 时，必须填写"指南题号"。

A. 依据指南　指南题号＿＿＿＿　B. 自选项目

4. 项目类别（限选填一项，例如：C. 一般项目）＿＿＿＿＿。

A. 重点招标项目　B. 重点项目　C. 一般项目

D. 青年基金项目　E. 专项项目

5. 学科分类　指项目研究所属学科范围。跨学科的项目，请填写主体学科。

（限选填一项，例如：D. 基础教育）＿＿＿＿＿。

A. 教育理论与教育史　　　B. 教育发展战略研究　　　C. 教育经济与管理

D. 基础教育　　　　　　　E. 高等教育　　　　　　　F. 职业技术教育

G. 德育　　　　　　　　　H. 教育心理　　　　　　　I. 体育卫生艺术教育

J. 教育技术与传播　　　　K. 继续教育与终身教育　　L. 民族教育

M. 国际与比较教育　　　　N. 学校思想政治工作研究

6. 研究类型（限选填一项，例如：C. 综合研究）＿＿＿＿＿。

A. 基础研究　　B. 应用研究　　C. 综合研究　　D. 其他研究

7. 项目负责人 指真正承担项目研究和负责项目组织、指导的研究者。不能承担实质性研究工作的，不得申请。

8. 担任导师　指项目负责人担任博士生导师或硕士生导师情况。（限选填一项，例如：A. 博士生导师）。

A. 博士生导师　　B. 硕士生导师　　C. 未担任导师

9. 所在州（市）（限选填一项，例如：A. 昆明市）＿＿＿＿＿。

A. B. C. D. E. F. G. H. I. J. K. L. M. N. O. P.

10. 研究专长：指项目负责人的主要研究领域。

11. 所属系统：指项目负责人单位的属性。（限选填一项。例如：A. 本科

院校）

A. 本科院校　　B. 专科院校　　C. 普通中学（包括高级中学、完全中学、初级中学）

D. 中等职业学校（包括中等专业学校、技工学校、职业高中）

E. 小学　　F. 幼儿园　　G. 教育行政部门　　H. 其他

12. 工作单位：按单位和部门公章全称填写。

13. 联系电话：必须填写项目负责人的常用电话号码（座机及手机）。

14. 主要参加者：必须真正参加本项目研究工作，不含项目负责人，不包括单位领导、科研管理、财务管理、后勤服务等人员。每人限同时参加三个以下项目。

15. 预期成果　指预期取得的最终研究成果形式。最多选填 3 项，必须包含研究报告，例如：A. 专著　D. 研究报告。

A. 专著　　　B. 译著　　　C. 研究论文　　　D. 研究报告

E. 工具书　　F. 电脑软件　　G. 其他

16. 申请经费　以万元为单位，填写阿拉伯数字。

17. 预计完成时间　根据项目申报时对研究时间的要求进行预设。

（一）数据表

课题名称	农村地区辍学问题及策略研究						
关键词	农村地区　易辍学问题　策略						
选题依据	依据指南		指南题号	29			
项目类别	一般课题	学科分类	基础教育		研究类型	基础研究	
负责人姓名	普利辉	性别	男	民族	彝族	出生日期	×××××
行政职务	无	职称	高级教师		身份证号	×××××××××	
最后学历	本科	最后学位	无		担任导师	未担任导师	
所在州（市）	××州		研究专长	教育教学管理			
所属系统	普通初级中学		电子信箱	×××@qq.com			
工作单位	××省××州××县××中学校						
通信地址	××州××县××中学校		邮政编码	×××			

续表

联系电话			手机		××××	
主要参加者						
姓名	出生日期	职称	学历	研究专长	工作单位	签名
普利辉	××××××	高级教师	本科	教育教学	××州××县××中学	
李××	××××××	一级教师	本科	教育扶贫	××州××县××中学	
安××	××××××	一级教师	本科	教研管理	××州××县××中学	
纳××	××××××	二级教师	本科	班级管理	××州××县××中学	
沈××	××××××	一级教师	本科	班级管理	××州××县××中学	
李××	××××××	一级教师	本科	信息管理	××州××县××中学	
预期最终成果			研究论文，研究报告，宣传册（剧）			
申请资助经费（单位：万元）		3	预计完成时间		2019-06-30	

（二）负责人和项目组主要成员近三年取得的与本项目有关的研究成果

成果名称	著作者	成果形式	发表刊物或出版单位	发表出版时间
初中生良好语文学习习惯的培养探索	安××	教学论文	《速读》	2017-09-11
初中信息技术教学的探索	李××	教学论文	《世纪之星》	2017-09-14
提高农村教师素养，促进农村教育发展	普利辉	教学论文	《新教育时代》	2017-09-20

（三）负责人和项目组主要成员近五年主持的重要研究项目

（如已结题，请提供项目结题相关证书、证明复印件）

主持人	课题名称	课题类别	批准时间	批准单位	完成情况
普利辉	农村初中语文教学现状调查和策略研究	规划课题	2017-02-20	××州教科所	已结题
普利辉	以校本教研促进教师专业发展的策略研究	一般课题	2018-05-02	××州教科所	正在开展

（四）项目设计论证

> 1. 研究价值：本项目核心概念的界定，国内外同类、国内外现状述评或"综述"述评，选题意义与研究价值；
>
> 2. 研究内容：本项目的研究对象、主要目标、总体框架、重难点等；
>
> 3. 思路方法：本项目研究的基本思路、具体研究方法、研究计划及其可行性等；
>
> 4. 创新之处：在学术思想、学术观点、研究方法等方面的特色和创新；
>
> 5. 前期成果：项目负责人近年来前期相关研究的成果及成果产生的社会效应等；
>
> 6. 预期成果：成果形式、使用去向及预期社会效应等；
>
> 7. 参考文献：开展本项目研究的主要中外参考文献，不超过15项。
>
> （请按要求要素逐一填写，限4000字内）

1. 研究价值

（1）本项目核心概念的界定

①农村地区

"农村地区"是指不同于城市、城镇，以从事农业生产为主的劳动者聚居的地方。显然，本地区子女的家长大多都是农民，文化程度不高。

②控辍保学

"易辍学"是指除正常的毕业（结业）、升级、休学、转学、死亡以外，其他所有中途离开学校不再上学的行为。

"控辍保学"就是控制学生易辍学的情况，加大治理易辍学工作力度，保证适龄儿童和少年完成九年义务教育，提高"普九"的质量和水平。

③策略研究

控辍保学的策略很多，本课题的研究主要是：

①分析农村地区控辍保学的诸多主客观因素；

②针对导致易辍学的因素，学校方面利用科学的教育教学方法、科学的管理措施，探索、总结出适合我校的控辍策略，降低农村初中生的易辍学率。

（2）国内外同类、国内外现状述评或"综述"述评

从二十世纪九十年代中期"普九"验收开始，控辍保学问题就成为广大教育工作者积极探讨的课题。检索各大期刊数据库，以"易辍学"为关键词的文章非常多。但是关于农村地区研究很少，有效、因地制宜的农村地区控辍保学策略也很少，易辍学现象极为严重。正因为如此，课题组以此为契机，寻求能够有效预防和控制农村地区以及我校易辍学的可操作性举措和策略，最终对我校乃至我同类学校控辍保学工作起到借鉴作用。

从国外研究情况看，针对农村地区控辍保学问题，国外研究者主要围绕"易辍学学生的典型特征是什么？究竟发生了什么事导致学生易辍学？易辍学的后果和影响是什么？"针对这些问题，不同的研究者采用不同的数据来源、不同的分析方法并根据不同的时间地点进行了各自的回答，其中在对易辍学原因的分析研究上，已经取得较为一致的意见，即把影响学生易辍学的因素主要归纳为学生的个体特征、家庭背景、学校环境和当地劳动力市场状况等四个方面。

（3）选题意义与研究价值

《中华人民共和国义务教育法》第四条规定：国家、社会、学校和家庭依法保障适龄儿童、少年接受义务教育的权利。可是，自实行至今，虽然国家和社会早已创造了良好的义务教育环境，但学校和家庭并没有依法保障儿童、少年接受完九年义务教育，特别是我们农村地区易辍学现象日渐严重。

农村地区学生的易辍学问题是当前农村教育面临的首要难题，是农村地区普及九年义务教育的最大障碍。农村地区学生易辍学问题近几年已被教育主管部门及当地政府当作首要教育问题，进行了强有力的政府行政干预，但效果不太理想，我校学生易辍学率仍然较高。即使个别学生返校，其返校生的学习已是名存实亡，这严重阻碍了"普九"和义务教育均衡发展的进程。更何况，不到五年，农村地区也要实现"普十二"，这就更是难上加难了。

治理易辍学问题是"人才的可持续发展"的重要前提，是普及九年义务教育和即将"普十二"的前提，是振兴教育的重要前提，是振兴中华的重要前提。因此，我们申请了控辍保学这个研究课题，希望能找到有效地控制和预防农村地区及我校学生易辍学的方法，降低我校学生的易辍学率，实现普及九年义务教育。

2. 研究的内容

（1）农村地区学生易辍学原因的调查研究；

（2）农村地区控辍保学策略研究；

（3）达成目标：

①通过研究找到当前农村地区学生易辍学的原因；

②为切实解决农村地区学生易辍学率偏高的问题提出合理的建议并提供科学的解决策略；

③形成有效的宣传材料，如宣传册的制作、宣传剧的拍摄及运用，有效控制我校的易辍学率。

重　点

①研究的重点是分析案例、认真调研、找准要素，形成策略。

通过对"农村地区控辍保学"途径、方法的探索，形成一系列典型案例、有效策略。

②完成有效的宣传材料，如宣传册、宣传剧。

难　点

①调研案例的真实性、完整性，易辍学因素的客观性和真实性。

②形成有效的宣传材料，并组建一支宣传团队进行宣传。

3. 研究的思路、方法及研究可行性计划

（1）研究的思路、方法

①问卷调查法，这是我们研究的主要方法

调查目的：全面了解易辍学的原因。了解教师教育教学行为及内心想法；了解在校生的思想动态及活动行为；了解易辍生及在校学生的成长历程；了解易辍生离开学校后的去向和真实感受等。

问卷调查材料内容：课题组结合实际需求编制针对学生、家庭、学校等全方位的有效问卷，做好相应的调查研究并撰写客观、真实的调查报告，为课题开展和控辍保学工作打好坚实的基础。

调查对象：部分易辍生，部分初中在校生，我校部分教师，部分家长。

参加调查人员：课题组全体成员，部分教师，部分中学生。

②访谈法

根据课题研究的需要对部分学生、家长及抽样村主任进行有目的性的访谈，进一步获取真实有效的调研材料。

③典型个案分析法

通过课题研究过程中出现的一些典型案例，分析其成功与失败之处，总结成功经验，改正错误方式，进一步促进课题研究良性进行。

④实践运用法

组建一支宣讲团队，根据相关政策和法律编写成读本和视频材料进行宣讲教育；

物化调研成果如宣传视频、论文、制度等策略，并运用到我校的控辍保学工作中。

（2）课题研究的计划及可行性分析

①本课题研究计划分三个阶段，逐步完成：

第一阶段：前期准备阶段。

（2018.9 — 2018.10）通过文献研究，搜集整理国内外与课题相关的资料，了解与本课题相关的国内外现状述评或"综述"，为课题研究提供科学的依据，并通过学习培训，认识本课题的研究价值，在充分论证的基础上，进一步明确研究方向，确定参研对象，形成课题研究方案。

第二阶段：调查研究阶段。

（2018.11 — 2018.12）综合运用文献研究、问卷调查、访谈等方法，通过对在校生和易辍生的调查研究，完成农村地区易辍学原因分析，撰写阶段报告。

第三阶段：研究结果物化及运用；形成课题研究成果，结题。

（2019.1 — 2019.6）统计分析有效问卷的结果，分析各问题的反馈结果，得出各选项的百分比，从而进行比较研究，得出结论，物化结果并加以运用。

通过对典型案例的分析，总结出易辍学的原因，并制定出一些有代表意义的预防、杜绝学生易辍学的方法和措施。检测所找到的控辍策略是否具有创新性，是否具有推广的价值。

②课题研究的措施

A. 对课题组教师进行培训，提高教师研究水平

采用"走出去，请进来"的方式培训课题组教师。在课题研究的这段时间里，学校在安排教师出去学习时，优先考虑课题组教师。将外地先进的经验带回来，把新的精神与教学理念应用到教学中去，转变教学观念，提升教育理论与教育研究水平。

B. 分工落实，形成体系

为了使研究过程扎实有效，我们做了如下分工，做到了各负其责，各尽其能。

项目	任务	负责成员
第一项	调查问卷的编写和分析	李×× 安××
第二项	学校控辍保学分析及研究	普利辉 李××
第三项	班级控辍保学分析及研究	沈×× 纳××
第四项	控辍保学宣讲及调研	全 体 成 员
第五项	全方位控辍保学策略研究及运用	全 体 成 员

任务分工落实之后，每个小组经过酝酿、摸索、修改、完善，各自形成了控辍保学专题方案，经过整合与提炼，构建了一套适合我校的控辍策略。

4. 创新之处

（1）本课题六位研究者均身居农村地区教育一线，熟知农村地区教育现状，与农村地区学生家长联系密切，开展研究的各方面工作非常"接地气"；

（2）六位课题研究者中，有五位老师为全日制本科师范类毕业，具有较强的教育教学思想理论。

（3）本课题采用的"调查法、访谈法、个案分析法、实践运用法"具有实效性，特别是宣讲教育和实践运用较"接地气"。

5．前期成果

项目负责人普利辉老师，近年来的前期相关研究成果及成果产生的社会效应概述如下：

（1）主持完成我州"十三五"第二批州级课题《农村初中语文教学现状调查和策略研究》，通过研究改进了我校语文教师的教育思想和理念，促进我校语文课堂教学改革，提高我校的语文教学质量；

（2）正在主持开展我州"十三五"第三批州级课题《以校本教研促进教师专业发展的策略研究》，通过研究寻求适合我校发展的校本教研方式，以此提高我校教师专业，改变我校教学不良现状。

6．预期成果

（1）课题组全体成员积极分析，认真撰写相关调查报告及论文，为拟定有效的控辍保学策略提供依据和科学方向，具体包括：

①农村地区易辍学现象方面分析如：学生自身易辍学原因分析、家庭因素分析、社会因素分析、教育教学因素分析等。

②典型案例分析。

③控辍保学机制及制度分析。

（2）结合调研情况，认真总结思路，形成有效的宣传材料；组建一支控辍保学宣讲团队，积极宣传控辍保学工作，提高家长及社会意识。

（3）建立因地制宜的控辍保学策略制度，有效防止学生易辍学的情况。

（4）预期产生效应：

①降低我校学生的易辍学率；

②增强我校教师的合作意识及家长的教育意识；

③提高教师的研究能力及我校教学质量；

④增加学生的学习兴趣；

⑤促进我校课堂教学的改革。

7．参考文献

（略）

（五）完成项目的条件和保障

负责人和主要参加者的学术背景（如职务、专业、年龄等）、研究经验、完成的重要研究项目；完成项目的保障条件（即项目研究的人、财、物、时间的情况，如研究资料、实验仪器设备、配套经费、研究时间及所在单位条件等）。（请按要求要素逐一填写，限1500字内）

1. 负责人和主要参加者的学术背景、研究经验、完成的重要研究项目

课题负责人普利辉，我校教科室主任，现年40岁，汉语言文学专业本科文化（函授），高级教师，省级骨干教师。1998年7月参加工作，至今二十年均在我乡任教。曾于2009年11月到开远市五中参加××省教育厅组织的第一期骨干教师培训；于2010年11月到曲靖师范学院参加××省教育厅组织的省级中小学骨干教师培训；于2015年11月到北京大学参加教育部组织的一线教师技能提升培训。2018年3月主持完成我校第一个州级"十三五"第二批课题结题，课题为《农村初中语文教学现状调查和策略研究》（尚未发证）；2018年5月主持开展州级"十三五"第三批课题《以校本教研促进教师专业发展的策略研究》（正在开展）。

课题组成员李××，我校教务主任，现年35岁，信息技术专业全日制本科文化，一级教师，县级骨干教师，曾参加过国家级信息统计员培训，"国培"项目学员，我校正在开展的州级"十三五"第三批课题研究成员。

课题组成员安××，我校教科室副主任，现年31岁，汉语言文学专业全日制本科文化，一级教师，县级骨干教师，"国培"项目学员，我校正在开展的州级"十三五"第三批课题研究成员。

课题组成员×××，我校数学教研组长、班主任，现年25岁，数学专业全日制本科文化，二级教师，县级骨干教师，"国培"项目学员，我校正在开展的州级"十三五"第三批课题研究成员。

课题组成员沈××，我校控辍保学专干、优秀班主任，现年29岁，生物学专业全日制本科文化，一级教师，县级骨干教师，"国培"项目学员。

课题组成员李××，我校信息中心主任，现年30岁，信息专业全日制本科文化，一级教师，县级骨干教师，"国培"项目学员。

2. 完成项目的保障条件

参加本课题研究的六名成员，最大的40岁，最小的25岁，平均年龄不到32岁。在农村地区一线工作最长二十年，最短三年。其中有四名教师至少有三年以上的班主任工作经历，最长的任班主任15年。无论从年龄，还是从经验上讲均有较好的保障条件。

从时间上看，六位教师均住在校内，都为校基层管理人员，有充足的时间和精力做好此项研究。

人员搭配上看，两名优秀班主任、两名信息技术教师、两名教科室主要成员等，都为"最佳拍档"。

从学校的设备方面来看，也有充足的研究资料、实验仪器设备、配套经费等。

在此优越的条件下，课题组一行六人，保证按时、按质、按量完成研究任务，并达到预计的成果及效果。

（六）预期研究成果

主要阶段性成果（限报 10 项）				
序号	研究阶段（起止时间）	阶段成果名称	成果形式	负责人
1	2018.9–2018.10	调查问卷	问卷	李 × × 安 × ×
2	2018.11–2018.12	学校控辍保学分析及研究	调查报告	普利辉 李 × ×
3	2018.11–2018.12	班级控辍保学分析及研究	调查报告	沈 × × × × ×
4	2019.1–2019.6	控辍保学宣讲及调研	论文、案例	全体成员
5	2019.1–2019.6	控辍保学策略研究及运用	宣传册（剧）	全体成员

最终研究成果（限报 5 项，其中必含研究报告和系列研究论文）				
序号	完成时间	最终成果	成果形式	负责人
1	2018.12.20	农村地区易辍学原因调查报告	调查报告	全体分三组
2	2019.6.20	控辍保学宣讲及调研	论文、案例	全体成员
3	2019.6.20	控辍保学成果应用	宣传册（剧）	全体成员

（七）经费预算

	序号	经费开支科目	金额（万元）	序号	经费开支科目	金额（万元）
直接费用（50%）	1	资料费	0.2	6	劳务费	0
	2	数据采集费	0.1	7	印刷出版费/宣传推介费	0.2
	3	差旅费/会议费/国际合作与交流费	1.1	8	成果鉴定费	0.1
	4	设备费	0	9	其他	0.2
	5	专家咨询费	0.1			
间接费用（50%）	1万元					
合计	3万元					
年度预算（单位：万元）	第一年			第二年		
	3			0		

注：经费开支科目参见《××省哲学社会科学研究项目资金管理办法（试行）》（云财教〔2017〕412号）

（八）经费管理

本单位承诺遵守财务规章制度，如实填报，严格监督项目经费的合理有效使用，保证项目经费专款专用，不挤占和挪用项目经费，在项目结题时提供项目经费使用明细单。

经费管理单位名称：××省××州××县××中学校

开户银行：××省××县农村信用合作联社××信用社

银行账号：0700××0604××21××2

汇入地点（××州<市>××县<市、区>）：××州××县

财务联系电话：0876-······

财务管理部门公章

负责人签章：

　年　月　日

本单位承诺以单位名义支持该项研究，拟资助项目经费　　万元，用于项目研究、项目鉴定等项目开支，保证项目研究正常进行（注：如无单位资金支持，不填此项）。

单位公章

负责人签章：

　年　月　日

（九）推荐人意见

不具有高级专业技术职务或博士学位的申请人，须由两名具有高级专业技术职务的同行专家推荐。推荐人须如实介绍项目负责人的研究态度、专业水平、研究能力和研究条件，并说明该项目取得预期成果的可能性。

第一推荐人姓名　　　专业职务　　　研究专长

工作单位　　　　　推荐人签章（须本人亲笔签名或者本人印章）

第一推荐人姓名　　　专业职务　　　研究专长

工作单位　　　　　推荐人签章（须本人亲笔签名或者本人印章）

（十）项目负责人所在单位审核意见

本单位是否了解云南省教育科学规划课题管理办法的有关规定，并完全认识到本审核意见的法律责任由本单位承担。本申请书所填写的内容是否属实；该项目负责人和参加者的政治业务素质是否适合承担本项目的研究工作；本单位能否提供完成本项目所需的时间和条件；本单位是否同意承担本项目的管理任务和信誉保证。

本单位已了解云南省教育科学规划课题管理办法的有关规定，并完全认识到本审核意见的法律责任由本单位承担。本申请书所填写的内容属实；该项目负责人和参加者的政治业务素质适合承担本项目的研究工作；本单位能提供完成本项目所需的时间和条件；本单位同意承担本项目的管理任务和信誉保证。

单位公章

单位教育研究管理部门公章 　　　　　　负责人签章：

　　年　月　日 　　　　　　　　　　年　月　日

说明：中小学及幼儿园盖单位公章即可。

（十一）州、市教育科学规划领导小组办公室审核意见

本单位是否了解云南省教育科学规划课题管理办法的有关规定，并完全认识到本审核意见的法律责任由本单位承担。本申请书所填写的内容是否属实；本项目的资格审查是否合格；本单位是否同意承担本项目的管理任务和信誉保证。

本单位已了解云南省教育科学规划课题管理办法的有关规定，并完全认识到本审核意见的法律责任由本单位承担。本申请书所填写的内容属实；本项目的资格审查合格；本单位同意承担本项目的管理任务和信誉保证。

办公室章

负责人签章：

年　月　日

说明：各高等学校、省属中等职业学校、省属中小学及幼儿园不填写此表。

七、

云南省哲学社会科学教育科学规划项目
开 题 报 告

立 项 编 号 _____AC18003_____

课 题 名 称 ____农村地区辍学问题及策略研究____

课 题 类 别 _____一般课题（省哲社）_____

所 属 学 科 _____基础教育_____

课 题 负 责 人 _____普利辉_____

所 在 单 位 ____××州××县××中学校____

填 表 日 期 _____2018年12月6日_____

联 系 电 话 _____（区号）（座机）_____

手　　　机 _____×××××_____

云南省教育科学规划领导小组办公室 制

2015 年 1 月

开题流程说明

（一）说明

项目负责人接到立项通知书后，三个月内须由州（市）教育科学规划领导小组办公室、高等学校研究管理部门（以下简称"所属单位研究管理部门"）组织开题。

开题费用由项目研究经费开支，并由项目负责人先行垫支。

项目负责人应确定具体的项目实施方案，从省教育科学规划领导小组办公室网站（http: //…….cn）下载《×× 省哲学社会科学教育科学项目开题报告》（以下简称"开题报告"），并认真如实填写。

开题材料：《云南省哲学社会科学教育科学项目申请书》（以下简称"项目申请书"）、《开题报告》。

（二）开题程序

1. 开题准备：项目负责人拟定开题时间、地点，根据专家人数复印开题材料；开题组织单位聘请专家，专家人数必须为奇数，至少 3 人。项目组成员及相关度较高人员（如顾问）不聘为专家。

2. 开题：专家阅读《项目申请书》《开题报告》；项目负责人介绍项目基本情况；专家提问、质询和听取答辩；专家提出建议并签署开题意见。

3. 完善并提交材料：项目负责人对照《项目申请书》，根据专家意见完善《开题报告》，并将已完善的《开题报告》纸质版（三套）和电子版报送所属单位研究管理部门。

4. 项目负责人所属单位研究管理部门将已签署意见的《开题报告》，连同电子版报送省规划办。

5. 审核与存档：省规划办签署意见并保留纸质版（一套）和电子版存档。已签署意见的另 2 套退回项目负责人所属单位研究管理部门。

项目负责人所属单位研究管理部门保留纸质版（一套）和电子版存档，另一套退还项目负责人保存。

省规划办联系电话：0871……. 邮箱：…….com。

（一）开题活动简况（开题时间、地点，以及评议专家、参与人员等）

说明：专家人数必须为奇数，至少3人，由开题组织单位聘请。课题组成员及相关度较高人员（如顾问）不能聘为专家。

开题时间：2018年12月12日

开题地点：××县××中学校综合楼五楼会议室

组织单位：××州教育科学研究所

评议专家：

专家组	姓名	职称	研究专长	工作单位
组长	杨老师	中小学高级教师	中学生物	××州教育科学研究所
成员	石老师	中小学高级教师	中学道德与法治	××州教育科学研究所
成员	王老师	中小学高级教师	中学语文	××县教育局教研室
成员				

参与人员：县教育局副局长孙同志，县教研室毛老师、刁老师，课题主持人、课题全体成员，校长、副校长、各科室主任，以及小学校长、中层领导5人。

（照片略）

（二）开题报告要点

研究内容

1. 农村地区学生易辍学原因的调查研究；

2. 农村地区控辍保学策略研究；

3. 达成目标：

（1）通过研究找到当前农村地区学生易辍学原因；

（2）为切实解决农村地区学生易辍学率偏高的问题，提出合理的建议并提供科学的解决策略；

（3）形成有效的宣传材料，如宣传册的制作、宣传剧的拍摄及运用，有效控制我校的易辍学率。

重　点

1. 研究的重点是分析案例、认真调研、找准要素、形成策略。

通过对"农村地区控辍保学"途径、方法的探索，形成一系列典型案例和有效策略。

2. 完成有效的宣传材料，如宣传册、宣传剧。

难　点

1. 调研案例的真实性、完整性，易辍学因素的客观性和真实性。

2. 形成有效的宣传材料，并组建一支宣传团队进行宣传。

研究方法及方案

1. 问卷调查法，这是我们研究的主要方法

调查目的：全面了解易辍学的原因。了解教师教育教学行为及内心想法；了解在校生的思想动态及活动行为；了解易辍生及在校学生的成长历程；了解易辍生离开学校后的去向和真实感受等。

问卷调查材料内容：课题组结合实际需求编制针对学生、家庭、学校等全方位的有效问卷，做好相应的调查研究并撰写客观、真实的调查报告，为课题开展和控辍保学工作打好坚实的基础。

调查对象：部分易辍生，部分初中在校生，我校部分教师，部分家长。

参加调查人员：课题组全体成员，部分教师，部分中学生。

2. 访谈法

根据课题研究的需要对部分学生、家长及抽样教师进行有目的性的访谈，进一步获取真实有效的调研材料。

3. 典型个案分析法

通过课题研究过程中出现的一些典型案例，分析其成功与失败之处，总结成功经验，改正错误方式，进一步促进课题研究良性进行。

4. 实践运用法

（1）组建一支宣讲团队，根据相关政策和法律编写读本和视频材料进行宣讲教育；

（2）物化调研成果如宣传视频、论文、制度等策略，并运用到我校的控辍保学工作中。

人员分工

为了使研究过程扎实有效，我们做了如下分工，做到了各负其责，各尽其能。

时 间	任 务	负 责 成 员
2018 年 9—10 月	学生、家庭、学校三方面调查问卷的编写	安××普利辉；李××沈××；
2018 年 11—12 月	学生、家庭、学校三方面调查并撰写报告	李××岳××（依次对应任务）
2019 年 1—6 月	调研及案例归结（18 组家庭对象）	全体成员，每人三组对象
2019 年 1—6 月	宣传读本制作、制度拟定	李××沈××
2019 年 1—6 月	DVD 宣传剧制作	安××普利辉李××岳××
2019 年 1—6 月	论文撰写发表、宣传读本及宣传剧运用	全体

任务分工落实之后，每个小组经过酝酿、摸索、修改、完善，各自形成学生、家庭、学校三个主要因素方面的控辍保学专题方案，经过整合与提炼，构建一套适合我校的控辍保学策略，如宣传读本的形成、宣传视频的制作及运用等。

研究进度计划

第一阶段：前期工作

1. 对课题组教师进行培训，提高教师研究水平

采用"走出去，请进来"的方式培训课题组教师。在课题研究的这段时间里，学校在安排教师出去学习时，优先考虑课题组教师。将外地先进的经验带回来，把新的精神与教学理念应用到教学中去，转变教学观念，提升教育理论与教育研究水平。

2. 学习研读相关材料，明确本课题研究的现实任务及意义。

3. 阅读与本课题有关的理论文章，了解现阶段本课题中已取得的成果，弄清楚他们有哪些好的做法，取长补短。

第二阶段：撰写开题报告，召开开题报告会（2018 年 12 月 12 日）

第三阶段：后期具体开展进度计划

1. 2018 年 12 月 20 日前，各调查组制作各相关调查问卷。

2. 2018 年 12 月底，深入调研学生、家庭、学校及社会在控辍保学中的各种要素，形成多角度调查报告。

3. 2018 年 12 月底，完成《控辍保学宣传册》的编写、定稿及印刷，便于学期末的宣传工作。

4. 2019 年 1 月 12 日前，完成宣传剧的拍摄工作。

5. 2019 年 1 月 17 日（街天），利用街天进行第一次宣传工作。

续表

6. 2019 年 2 月 10 日（街天），利用街天、花山场进行第二次宣传工作。

7. 2019 年 3 月开学前，进一步探索"农村地区控辍保学"的途径、策略、方法，并写出相关的理论文章，制订相关积极制度。

8. 2019 年 3 月份，根据开学初的易辍学情况，利用课题组编制的宣传册和宣传剧进行六村次的下村、宣传及调研，达成"全民重教"共识。

9. 2019 年 4 月份，进行三次下村劝返、调研及抽样村主任访谈，形成案例集和访谈集.

10. 2019 年 5 月份，外出学习及调研，对比整改完善我课题组的相关成果。

11. 2019 年 5 月中旬至 6 月初，整改结束，准备结题。

12. 整理结题材料，撰写结题报告，申请结题。

预期成果

1. 通过对学生、家长、学校三个层面的调查，撰写客观、真实的调查报告。

2. 通过下村劝返、调研、访谈，形成典型的有借鉴性的案例集、访谈集。

3. 撰写的相关论文。

4. 编写《控辍保学宣传册》。

5. 拍摄、制作宣传剧。

6. 撰写研究总报告 1 份。

课题负责人签章：普利辉

2018 年 12 月 10 日

（三）专家评议要点（侧重于对项目组汇报要点逐项作可行性评估，并提出意见和建议）

（限 1000 字内，可加页）

课题"农村地区辍学问题及策略研究"，拟从易辍学学生自身、教师、家庭和社会进行调查和研究，深入分析，找到当前农村地区学生易辍学的真正原因，探索"农村地区控辍保学"途径、方法，从而提出农村地区控辍保学的有效策略，并以宣讲团、宣传材料、视频资料等实践行动方法加以运用与验证，达到有效控制易辍学率、提高学校学生巩固率等目标。

研究有较高的价值和现实意义，有很强的针对性，在实践中应用和检验研究成果是本课题的创新之处。研究方法科学可行，研究实施步骤清晰，研究人员分工合理，预期成果明确，可以达成预期的研究目标，同意开题。

建议：

1. 重视调查问卷问题设置的科学性、问卷调查的真实性和客观性，注重样本的代表性、数据采集的科学性。

2. 认真编好宣传读本、视频宣传剧等，做好组建宣讲团队的工作，力求通过研究和实践探索出有效的经验与规律，真正达到控制易辍学率、提高巩固率的目标，以便为同类地区提供借鉴作用，产生一定的社会效益。

评议专家组组长签章：

评议专家签章：

年 月 日

（四）重要变更（侧重于对照课题申请书、根据评议专家意见所作的研究计划调整。）

（限1000字内，可加页。）

1．人员变更

（1）由于……增加"××老师"为课题研究组主要成员。

（2）由于……成员"伊老师"（女，回族）退出。

项目负责人签章：×××

2018 年 12 月 10 日

（五）项目负责人所在单位意见

单位公章

负责人签章：

年　月　日

（六）项目负责人所在单位财务管理部门意见

户名、账号变更情况（为保证项目经费准确到账，请对照项目申请书核查账户信息，若户名、账号、开户行均无变更，则此栏不填。）

户　名：

账　号：

开户行：

汇入地点（××州＜市＞××县＜市、区＞）：

财务联系电话：

财务部门公章

年　月　日

（七）州（市）教育科学规划领导小组办公室或高等学校科研管理部门意见

单位公章

年　月　日

（八）云南省教育科学规划领导小组办公室意见

单位公章

年　月　日

备注：请项目负责人完善此报告，经所在单位、所属单位研究管理部门签署明确意见并盖章后，速递至省规划办，同时将电子版发至电子信箱⋯⋯.com。

八、

云南省哲学社会科学教育科学规划项目

中期检查表

项 目 名 称　　　《农村地区辍学问题及策略研究》

项 目 批 准 号　　　　　AC18003

计划完成时间　　　2019 年 6 月 30 日

项 目 负 责 人　　　　　普利辉

所 在 单 位　　×× 州 ×× 县 ×× 中学校

填 表 日 期　　　2019 年 4 月 26 日

云南省教育科学规划领导小组办公室印制

2015 年 1 月

（一）项目研究情况（可另加附页）

主要内容：项目研究进展情况，阶段性成果，存在问题及改进措施，下一步研究计划，重要事项变更。

《农村地区辍学问题及策略研究》项目于 2018 年 11 月 19 日获云南省教育科学规划领导小组办公室批复立项，2018 年 12 月 12 日在文山州教科所杨老师、石老师及丘北县教研室王老师的组织下在我校五楼会议室开题。结合该课题《申请·评审书》中的研究计划，经过四个月的认真研究，逐步完成预期任务，现对研究情况作如下汇报：

1. 项目研究进展情况

课题研究按原申报的实施方案、计划有步骤地开展系列工作，圆满完成了预期任务。

第一阶段：前期工作

（1）对课题组教师进行培训，提高教师研究水平

采用"走出去，请进来"的方式培训课题组教师。在课题研究的这段时间里，学校在安排教师出去学习时，优先考虑课题组教师。将外地先进的经验带回来，把新的精神与教学理念应用到教学中去，转变教学观念，提升教育理论与教育研究水平。

（2）学习研读相关材料，明确本课题研究的现实任务及意义。

（3）阅读与本课题有关的理论文章，了解现阶段本课题中已取得的成果，弄清楚他们有哪些好的做法，取长补短。

第二阶段：撰写开题报告，召开开题报告会（2018 年 12 月 12 日）

第三阶段：后期具体开展进度计划

（1）2018 年 12 月 20 日前，制作各相关调查问卷。

（2）2018 年 12 月底，深入调研学生、家庭、学校及社会在控辍保学中的各种要素，形成多角度调查报告。

（3）2018 年 12 月底，完成《控辍保学宣传册》的编写、定稿及印刷，便于学期末进行宣传工作。

（4）2019 年 1 月 12 日前，开展宣传剧《全民重教圆民生》的剧本撰写、确定，以及拍摄工作。

（5）2019 年 1 月 17 日（街天），利用街天进行第一次宣传工作。

（6）2019 年 2 月 10 日（街天），利用街天和花山场进行第二次宣传工作。

（7）2019 年 3 月 15 日前，进一步探索"农村地区控辍保学"的途径、策略、方法，撰写相关论文并发表。

（8）2019 年 3 月份，根据开学初的易辍学情况，利用课题组编制的宣传册和宣传剧《全民重教圆民生》进行六村次的下村、宣传及调研，达成"全民重教"共识。

（9）2019 年 4 月份，进行三次下村劝返、调研及抽样村主任访谈，形成案例集和访谈集。

2. 阶段性成果

（1）2018 年 12 月 20 日前，分三组制定学校、学生、家庭三个方向的调查问卷；

（2）2018 年 12 月 26 日前，分三组完成了三个方向的问卷调查，并撰写了调查报告；

（3）2018 年 12 月底，完成了共计 100 余页约 36000 余字的《控辍保学宣传册》；

（4）2019 年 1 月 12 日前，开展宣传剧《全民重教圆民生》的剧本撰写、确定，拍摄工作；

（5）2019 年 3 月 6 日完成宣传剧《全民重教圆民生》的制作工作，并向媒体、网络上传宣传；

（6）2019 年 3 月 15 日前形成六篇论文的撰写及发表工作。

研究成员结合调研案例以及农村地区控辍保学工作的思路和需要，共形成六篇相关论文：普利辉撰写的《加强农村留守儿童教育，严控学生易辍学》、安××撰写的《浅议如何在语文教学中渗透控辍保学工作》、岳××撰写的《学校管理与控辍保学》三篇论文发表在《课程教育研究》2019 年第 5 期；沈××撰写的《初中生物教学要激发学生兴趣，树立创新意识》、李××撰写的《控辍保学中的班级管理》、李××撰写的《谈农村中学"保学控辍"的困惑与对策》三篇论文发表在《课程教育研究》2019 年第 9 期。

续表

（7）2019 年 3 月底，形成十八组劝返"案例集"；

（8）2019 年 4 月 25 日前，形成六村次宣传及"访谈录"。

3．存在的问题及改进措施

（1）由于时间、精力及个人水平等主客观因素的制约，拍摄时间过紧，有的对白有些粗糙，拍摄质量有些瑕疵。

（2）学生个案分析精准了，但忽视了从民众观众角度分析，以致民众的观看度欠佳。

（3）安排的内容过紧，量过多，要求民众了解太广，能分成几个梯度来拍摄，并逐一推广，效果更佳。

（4）撰写的论文的代表性、新颖性有待提升。

4．下一步计划

（1）2019 年 5 月份，外出学习及调研，对比整改完善我课题组的相关成果。

（2）2019 年 5 月中旬至 6 月中旬，整改结束。

（3）2019 年 6 月 20 日前撰写总报告，整理结题材料，申请结题。

（二）经费使用情况

单位：元

资助经费总额：29000 元

已收到资助经费：29000 元

经费开支情况：

1．资料费：1000 元

2．调研差旅费：3300 元

3．小型会议费：500 元

4．计算机使用费：0 元

5．印刷补助费：1800 元

6．管理费：0 元

7．其他：12020 元

总　　计：18620 元　　　结余：10380 元

未使用经费预算：（主要支出项目）（单位元）

1．资料费：0 元

2．调研差旅费：6380 元

3．小型会议费：0 元

4．计算机使用费：0 元

5．印刷补助费：0 元

6．管理费：4000 元

7．其他：0

总计：10380 元

（三）单位研究管理部门意见

项目研究进展正常，经费列支属实，研究成果显著。

公章

负责人签字

2019 年 4 月 29 日

（四）云南省教育科学规划领导小组办公室意见

公章

负责人签字

年 月 日

九、

云南省教育科学规划课题重要事项变更申请表

课题名称	《农村地区辍学问题及策略研究》		立项编号
			AC18003
课题负责人	普利辉	联系电话	1898……
单位名称	××省××州××县××中学校		

（一）变更内容

☑变更课题负责人或课题组主要成员　　□变更课题负责人单位

□改变最终成果形式　　　　　　　　　□研究内容有重大调整

□延期半年以下（含半年）　　　　　　□中止项目　　　　　□其他

（二）变更事由

1. 变更课题负责人须写明新课题负责人的姓名、性别、出生时间、研究专长、职称、职务、工作单位、联系电话，学术简历等情况，并附新课题负责人的签名。

2. 变更课题组主要成员须写明新增成员的姓名、性别、出生时间、研究专长、职称、职务、工作单位等情况或退出成员姓名，并附新参加者签名。

3. 变更课题承担单位须有调出、调入单位签署意见并写明调入单位的户名、账号、开户银行、财务联系电话。

4. 其他变更需详细说明理由。课题延期需注明延长时间，最长不超过半年。

变更理由必须详尽、充分，结合课题进展情况作详细说明，可另加页。

变更事由：　2. 变更课题组主要成员

1. 新增"岳××老师"为课题组主要成员

岳××男 1980年11月18日出生 善于教育教学及管理研究 中小学高级教师 教学副校长 教育教学工作情况良好

新增理由：

（1）岳××老师为我校主管教学副校长；（2）近年来主抓我校的控辍保学工作，成效显著；（3）工作能力极强、群众面广；（4）之前未被选为课题组成员是因为州级课题的结题工作尚未得到结果，担心影响结题。

2. "×××老师"退出

退出理由：

（1）工作调整，不再任班主任；（2）回族，生活习惯和其他成员不一，不易深入农户开展工作；（3）当初被选为课题组成员是因为其班级中控辍保学成效显著；（4）抽调从事两个毕业班的数学教学，考虑精力方面，其本人也提出不再参与课题研究。

原课题负责人签章：

新课题负责人签章：

新参加者签章：

2018年12月6日

续表

（三）课题负责人所在单位意见	（四）调入课题接收单位意见（此栏在变更课题负责人单位的情况下由调入课题的接收单位填写）
同意该项变更 单位公章 2018 年 12 月 6 日	 单位公章 年 月 日
（五）州（市）教育科学规划领导小组办公室或高等学校研究管理部门意见 同意该项变更 单位公章 2018 年 12 月 12 日	
（六）云南省教育科学规划领导小组办公室审核意见 单位公章 年 月 日	

注：此表 A4 纸双面打印。经省规划办同审核同意后，请将电子版发至省规划办邮箱（…….com）。

十、专著

十一、成果影响材料

（一）研究成果宣传剧《全民重教圆民生》推广应用证明

2018年度云南省哲学社会科学教育科学规划项目（AC18003）

科研成果《全民重教圆民生》推广应用证明

课题名称	《农村地区辍学问题及策略研究》
研究时限	2018年11月——2019年8月
成果名称	控辍保学宣传剧《全民重教圆民生》

研究人员基本情况

姓名	性别	出生	职称	职务
			高级教师	教科室主任、课题主持人
			高级教师	教学副校长、课题组成员
			级教师	教务主任、课题组成员
			级教师	教科室副主任、课题组成员
			级教师	教务副主任、课题组成员
			级教师	信息中心主任、课题组成员

宣传剧基本情况

一、剧情简介

针对农村地区辍学生劝返工作的实际情况，结合上级相关文件精神，以教师为主线，全面开展入户劝返工作，确保适龄儿童少年圆满完成九年义务教育。

本剧讲述了政府人员、学校领导及教师对三名辍学生既三组辍学家庭开展劝返工作的全过程。本剧的目的是用现实生活中有文化和无文化的不同生活方式形成鲜明对比，安排了三部劝返剧：《国家政策这般好，读书良机莫失了》《学得文化作用大，走遍天下都不怕》《无视法律无文化，害人害己害爹妈》。

三部剧，三组家庭，三种不同的理念和教育方式，三个不同选择的辍学生，最后有了三类不同的人生道路……

三部剧以对白和民间山歌的形式，达到：

1. 宣传教育扶贫及资助政策；2. 社会各方力量并举，保障学生顺利升学；3. 宣传《中华人民共和国义务教育法》以及各级各部门关于控辍保学工作的各项措施。

剧情最后列举了三例现省控辍保学事例，温馨提醒家长引以为戒，积极送子女完成九年义务教育。

二、初步应用情况

该研究项目成果《全民重教圆民生》自2018年12月中旬确定剧本并进行拍摄，于2019年3月6日剪辑、制作结束，3月7—10日，课题组通过"优酷视频"、"爱奇艺"、"腾讯视频"同公众媒体发布，并取得较好的收视率（目前为止播放1060余次），为我乡宣传相关教育政策和控辍保学工作起得了举足轻重的作用。

上级党政机关单位推广应用意见

（此宣传剧在"优酷"、"腾讯"、"爱奇艺"、"百度"均能收看到）

（二）研究成果《全民重教圆民生》媒体推广应用情况

1. 2019 年 3 月 6 日上传优酷网进行宣传，截至 2019 年 5 月 28 日，共播放 1401 次。

2. 2019 年 3 月 7 日上传爱奇艺视频网进行宣传，2019 年 5 月 28 日收看热度为"15"，网站不统计播放次数。

3. 2019年3月7日上传腾讯视频进行宣传，截至2019年5月28日，播放10517次。

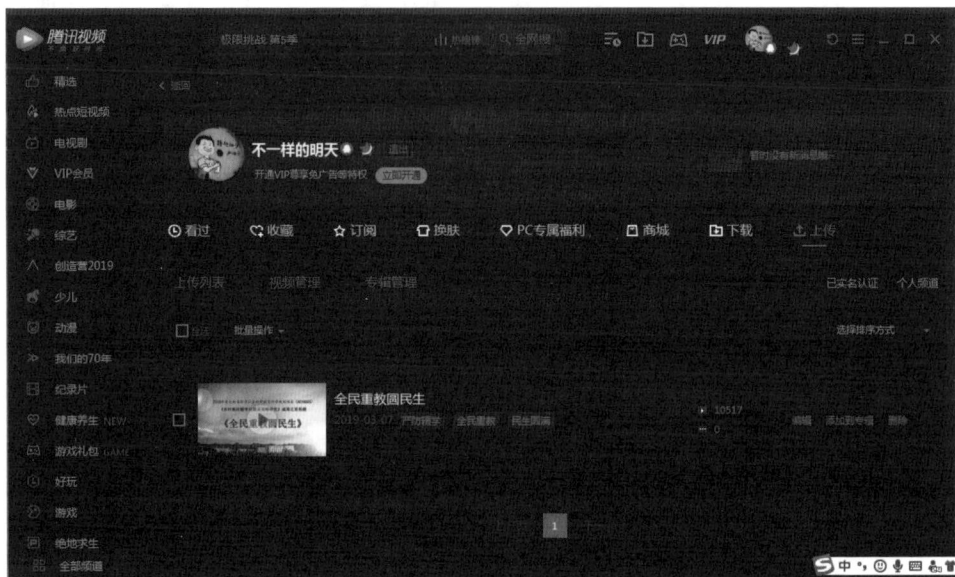

4. 2019年3月27日××电视台视听××栏目推广应用，截至2019年5月28日，点击、播放46817次。

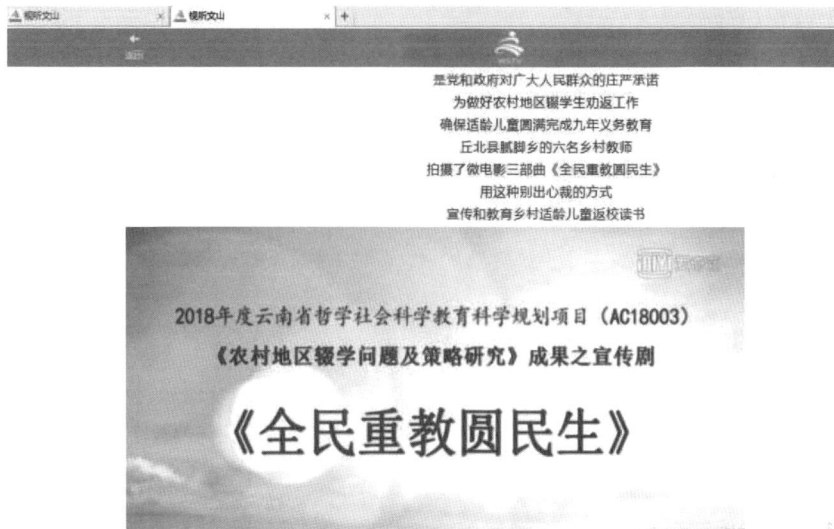

5. 2019年3月30日××日报进行报道，截至2019年5月28日，阅读3423次。

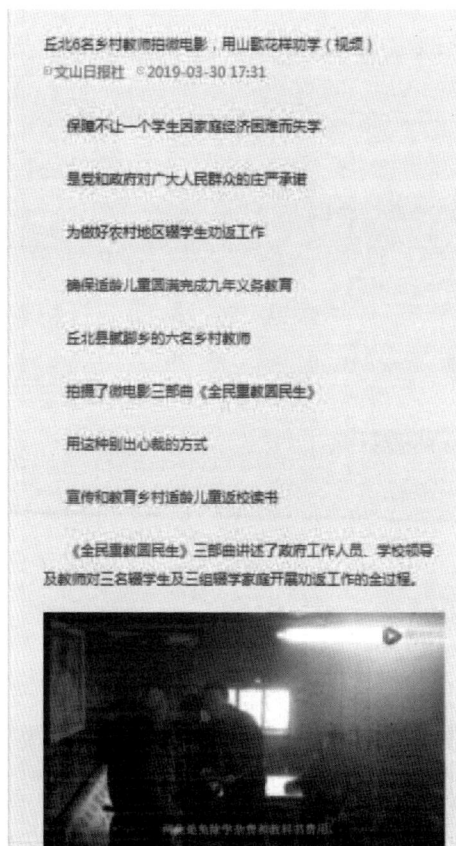

主创人员 普利辉

"山歌曲调高亢、嘹亮、节奏自由、悠长，是劳动人民用来直抒情怀的民歌种类。以此形式宣传教育最适合我们云南这个多民族地区民众'口味'。我们把需要宣传的相关法律法规及政策内容以山歌的形式展现出来，押韵、顺口，通俗易懂，容易让民众了解，达到宣传目的。"

（来源：视听文山 记者张麟）

编排：侯佑琴 审核：资云波 ▦ 返回搜狐，查看更多

6. 2019年4月1日××网社会频道××看点进行报道。

【影像故事】丘北6名乡村教师拍微电影 用山歌花样劝学_云南看点_社会频道_云南网

society.yunnan.cn ⏱ 2019年04月01日 17:35

"国家政策就是好，走遍天下都难找。

扶贫学生要读书，学生就像一个宝。"

"国家有了好政策，男女老少都认得。

学生在校来读书，又免学费又供吃。"

......

这段歌词摘自微电影三部曲《全民重教圆民生》，是剧中当地教师到贫困户家中劝返适龄学生回校读书时所唱的"劝返山歌"。

为做好农村地区辍学学生劝返工作，确保适龄儿童圆满完成九年义务教育，文山壮族苗族自治州丘北县腻脚乡的六名乡村教师拍摄了微电影三部曲《全民重教圆民生》，通过《国家政策这般好，读书良机莫失了》《学得文化作用大，走遍天下都不怕》《无视法律无文化，害人害己害爹妈》三部劝返剧，以别出心裁的方式，宣传和教育乡村适龄儿童返校读书。

7. 2019 年 4 月 2 日 ×× 网扶贫热线进行报道。

云南丘北6名乡村教师拍微电影 用山歌花样劝学_扶贫动态_云南扶贫热线_云南网

ynfprx.yunnan.cn ©2019年04月02日 09:12

"国家政策就是好，走遍天下都难找。扶贫学生要读书，学生就像一个宝。" "国家有了好政策，男女老少都认得。学生在校来读书，又免学费又供吃。" ……

云南网讯（记者 李熙临 通讯员 张麟 张德华）这段歌词摘自微电影三部曲《全民重教圆民生》，是剧中当地教师到贫困户家中劝返适龄学生回校读书时所唱的"劝返山歌"。

点击查看视频

为做好农村地区辍学学生劝返工作，确保适龄儿童圆满完成九年义务教育，文山壮族苗族自治州丘北县腻脚乡的六名乡村教师拍摄了微电影三部曲《全民重教圆民生》，通过《国家政策这般好，读书良机莫失了》《学得文化作用大，走遍天下都不怕》《无视法律无文化，害人害己害爹吗》三部劝返剧，以别出心裁的方式，宣传和教育乡村适龄儿童返校读书。

8. 2019 年 4 月 3 日，×× 日报进行报道。

丘北6名乡村教师拍微电影用山歌花样劝学

云南日报 2019.04.03

丘北6名乡村教师拍微电影 用山歌花样劝学

"国家政策就是好，走遍天下都难找。

扶贫学生要读书，学生就像一个宝。"

（三）相关论文获奖证书（照片 略）

十二、
课题组成果统计一览表（略）

第十二章 新申报云南省教育科学规划项目"申报·评审书"范例①

申请编号	
立项编号	

版本号	

云南省哲学社会科学规划教育学项目
申 请 书

选 题 依 据   14.基于大数据的教师专业发展机制与策略研究

项 目 名 称   县域教师读书会促进教师专业发展的实践研究

学 科 分 类   D.基础教育

项 目 类 别   E.基础教育专项

项 目 负 责 人   王××

负责人所在单位   ××州××县教育体育局教研室

填 表 日 期   2021年7月8日

云南省教育科学规划领导小组办公室 制

2020年6月

---

① 所选范例为三位笔者精心研究申报事项和具体内容，并依据云南省教育科学规划项目申请书填写，仅供参考，若有侵权联系删除。

申请者的承诺

我保证如实填写本表各项内容。如果获准立项资助，我承诺以本表为有约束力的协议，遵守云南省哲学社会科学工作办公室和云南省教育科学规划领导小组办公室的有关规定，认真开展研究工作，取得预期研究成果。云南省哲学社会科学工作办公室和云南省教育科学规划办公室有权使用本表所有数据和资料。

申请者（签章）：

年　　月　　日

填 表 说 明

1. 项目名称　应准确、简明反映研究内容，最多不超过 40 个汉字（包括标点符号）。

2. 关键词　按研究内容设立。最多不超过 3 个关键词，词与词之间空一格。

3. 选题依据　指依据指南选的项目或自选的项目。限选填一项。当选择 A 时，必须填写"指南题号"。

A. 依据指南 指南题号＿＿＿＿＿＿　B. 自选项目

4. 项目类别（限选填一项，例如：$\boxed{C \mid \text{一般项目}}$）＿＿＿＿＿＿。

A. 重点招标项目　B. 重点项目　C. 一般项目　D. 青年基金项目　E. 专项项目

5. 学科分类：指项目研究所属学科范围。跨学科的项目，请填写主体学科。（限选填一项，例如：$\boxed{D \mid \text{基础教育}}$。）

A. 教育理论与教育史　B. 教育发展战略研究　C. 教育经济与管理　D. 基础教育

E. 高等教育　F. 职业技术教育　G. 德育　H. 教育心理　I. 体育卫生艺术教育

J. 教育技术与传播　K. 继续教育与终身教育　L. 民族教育　M. 国际与比较教育

N. 学校思想政治工作研究

6. 研究类型（限选填一项，例如：$\boxed{C \mid \text{综合研究}}$）

A. 基础研究　B. 应用研究　C. 综合研究　D. 其他研究

7. 项目负责人：指真正承担项目研究和负责项目组织、指导的研究者。不能承担实质性研究工作的，不得申请。

8. 担任导师　指项目负责人担任博士生导师或硕士生导师情况。（限选填一项，例如：$\boxed{A \mid \text{博士生导师}}$）。

A. 博士生导师　B. 硕士生导师　C. 未担任导师

9. 所在州（市）（限选填一项）。

（略）

10. 研究专长：指项目负责人的主要研究领域。

11. 所属系统：指项目负责人单位的属性。（限选填一项。例如：$\boxed{A \mid \text{本科院校}}$）

A. 本科院校　　B. 专科院校　　C. 普通中学（包括高级中学、完全中学、初级中学）

D. 中等职业学校（包括中等专业学校、技工学校、职业高中）

E. 小学　　F. 幼儿园　　G. 教育行政部门　　H. 其他

12. 工作单位：按单位和部门公章全称填写。

13. 联系电话：必须填写项目负责人的常用电话号码（座机及手机）。

14. 主要参加者：必须真正参加本项目研究工作，不含项目负责人，不包括单位领导、科研管理、财务管理、后勤服务等人员。每人限同时参加三个以下项目。

15. 预期成果：指预期取得的最终研究成果形式。最多选填 3 项，必须包含研究报告。（例如：A ｜ 专著 ｜ D ｜ 研究报告 ）

    A.专著　B.译著　C.研究论文　D.研究报告　E.工具书　F.电脑软件　G.其他

16. 申请经费：以万元为单位，填写阿拉伯数字。

17. 预计完成时间：根据项目申报时对研究时间的要求进行预设。

一、数据表

项目名称	县域教师读书会促进教师专业发展的实践研究						
关键词	教师读书会 教师专业发展 实践研究						
选题依据	A.14.基于大数据的教师专业发展机制与策略研究				指南题号		14
项目类别	E. 专项项目		学科分类	D. 基础教育		研究类型	B. 应用研究
负责人姓名	王××	性别	男	民族	汉族	出生日期	19××-08-11
行政职务	教研室主任	职　称		中小学高级		身份证号	……
最后学历	本科	最后学位		无		担任导师	C. 未担任导师
所在州（市）	H.××州	研究专长		语文教育教学研究			
所属系统	G.教育行政部门			电子信箱		××@qq.com	
工作单位	××省××州××县教育体育局教研室						
通信地址	××省××州××县教育体育局教研室				邮政编码		×××
联系电话	（区号）××　　（座机）××　　（手机）××						

	姓名	出生年月	职称	研究专长	学历	工作单位
主 要 参 加 者	普××	×××	中小学正高级	教育科研、教师成长	本科	
	王××	×××	中小学一级	教育科研、教师成长	本科	
	杨××	×××	中小学一级	教育科研、教师成长	本科	
	安××	×××	中小学一级	教育科研、教师成长	本科	
	张××	×××	中小学一级	现代教育技术	本科	
	徐××	×××	中小学高级	教育科研	本科	
	王××	×××	中小学高级	教师成长	本科	
	柳××	×××	中小学二级	教育科研、教师成长	本科	
	夏××	×××	中小学二级	教育科研、教师成长	本科	
	何××	×××	中小学二级	教育科研、教师成长	本科	

预期最终成果		C	研究论文	D	研究报告	G	其他
申请资助经费（单位：万元）		1		预计完成时间		2022 年 12 月 30 日	

二、负责人和项目组主要成员近三年取得的与本项目有关的研究成果

成 果 名 称	著作者	成果形式	发表刊物或出版单位	发表出版时间
提高农村教师素养，促进农村教育发展	普×××	论文	新教育时代	2017-09
初中语文教学中学生自主学习能力提升策略研究	王×××	论文	教育	2020-04
面对教育问题，埋怨也无济于事	普×××	论文	云南教育	2020-08

三、负责人和项目组主要成员近五年主持的重要研究项目

（如已结题，请提供项目结题相关证书、证明复印件）

主持人	课 题 名 称	项目类别	批准时间	批准单位	完成情况
王×××	以校本教研为载体提高教师素养的策略研究	一般课题	2019-12	丘北县教研室	已结题
普×××	农村初中语文教学现状调查和策略研究	规划课题	2017-02-20	文山州教科所	已结题
普×××	农村地区辍学问题及策略研究	一般项目	2018-11-30	云南省教科院	已结题

四、项目设计论证

本表参照以下提纲撰写，要求逻辑清晰，主题突出，层次分明，内容翔实，排版清晰。除"研究基础"填在表五外，本表内容与《活页》一致。

（一）选题依据：国内外相关研究的梳理及研究动态；本课题相对于已有研究的独到学术价值和应用价值；

（二）研究内容：本课题的研究对象、总体框架、重难点、主要目标等；

（三）思路方法：本课题研究的基本思路、具体研究方法、研究计划及其可行性等；

（四）创新之处：在学术思想、学术观点、研究方法等方面的特色和创新；

（五）预期成果：成果形式、使用去向及预期社会效应等；

（六）参考文献：开展本项目研究的主要中外参考文献。

（一）选题依据：国内外相关研究的梳理及研究动态；本课题相对于已有研究的独到学术价值和应用价值

1. 国内外相关研究的梳理及研究动态

（1）核心概念界定

①县域教师读书会

县域：以县为单位的所有管辖区域，本课题以丘北县辖区 14 个乡镇为例。

教师读书会：1902 年，被称为"读书会之父"的奥尔森（Oscar Olsson）在瑞典的兰德创立了第一个读书会。他将读书会定义为"一个朋友式的小圈子，其成员因共同的兴趣而聚在一起，讨论一定的问题或话题"。奥尔森认为读书会最重要的特征是建立在材料阅读的基础上，以交流和讨论为方法，并且其运作不需要有人充当权威的教师。

本课题中的"读书会"，课题组把它狭义地界定为"以读书为方式、以提升为目的"的一种学习共同体。其中，"读"指自读、共读；"书"既指书籍又指书写；"会"指线下交流会和线上分享会。读书会的类型多种多样，教师读书会即是其中之一。

②教师专业发展

我国学者大多都认为教师专业发展从本质上说，是教师个体专业不断发展的历程，是教师不断接受新知识、增长专业能力的过程。教师要成为一个成熟的专业人员需要通过不断的学习和探究历程来拓展专业的内涵，提高专业水平，从而达到专业成熟的境界。

③实践：指的是在我县域内组织成立教师读书会，并以"自读、共读、书写打卡、线上分享以及线下交流"等形式促进教师专业发展的整个运行过程。

（2）国内外相关研究的梳理及研究动态

①关于教师专业发展的研究

国外的一些研究现状：

理念层面研究现状。如，1965 年，保罗·朗格朗提出"终身教育"的概念。教师教育是一种集知识、技能和情意一体化的教育，教师专业发展要求教师在整个职业生涯中持续不断地学习，成为一名终身的学习者。

制度层面研究现状。英国、美国和日本较早建立了教师培训的相关制度。如二战时期，英国提出教师研修制度；1963 年，《美国师范教育》提到了帮助教师的计划；1988 年，日本立法规定新教师要参加为期一年的培训；1999 年，英国部分地区实施了教师培训制度，与日本的做法一致；同年，美国也在约 38 个州和哥伦比亚开始实施新教师入职培训制度。

国内的一些研究现状：

1999 年 9 月，教育部制定《中小学教师继续教育规定》，明确指出参加继续教育是中小学教师的权利和义务，继续教育原则上每五年为一个培训周期，并规定为新任教师在试用期内适应教育教学工作需要而设置的培训不少于 120 学时。

就我们云南省而言，这一规定延续到 2014 年，从 2014 年起全省中小学教师进入了新的教师专业发展模式即全员培训，如文山州全员培训系列"如何备好课、上好课和评好课"等三个专题线上培训。还有相继的各种"国培项目"，如"万人计划""送教下乡"等。

可见，国内外对教师的培养都作出了明确的规定，以更好地促进教师的专业发展。

②关于读书会的研究

国外的一些研究现状：通过查阅文献发现，国外教师读书会是教师本职工作之余进行共同反思的一个重要平台。如库伊（2006）所言，教师读书会的成员是拥有某种相同兴趣或者需要的教师，他们对教学工作中涉及的疑难问题进行讨论，分享经验，由此得到一定的反思，可能获得教学新思路。读书会较早的代表形态有如富兰克林与"共读社"、爱因斯坦与"奥林匹亚科学院"、福楼拜家里的星期天等。

国内的一些研究现状：随着教师成长"抱团意识"提高，全国各地读书会数不胜数，比如 2007 年 2 月张文质老师创建的"福建 1+1 教师读书俱乐部"，2007 年 3 月谢云老师创建的"四川知行社"，任勇老师创建的"周末论教"，还有朱永新教授发起的新教育实验名下的"新网师""爱研会""新教育研究所系列项目"等。

本课题研究就是基于我县乃至我州尚未有规范的教师读书会且参与其他地区读书会成长的案例也很少的这一现状，对教师读书会应用来促进教师专业发展进行深入研究。

2. 本课题相对于已有研究的独到学术价值和应用价值

（1）理论意义

本课题研究基于教师专业发展这一目标，探索组建并有效开展县域教师读书会活动的实践策略。理论价值在于：

①提高教师的读书意识，一定程度上改变"教书人不读书"的不良现状。

②丰富"组建教师读书会并开展相关活动""教师专业发展""推进教师阅读"等方面的理论知识。

③形成以"教师读书会"为主要载体促进教师专业发展的实践策略，并逐渐向全县推广应用。

（2）实践意义

①通过开展问卷调查，分析全县教师专业发展现状，提高全县教师读书意识。

②通过组建县域教师读书会学习共同体，并开展"共读""线上分享""线下交流"等活动促进教师专业发展。

③通过县域教师读书会活动的开展，探索出一套以"教师读书会"促进教师专业发展的实践策略，并在全县范围内推广应用。

（二）研究内容：本课题的研究对象、总体框架、重点难点、主要目标

1. 本课题的研究对象

县域内腻脚中学、戈寒中心校、锦屏小学等"样本"学校的部分读书会成员教师。

2. 总体框架

（1）开展问卷调查，分析全县教师专业发展现状，强调教师依托读书会进行专业阅读促进专业发展的意义；

（2）研读文献，积累教师读书会等学习共同体的相关理论；

续表

（3）组建县域教师读书会；

（4）探索切实可行的县域教师读书会，促进教师专业发展的实践策略；

（5）分析实验案例，完善实践策略，并进一步向全县应用推广；

（6）征集教师专业发展心得或论文，形成成长成果集。

3. 主要目标

（1）通过问卷调查分析全县教师专业发展现状，强调教师依托教师读书会进行专业阅读促进专业发展的意义；

（2）通过自学、集中学习、线上会议等方式，研读本课题研究罗列的相关文献，积累教师读书会等学习共同体建设、开展的相关理论；

（3）组建县域教师读书会，并通过近一年来的实验，探索县域教师读书会促进教师专业发展的实践策略；

（4）通过实验收集典型案例，并对其进行科学分析，形成教师专业发展的优秀案例（集），进一步完善实践策略，为向全县推广应用奠定坚实基础；

（5）通过征集教师专业发展心得或论文，形成教师专业成长"成果集"。

4. 重点、难点

（1）重点：

①研读文献，积累教师读书会等学习共同体的理论；

②有效开展调查研究，收集真实数据信息并加以分析研判，寻找"读书"与"教师专业发展"的结合点；

③探索有效开展教师读书会活动促进教师专业发展的实践策略；

④教师专业成长"成果集"的汇编。

（2）难点：

①课题研究成员关于教师读书会等学习共同体的理念不足。

②探索策略不科学或者实践效果不明显。

③使参与者理解教师读书会真正的内涵和意义，并积极参与。

（三）思路方法：本课题研究的基本思路、具体研究方法、研究计划及其可行性等

1. 本课题研究的基本思路

（1）组织研读相关参考文献，提升课题研究成员的理论水平，形成具有参考价值的科研论文；

（2有效开展调查研究，收集真实数据信息并加以分析研判，寻找"读书"与"教师专业发展"的结合点；

（3）组建县域教师读书会；

（4）开展教师读书会各项活动并探究一套县域读书会促进教师展业发展的实践策略；

（5）收集经典案例并科学分析，形成优秀案例（集），进一步完善"实践策略"；

（6）征集教师专业发展心得或论文，汇编研究"成果集"。

2. 具体研究方法

（1）文献研究法

研读相关文献，梳理教师读书会等学习共同体领域的资料，通过阅读、分析这些文献为阐述该课题研究的实施提供一定的理论知识支撑，为拟定实施方案提供科学依据。

（2）问卷调查法

科学设计全县教师专业发展现状调查问卷，通过问卷调查得到相应数据资料，在量化统计、分析的基础上归纳教师专业发展的优劣，明确教师专业发展中"读书会"的意义性。

（3）实验法

创新性借鉴部分国内知名读书会的运行方式，建构县域教师读书会的实施策略以及操作流程，及时召集一批爱好读书又苦于没有引领和共同成长环境的教师组成县域读书会，并定期开展"共读共写""线下交流""线上分享"，以及理论实践等活动。最终促进教师的专业发展，也为"实践策略"的进一步完善收集一手优秀资源。

（4）案例分析法

通过实践即开展活动收集读书会优秀案例，以有效促进教师专业发展这一视角出发分析案例，总结案例的不足和优点，探索出切实有效的"实践策略"。

3. 研究计划及其可行性

（1）研究计划

本课题研究计划分三个阶段，逐步完成：

第一阶段：（2021年10月）前期准备阶段

研读文献，查阅资料，拟定《县域内教师专业发展现状调查问卷》。

第二阶段：（2021年11月—2022年11月）研究阶段

①（2021年11月）开题、拟定项目研究实施方案。

②（2021年12月）开展"县域内教师专业发展现状"问卷调查，收集并分析相关数据，撰写调查报告。

③（2022年1–2月）学习文献积累理念、建立线上研修平台。

A. 集中学习相关文献，梳理建构"教师读书会等学习共同体"的理论知识；

B. 建立线上研修平台如分享App即将用到的Cctalk和钉钉，共写时用的微信打卡圈等。

④（2022年3月）综合分析现有环境和条件，积极撰写教学研究论文，初步形成《县域教师读书会促进教师专业发展的实践策略》，并拟定相关操作流程和方案。

⑤（2022年4月—11月）实践、完善成果

A. 组建县域读书会；

B. 开展定期的"共读共写""线下交流""线上分享"，以及理论运用等活动；

C. 收集教师读书会优秀案例（集）；

D. 完善并形成最终的有效"教学策略"。

第三阶段：（2022.12）结题阶段

形成课题研究成果，撰写研究报告，申请结题。

（2）可行性分析

①课题本身的意义或者说教师专业发展的需求

虽然"读书会"层出不穷，但众多教师苦于身边没有一个现实的引领，所以迟迟没有行动。本课题研究的实施和开展在近一年内一定程度上为教师们作出积极影响和引领，相信也能在"读书会"中通过定期的"读写"活动促进教师的专业发展。

②课题研究的阐述

本课题研究目标明确、内容具体、重难点突出、思路清晰、方法得当、计划周密，可行性强。

③优秀的科研团队

课题主持人王××和王××、杨××成员都是县教研室的教研人员，有极强的组织力和号召力；成员普××近几年多次完成州级、省级课题，并负责全县教育科研指导工作，具有较强的研究、指导能力；成员安××、徐××、王××是学校教科室教育科研负责人，有利于组织开展相关活动；成员柳××、何××、夏××在近一年来的"教师成长营"学习共同体实验活动中表现突出，影响力极强；成员张海燕为信息技术教师，具有较强的教育技术指导能力，为线上活动提供有力保障。

④类似学习共同体的运行、尝试

近一年来，课题组成员均组织、参与了于2020年9月成立的县域内"教师成长营"相关活动，积累了一定的经验，为本课题的研究奠定了坚实的基础。

续表

（四）创新之处：在学术思想、学术观点、研究方法等方面的特色和创新

1. 通过研究，深度探索读书会等学习共同体密切与当前教师专业发展的相结合；

2. 深入研读相关文献并形成一定的理念，通过开展县域读书会各项活动，促进教师专业发展真实、有效落地；

3. 近年来，虽然教师读书会层出不穷，但是我们县内乃至州内尚未建立这样的学习共同体，本课题研究将有效建立以读书会为载体的学习共同体并向全县推广，真正提升教师专业素养。

4. 在研究方法上，本课题研究以实验研究为主，融理念于实践中，通过近一年的线上分享和线下交流，积累经验，提升专业素养，探索全县推广的实践策略。

（五）预期成果：成果形式、使用去向及预期社会效应等

1. 通过调查，形成《县域内教师专业发展现状调查报告》，以此提高教师专业学习意识，树立终身学习态度；

2. 通过研读文献、实验、归结，形成《县域教师读书会促进教师专业发展的实践策略》，拟订有效的读书会运行流程和方案，为全县性推广读书会提升教师专业发展提供有力支撑；

通过实验、收集、整理，形成实践优秀案例（成长集、视频），以有效提高教师专业发展积极性，引领教师成长，达到共同成长的目标；

4. 总结、物化，形成《县域教师读书会促进教师专业发展的策略研究总报告》，以推动区域内读书会等学习共同体的建构及相关活动的开展，全面提高教师专业素养。

（六）参考文献：开展本项目研究的主要中外参考文献。

1. 朱永新.我的阅读观[M].北京：中国人民大学出版社，2012.

2. 魏智渊.教师阅读地图[M].北京：文化艺术出版社，2011.

3. 佐藤学，李季湄译.静悄悄的革命[M].北京：教育科学出版社，2014.

4. 陈静静.学习共同体走向深度学习[M].上海：华东师范大学出版社，2020.

5. 段艳霞.学习共同体：教师成长的心灵家园[M].厦门：厦门大学出版社，2020.

6. 田志刚.卓越密码：如何成为专家[M].北京：电子工业出版社，2018.

五、研究基础和条件保障

1. 学术简历：课题负责人的主要学术简历、学术兼职，在相关研究领域的学术积累和贡献等。

2. 研究基础：课题负责人前期相关研究成果、核心观点及社会评价等。

3. 承担项目：负责人承担的各级各类科研项目情况，包括项目名称、资助机构、资助金额、结项情况、研究起止时间等。

4. 与已承担项目或博士论文的关系：凡以各级各类项目或博士学位论文（博士后出站报告）为基础申报的课题，须阐明已承担项目或学位论文（报告）与本课题的联系和区别。

5. 条件保障：完成本课题研究的时间保证、资料设备等科研条件。

1. 学术简历：课题负责人的主要学术简历、学术兼职，在相关研究领域的学术积累和贡献等。

王××，男，汉族，1979年8月生，汉语言文学专业，本科学历，中小学高级教师，文山州七乡教学名师，丘北县教体局教研室主任兼语文教研员。在教学一线工作14年，每年的教学班均为2个，凭借积极的工作责任心，在语文教育教学实践中均取得良好成绩。期间参加2012年10月云南师范大学举办的"国培计划"（2012）云南省农村中小学骨干教师短期集中培训项目研修培训，2013年4月云南省教育科学研究院培训中心举办的"2013年云南省校本教研策略培训"，2016年北京大学举办的初中语文一线优秀教师培训技能提升研修项目培训，2018年11月由上海市师资培训中心承办的"2018年云南省教师发展中心主任、教师进修学校校长管理能力提升研修班"培训，2019年8月清华大学举办的"云南省教育科研人员综合素质提升培训班"培训，具备了一定的教育科研能力。

　　课题组"顾问"普××，云南省省级中小学骨干教师，文山州七乡教学名师，县内课题研究引领人。近五年主持完成了两项文山州"十三五"第三批、第四批课题和一项 2018 年度云南省哲学社会科学教育科学规划一般课题。

　　2. 研究基础：课题负责人前期相关研究成果、核心观点及社会评价等。

　　项目负责人王××主持完成县级课题《中小学语文教学法的改革研究》《以学生为主体的语文课堂教学模式研究》。在教研室工作 9 年，参与完成州级课题《"小组合作学习"的实践探索》和县级课题《多媒体手段在课堂教学中的应用研究》和《高效课堂和有效教学模式研究》。

　　项目研究组"顾问"普××，近年来前期相关研究的成果及成果产生的社会效应概述如下：

　　（1）主持完成我州"十三五"第二批州级课题《农村初中语文教学现状调查和策略研究》，通过研究改进了我校语文教师的教育思想和理念，促进我校语文课堂教学改革，提高我校的语文教学质量；

　　（2）主持完成我州"十三五"第三批州级课题《以校本教研促进教师专业发展的策略研究》，通过研究寻求适合我校发展的校本教研方式，以此提高我校教师专业，改变我校教学不良现状。

　　（3）主持完成 2018 年度省哲社一般课题《农村地区辍学问题及策略研究》，通过研究建构一系列严防易辍学的理论，形成控辍保学宣传剧《全民重教圆民生》，至今点击量十万加，为我地区的控辍保学工作敬献绵薄之力。

　　3. 承担项目：负责人承担的各级各类科研项目情况，包括项目名称、资助机构、资助金额、结项情况、研究起止时间等。

　　项目负责人王××主持完成县级课题《中小学语文教学法的改革研究》《以学生为主体的语文课堂教学模式研究》。在教研室工作 9 年，参与完成州级课题《小组合作学习的实践探索》和县级课题《多媒体手段在课堂教学中的应用研究》和《高效课堂和有效教学模式研究》。

　　4. 与已承担项目或博士论文的关系：无

　　5. 完成课题的保障条件

　　（1）类似学习共同体的运行、尝试

　　近一年来，课题组成员均组织、参与了于 2020 年 9 月成立的县域内"教师成长营"相关活动，积累了一定的经验，为本课题的研究奠定了坚实的基础。

　　（2）优越的科研团队

　　课题主持人王××和王××、杨××成员都是县教研室的教研人员，有极强的组织力和号召力；成员普××近几年多次完成州级、省级课题，并负责全县教育科研指导工作，具有较强的研究、指导能力；成员安××、徐××、王××是学校教科室教育科研负责人，有利于组织开展相关活动；成员柳××、何××、夏××在近一年来的"教师成长营"学习共同体实验活动中表现突出，影响力极强；成员张海燕为信息技术教师，具有较强的教育技术指导能力，为线上活动提供有力保障。

　　（3）课题参与者或为初中（小学）教研人员、或为县校级学科带头人、骨干教师、七乡教学名师，在能力、研究时间和信息采集整理方均有较强的优势。

　　（4）科研人员中有专业的信息技术教研组长，可提供多方位的教育科研技术服务。

　　（5）所需要的仪器、电脑、打印机等相关配备也较为良好，为我们能更好地开展科研提供了有利条件。

　　说明：前期相关研究成果名称、形式（如论文、专著、研究报告等）须与《项目论证》活页相同，活页中不能填写的成果作者、发表刊物或出版社名称、发表或出版时间等信息要在本表中加以注明。

六、预期研究成果

主要阶段性成果（限报10项）				
序号	研究阶段 （起止时间）	阶 段 成 果 名 称	成果形式	负责人
1	2021年11月	课题研究开题报告（含方案）	报告	王×××
2	2021年12月	县域内教师专业发展现状调查报告	报告	全体
3	2022年1—2月	学习心得、创建读书会活动平台	其他： 心得、案例	全体
4	2022年3月	县域读书会促进教师专业发展的实践策略运行流程、实施方案	论文	全体
5	2022年4—11月	组建教师读书会、实验案例、征集成长论文	论文 案例、视频	全体
6	2022年12月	研究总报告	报告	王×××

最终研究成果（限报5项，其中必含研究报告和系列研究论文）				
序号	完成时间	最 终 成 果 名 称	成果形式	负责人
1	2021年12月	县域内教师专业发展现状调查报告	报告	全体
2	2022年3月	县域读书会促进教师专业发展的实践策略运行流程、实施方案	论文	全体
3	2022年4—11月	组建教师读书会、实验案例、征集成长论文	论文 案例、视频	全体
4	2022年12月	研究总报告	报告	王×××
5				

七、经费预算

序 号	经费开支科目	金额（万元）	序 号	经费开支科目	金额（万元）
1	资料费	0.2	7	劳务费	0
2	数据采集费	0	8	印刷费	0.1
3	差旅费	0.3	9	成果鉴定费	0.1
4	会议费	0.2	10	管理费	0.1
5	设备费	0	11	其他	0
6	专家咨询费	0	12		
合计		1	其中拟自筹费用		
年度预算 （单位：万元）		2021 年	2022 年	年	年
		0.1	0.9		
注：经费开支科目参见《云南省哲学社会科学研究项目资金管理办法（试行）》					

八、经费管理

本单位承诺遵守财务规章制度，如实填报，严格监督项目经费的合理有效使用，保证项目经费专款专用，不挤占和挪用，在项目结题时提供项目经费使用明细单。

经费管理单位名称：……计财股

开户银行：农行 × × 县支行

银行账号：…….

汇入地点（× × 州 < 市 > × × 县 < 市、区 >）：× × 州 × × 县

财务联系电话：× × × ×

财务管理部门公章

负责人签章：

年 月 日

本单位承诺以单位名义支持该项研究，拟资助项目经费_万元，用于项目研究、项目鉴定等项目开支，保证项目研究正常进行（注：如无单位资金支持，不填此项）。

单位公章

负责人签章：

年 月 日

九、项目负责人所在单位意见

申请书所填写的内容属实；该课题负责人及参加者的政治和业务素质适合承担本课题的研究工作；本单位能提供完成本课题所需的时间和条件；本单位同意承担本项目的管理任务和信誉保证。

单位教育科研管理部门公章　　　　　　　　单 位 公 章

年　月　日　　　　　　　　　　　　单位负责人签名：

年　月　日

说明：中小学及幼儿园只需在此表上盖单位公章即可。

十、州、市教育科学规划领导小组办公室审核意见

本单位完全了解云南省教育科学规划领导小组办公室的有关管理规定，完全意识到本声明的法律后果由本单位承担。保证课题申报的真实性，认可课题申报人及其所在单位的申报资格，同意上报云南省教育科学规划领导小组办公室。

办公室章

负责人签字：

年　月　日

说明：各高等学校、省属中等职业学校、省属中小学及幼儿园不填写此表。

申请编号	
立项编号	

版本号	

云南省哲学社会科学规划教育学项目
申请书

选 题 依 据 _____自选课题_____

项 目 名 称 _____基于新课标的初中语文大单元教学设计实践研究_____

学 科 分 类 _____D. 基础教育_____

项 目 类 别 _____一般课题_____

项 目 负 责 人 _____普利辉_____

负责人所在单位 _____文山州丘北县 ×××学校_____

填 表 日 期 _____2023 年 10 月 6 日_____

云南省教育科学规划领导小组办公室 制

2020 年 6 月

申请者的承诺

我保证如实填写本表各项内容。如果获准立项资助，我承诺以本表为有约束力的协议，遵守云南省哲学社会科学工作办公室和云南省教育科学规划领导小组办公室的有关规定，认真开展研究工作，取得预期研究成果。云南省哲学社会科学工作办公室和云南省教育科学规划办公室有权使用本表所有数据和资料。

申请者（签章）：

年　　月　　日

填表说明

1. 项目名称：应准确、简明反映研究内容，最多不超过 40 个汉字（包括标点符号）。

2. 关键词：按研究内容设立。最多不超过 3 个关键词，词与词之间空一格。

3. 选题依据：指依据指南选的项目或自选的项目。限选填一项。当选择 A 时，必须填写"指南题号"。

A. 依据指南　指南题号＿＿＿　B. 自选项目

4. 项目类别（限选填一项，例如：| C | 一般项目 |）。

A. 重点招标项目　B. 重点项目　C. 一般项目　D. 青年基金项目　E. 专项项目

5. 学科分类　指项目研究所属学科范围。跨学科的项目，请填写主体学科。

（限选填一项，例如：| D | 基础教育 |）。

A. 教育理论与教育史　B. 教育发展战略研究　C. 教育经济与管理　D. 基础教育

E. 高等教育　F. 职业技术教育　G. 德育　H. 教育心理　I. 体育卫生艺术教育

J. 教育技术与传播　K. 继续教育与终身教育　L. 民族教育　M. 国际与比较教育

N. 学校思想政治工作研究

6. 研究类型（限选填一项。例如：| C | 综合研究 |）

A. 基础研究　B. 应用研究　C. 综合研究　D. 其他研究

7. 项目负责人：指真正承担项目研究和负责项目组织、指导的研究者。不能承担实质性研究工作的，不得申请。

8. 担任导师：指项目负责人担任博士生导师或硕士生导师情况。（限选填一项。例如：| A | 博士生导师 |）

A. 博士生导师　B. 硕士生导师　C. 未担任导师

9. 所在州（市）（限选填一项。例如：| A | 昆明市 |）

A. 昆明市　B. 昭通市　C. 曲靖市　D. 玉溪市　E. 保山市　F. 楚雄州　G. 红河州

H. 文山州　I. 普洱市　J. 西双版纳州　K. 大理州　L. 德宏州　M. 丽江市　N. 怒江州

O. 迪庆州　P. 临沧市

10. 研究专长：指项目负责人的主要研究领域。

11. 所属系统：指项目负责人单位的属性。（限选填一项。例如：| A | 本科院校 |）

A. 本科院校　B. 专科院校　C. 普通中学（包括高级中学、完全中学、初级中学）

D. 中等职业学校（包括中等专业学校、技工学校、职业高中）

E. 小学　F. 幼儿园　G. 教育行政部门　H. 其他

12. 工作单位：按单位和部门公章全称填写。

13. 联系电话：必须填写项目负责人的常用电话号码（座机及手机）。

14. 主要参加者：必须真正参加本项目研究工作，不含项目负责人，不包括单位领导、科研管理、财务管理、后勤服务等人员。每人限同时参加三个以下项目。

15. 预期成果：指预期取得的最终研究成果形式。最多选填3项，必须包含研究报告。（例如：| A | 专著 | D | 研究报告 |）。

A. 专著　B. 译著　C. 研究论文　D. 研究报告　E. 工具书　F. 电脑软件　G. 其他

16. 申请经费：以万元为单位，填写阿拉伯数字。

17. 预计完成时间：根据项目申报时对研究时间的要求进行预设。

一、数据表

项目名称	基于新课标的初中语文大单元教学设计实践研究						
关键词	新课标 初中语文 大单元教学设计						
选题依据	B. 自选课题						
项目类别	一般课题		学科分类	D. 基础教育		研究类型	B. 应用研究
负责人姓名	普利辉	性别	男	民族	彝族	出生日期	197××07
行政职务	无	职 称		中小学正高级		身份证号	53262619……

续表

最后学历	本科	最后学位		无	担任导师	C. 未担任导师
所在州（市）	H. 文山州	研究专长		教育科研及教师成长		
所属系统	C. 普通中学		电子信箱	31……5@qq.com		
工作单位	云南省文山州丘北县……中学校					
通信地址	云南省文山州丘北县……中学校			邮政编码	663203	
联系电话	（区号）0876　　（座机）4891…　　（手机）18987……5					

	姓名	出生年月	职称	研究专长	学历	工作单位
主要参加者	王××	××	中小学正高级	教育科研、教师成长	本科	××
	安××	××	中小学高级	语文教学，教育科研	本科	××
	赵××	××	中小学一级	语文教学、教研	本科	××
	伍××	××	中小学高级	语文教学、教研	本科	××
	陈××	××	中小学一级	语文教学、教研	本科	××
	李××	××	中小学二级	语文教学、教研	本科	××
	何××	××	中小学二级	语文教学、教研	本科	××
	孟××	××	中小学二级	语文教学、教研	本科	××
	何××	××	中小学二级	语文教学、教研	本科	××
	柳××	××	中小学二级	语文教学、教研	本科	××

预期最终成果	A	专著	C	研究论文	D	研究报告
申请资助经费（单位：万元）	3		预计完成时间	2025 年 12 月 20 日		

二、负责人和项目组主要成员近三年取得的与本项目有关的研究成果

成果名称	著作者	成果形式	发表刊物或出版单位	发表出版时间
加强农村留守儿童教育，严控学生易辍学	普利辉	论文	课程教育研究	2019.05
面对教育问题，埋怨也无济于事	普利辉	论文	云南教育	2020.08
基于核心素养理念下的初中语文深度阅读教学策略	普利辉	论文	中国教师	2021.08
项目化教学方法在初中语文教学中的应用	普利辉	论文	中小学教育	2021.08
"互联网+"背景下初中语文教师教学能力发展策略	普利辉	论文	教育教研	2021.12

成 果 名 称	著作者	成果形式	发表刊物或出版单位	发表出版时间
一线教师如何快速成长	普利辉	专著	湖南人民出版社	2022.11
以校本教研为载体提升教师专业素养策略研究	王灿辉	论文	教育研究	2020.1
初中语文教学中学生自主学习能力提升策略研究	王灿辉	论文	教育	2020.4
发挥语文文本对学生习作的导向作用	王灿辉	论文	课程教材教学研究	2021.7
核心素养背景下初中语文深度阅读教学策略	王灿辉	论文	课程教材教学研究	2022.6

三、负责人和项目组主要成员近五年主持的重要研究项目

（如已结题，请提供项目结题相关证书、证明复印件）

主持人	课 题 名 称	项目类别	批准时间	批准单位	完成情况
普利辉	农村初中语文教学现状调查和策略研究	规划课题	2017.2.20	文山州教科所	已结题
普利辉	以校本教研促进教师专业发展的策略研究	一般课题	2018.2.20	文山州教科所	已结题
普利辉	农村地区辍学问题及策略研究	一般项目	2018.11.30	云南省教科院	已结题
王灿辉	以校本教研为载体提升教师专业素质策略研究	一般课题	2020.1	丘北县教研室	已结题
王灿辉	基于核心素养的农村初中语文深度阅读教学实践策略研究	一般课题	2021.3.11	文山州教科所	已结题

四、项目设计论证

本表参照以下提纲撰写，要求逻辑清晰，主题突出，层次分明，内容翔实，排版清晰。除"研究基础"填在表五外，本表内容与《活页》一致。

（一）选题依据：国内外相关研究的梳理及研究动态；本课题相对已有研究的独到学术价值和应用价值；

（二）研究内容：本课题的研究对象、总体框架、重点难点、主要目标等；

（三）思路方法：本课题研究的基本思路、具体研究方法、研究计划及其可行性等；

（四）创新之处：在学术思想、学术观点、研究方法等方面的特色和创新；

（五）预期成果：成果形式、使用去向及预期社会效应等；

（六）参考文献：开展本项目研究的主要中外参考文献。

（一）选题依据

1. 国内外相关研究的梳理及研究动态

（1）核心概念界定

①新课标

指教育部 2022 年 4 月发布的一套教学大纲和教材标准，用以指导全国义务教育阶段的教学内容和教学方法。新课标对课程性质、课程理念、课程目标等六大板块作出明确规定，旨在培养学生的创新思维、实践能力和社会责任感等核心素养，提高学生的综合能力和素质。实施新修订的义务教育课程标准，对推动义务教育高质量发展、全面建设社会主义现代化强国具有重要意义。

②大单元教学

大单元教学是以单元为学习单位，依据学科课程标准，聚焦学科课程核心素养，围绕某一主题或活动（大概念、大任务、大项目），对教学内容进行整体思考、设计和组织实施的教学过程，其主要汇聚情景化、结构化、教学评一体化为一体。大单元教学旨在促进教学内容的结构化，建构教学的整体意识，以实现"整体大于部分之和"，在提升教学效益、落实课程核心素养的同时，达成培养学生发展核心素养的目的。

③大单元教学设计

大单元教学设计是为了实现高质量育人，基于核心素养，把握课标，分析课标，驾驭教材，整合教材，确定大主题或大概念，在读懂学情的基础上叙写大单元目标及学业评价，创设大情境、大任务，开展大活动、思维迁移、结果反馈，根据需求作业分层分类设计等要素的一个结构化的具体多种课型的统筹规划和科学设计。具有系统性、关联性、递进化、科学化特征。本课题研究即在此理念的导向下对初中语文六册教学内容进行科学、合理、有效的大单元教学设计，给初中语文教师一定的可复制的实施策略和范本。

（2）国内外相关研究的梳理及研究动态

关于大单元教学及设计研究，课题研究组在百度等媒介搜索得出，国内有上万篇相关文献，国外暂无此类文献。

在国内：

义务教育课程方案修订组组长崔允漷教授在其《学科核心素养呼唤大单元教学设计》一文中指出，大单元教学有三层内涵：一是学科核心素养导向的教学倡导大概念、大任务、大观念与大问题的设计，以此改变教师格局；二是针对许多教师只关注知识、技能与分数等，而忽视学生能力、品格与观念培养的问题，应着眼于全面育人的"大道理"；三是从时间维度来看，大单元教学有利于教师正确理解时间与学习的关系，确立"以学习者为中心"的观念。事实上，大单元教学设计可以依据教材的自然单元设计，也可以根据本学科或多学科整合重组，当然重组大单元教学对教师的能力也提出了更高的要求。

西南大学教授荣维东在《大单元教学的基本要素与实施路径》（《语文建设》2021.12.08）中提出，开展大单元教学是核心素养教育的必然要求。大单元教学作为一种整合取向的课程开发和实施，与传统的单元教学在学习目标、知识形态、教学方式、情境任务设计、课程资源利用等方面迥然不同。大单元教学最明显的特征体现为课程内容、教学材料或资源"更多"，用"大观念"进行内容统摄，具有情境驱动特征。他还提出了大单元教学设计的四个基本步骤：确定情境性任务目标、设计统整性教学内容、课程活动和经验设计、可成经验交流和评价，具体可以这样操作：分析——设计——开发——实施——评价。

齐鲁师范学院徐洁教授在她的著作《基于大概念的教学设计优化》中也用三个章节围绕"单元教学""课时教学"和"跨学科教学"的设计优化主题给出了基本框架、一般步骤和案例参考，为大单元教学研究和实施提供了一定的支撑。但是，专门的、体系化的初中语文大单元教学设计也涉及不多。

综上所述，国内对"大单元教学及设计"有了较深的理念研究，给一线教师提供了理念指导和案例参照。但是，有关专门的初中语文大单元教学设计研究较少，可供学习的教学案例也非常有限。本课题研究就是重点突破这一局限，探索适合我们地州乃至于全国的大单元教学有效设计实施策略和案例，形成可复制的专著。

2. 本课题相对于已有研究的独到学术价值和应用价值

（1）学术价值

①研修探索，建构理念

线上和线下研修相结合，促进课题研究人员建构理念，探索大单元教学及设计的实践策略。

②明确要素，形成体系

大单元教学研究和设计，有助于教师明确教学目标、整合教学资源、形成系统教学体系。

③设计实践，形成可复制性成果

通过两年的"研修—设计—实践—完善"，形成初中语文1-6册教材内容的聚情景化、结构化、教学评一体化为一体的大单元教学设计案例集、专著等成果，为初中语文大单元教学提供可复制的实施范本。

（2）应用价值

①提高教学效果

大单元教学研究和设计使学生能够在一个相对完整的主题框架下进行学习和思考，从而更好地理解和掌握知识，提高教学的实效性和应用性。

②促进深度学习

大单元教学研究和设计，可以将教学内容从碎片化的知识点整合为一个完整的主题，使学生能够在深入学习的同时，对知识内在联系和逻辑关系有更深入的理解。

③提升学生学习能力

大单元教学设计通过引导学生进行问题解决、文本分析、创新思维等活动，培养学生的批判性思维、创造性思维和合作性思维，提升学生的学习能力和问题解决能力等综合素养。

（二）研究内容：**本课题的研究对象、总体框架、重点难点、主要目标**

1. 本课题的研究对象

初中语文七至九年级共六册教材教学内容。

2. 总体框架

（1）调查分析

在"省级名师工作室"二十所成员校开展基于新课标的初中语文大单元教学现状调查，分析新课标、大单元教学及设计在现行初中语文教学中的实施情况，撰写调查报告。

（2）理念构建

开展研修和实践，建构理念，形成策略或论文。

（3）大单元教学研究和设计

将课题组成员和"省级名师工作室"二十所成员校的相关实践人员分组，利用两年的时间围绕初中语文1—6册的教材内容，探索大单元教学设计实施策略并进行设计和教学实践，形成课题研究案例集、专著等成果。

3．主要目标

（1）通过开展基于新课标的初中语文大单元教学现状调查，分析新课标、大单元教学及设计在现行初中语文教学中的实施情况。

（2）通过研修，建构相关理念，探索大单元教学理论基础及教学设计策略。

（3）通过组织围绕初中语文1—6册教材的教学内容进行初中语文大单元教学研究和设计，分析归结典型实践案例，形成大单元教学设计案例集、专著等成果。

4．重点、难点

（1）重点

理念构建：新课标、大单元教学及设计是全新的领域。本课题研究中，研究人员理念建构决定着研究的导向和有效成果的形成，我们将理念建构作为研究的重点。

（2）难点

大单元教学研究、设计和实践：初中语文1—6册教材内容进行大单元教学设计；"省级名师工作室"二十所成员校有效教学实践和探索，形成可推广的汇聚情景化、结构化、教学评一体化为一体的大单元教学设计案例、专著等成果。

（三）思路方法：本课题研究的基本思路、具体研究方法、研究计划及其可行性等

1．本课题研究的基本思路

首先，对"省级名师工作室"涉及的二十所成员校进行问卷调查，分析新课标、大单元教学及设计等的实施情况，提升教师理念学习的意识，掌握有效数据，为真实研究奠定基础；其次，加强两年研究期间的理论学习，建构先进的支撑理念，为探索策略、大单元教学设计打下坚实的基础；最后，用两年的时间边实践边设计，形成实践案例并分析，完成初中大单元教学设计案例集、专著等成果。

2. 具体研究方法

（1）文献研究法

利用两年的时间边实践边研修，加强新课标、大单元教学及设计等相关文献研究，建构理念，探索实施策略，形成策略或论文，为有效科研和成果的形成提供有力依据和支撑。

（2）调查研究法

设计基于新课标的初中语文大单元教学现状调查问卷，通过问卷调查得到相应的数据资料，在量化统计、分析的基础上归纳大单元教学研究和设计的优劣，明确其研究的意义性。

（3）行动研究法

第一阶段为 2023 年 9 月至 2024 年 9 月，以大单元教学研究和设计为主，以教学实践为辅；第二阶段为 2024 年 9 月至 2025 年 9 月，以教学实践研究为主，以完善大单元教学设计为辅，围绕经典实践案例进行归结。最终落实语文核心素养，形成汇聚情景化、结构化、教学评一体化为一体的大单元教学设计案例集、专著等成果。

（4）经验总结法

采取"走出去，请进来"的研修，结合开展大单元教学研究和设计中的问题，提升理念，并邀请这方面的专家老师如房涛、崔成林老师进行指导，总结经验，为最终成果（专著）提供理论支撑。

3. 研究计划及其可行性

（1）研究计划

本课题研究计划分三个阶段，逐步完成：

第一阶段：2023 年 6 月—8 月，前期准备阶段

①组建课题组并开展项目论证，填写申报书、积极向上级申报。

②研读关于初中语文大单元教学及教学设计的文献，建构理念。

③制定基于新课标的初中语文大单元教学现状调查问卷。

第二阶段：2023 年 9 月—2025 年 9 月，研究阶段：

① 2024 年 3 月，开题、拟订本项目研究实施方案。

② 2024 年 4 月，开展基于新课标的初中语文大单元教学现状调查，收集并分析相关数据，撰写调查报告。

③ 2023 年 9 月—2024 年 9 月（第一轮研究），进行大单元教学研究和设计

并进行教学实践。

A. 线上研修

每月至少进行一次线上研修，建构初中语文大单元教学设计理念，逐步形成策略。

B. 线下研修

2024 年 1 月—2 月、7 月—8 月，利用寒暑假的时间，以"请进来或者走出去"的方式，带领课题组成员研修，探索实施路径，形成相关方案和科研论文。

C. 大单元教学研究和设计

2023 年 9 月至 2024 年 9 月，在教学实践活动中针对初中 6 册语文教学内容进行大单元教学设计，探索实施路径，归结经典案例，形成案例集、专著初稿。

（4）2024 年 9 月至 2025 年 9 月（第二轮研究），进一步提升理论、实践、探索并归纳分析，完善初中语文大单元教学设计。

A. 线上研修，深化理念

每月至少进行一次线上研修，进一步提升理念，形成实施策略。

B. 线下研修，完善成果

2025 年 1 月—2 月、7 月—8 月，利用寒暑假的时间，以"请进来或者走出去"的方式，带领课题组成员深度探索和实践，完善相关科研论文和专著。

C. 进一步深度教学实践，并完善成果

2024 年 9 月至 2025 年 9 月，进一步实践、归结经典案例并完善初中语文大单元教学设计定稿，并向出版社申请选题至出版。

第三阶段：2025 年 9 月至 12 月结题阶段

形成课题研究成果，申请出版相关专著，撰写研究报告，申请结题。

（2）可行性分析

①初中语文新课标、核心素养真实实施的需求

新课标实施、核心素养的培养急需我们的初中语文教学大改革，而改革的一条重要路径就是大单元教学。大单元教学能促进教学内容结构化、情景化和主题化，能帮助学生真正建立学习致用的全方面发展能力。

现实中虽然有诸如崔成林、房涛、徐洁等老师深度研究并有一定的模式、策略、著作，但是能切实适用于我们地区教学实际的初中语文大单元教学设计还很稀缺。本课题研究不仅提升研究人员的新课标、新教材、新教改理念，而且能更好地推动核心素养的培养，帮助孩子全面发展。这样急需的科研项目，一定能得

到上级主管部门的指导和支持。

②优秀的科研团队

本课题研究以"省级名师工作室"的发展为契机，研究人员均为工作室成员，涉及的实践学校有二十所工作室成员校。课题主持人普利辉即"省级名师工作室"主持人，中小学正高级教师，云南省省级骨干教师、兴滇英才支持计划教学名师，完成省州级课题近十项，在省级及以上期刊发表论文十余篇，参编《阅读，遇见更美乡村教师》，出版专著《一线教师如何快速成长》《一线教师教育科研推动力》。长年公益指导我州（县）多校教育科研，具有较强的研究能力。

课题主要成员王灿辉即省级教学名师工作室顾问，中小学正高级教师，七乡教学名师，省级优秀教育工作者，丘北县教研室主任、语文教研员，完成州县级课题研究五项，省级及以上论文发表十余篇。具有较强的协调、组织和科研能力。

其余安××老师等课题组成员均为县学科带头人或骨干教师。都主持或者参加过州级课题研究，平均年龄32岁，均任学校初中语文教研组长或者教研员，能力、精力都得到充分保障。

（四）创新之处：在学术思想、学术观点、研究方法等方面的特色和创新

1. 本课题研究将填补我们县乃至州内关于初中语文大单元教学设计有效实施策略性论文和专著，解决初中语文教师没有更适用的大单元教学设计范本的难题。

2. 在研究方法上，本课题研究以行动研究为主，融理念于实践中，通过近两年的线上分享和线下交流，积累经验，建构理念，提升教师实施新课标的素养。

（五）预期成果：成果形式、使用去向及预期社会效应等

1. 调查报告：《基于新课标的初中语文大单元教学现状调查报告》，为成员校和上级主管部门提供有力的数据和建议。

2. 论文：《初中语文大单元教学设计策略》，为课题组成员和工作室成员校相关人员建构理论，为"教学设计"提供支撑。

3. 经典案例：大单元教学实践案例，为课题研究人员提供更有效的探索素材，确保"教学设计"的可复制性。

4. 专著：《初中语文大单元教学设计》，为初中语文教师进行大单元教学提供切实可行的范式。

5. 结题报告：《基于新课标的初中语文大单元教学设计行动研究总报告》，为实施初中语文新课标、落实语文素养、实施大单元教学提供导向和支撑。

（六）参考文献： 开展本项目研究的主要中外参考文献。

[1] 中华人民共和国教育部 . 义务教育语文课程标准 [M]. 北京：北京师范大学出版社，2022.

[2] 中华人民共和国教育部 . 义务教育课程方案 [M]. 北京：北京师范大学出版社，2022.

[3] 王意如 .《义务教育语文课程标准》解析与课例 [M]. 上海：华东师范大学出版社，2023.

[4] 徐洁 . 基于大概念的教学设计优化 [M]. 上海：华东师范大学出版社，2021.

[5] 刘徽 . 大概念教学：素养导向的单元整体设计 [M]. 北京：教育科学出版社，2022.

[6] 夏雪梅 . 项目化学习设计 [M]. 北京：教育科学出版社，2018.

[7] 钟启泉 . 核心素养十讲 [M]. 福州：福建教育出版社，2018.

[8] 陈大伟 . 观课议课与教师成长 [M]. 北京：中国人民大学出版社，2022.

五、研究基础和条件保障

1. 学术简历：课题负责人的主要学术简历、学术兼职，在相关研究领域的学术积累和贡献等。

2. 研究基础：课题负责人前期相关研究成果、核心观点及社会评价等。

3. 承担项目：负责人承担的各级各类科研项目情况，包括项目名称、资助机构、资助金额、结项情况、研究起止时间等。

4. 与已承担项目或博士论文的关系：凡以各级各类项目或博士学位论文（博士后出站报告）为基础申报的课题，须阐明已承担项目或学位论文（报告）与本课题的联系和区别。

5. 条件保障：完成本课题研究的时间保证、资料设备等科研条件。

1. 学术简历

普利辉，本科文化，中小学正高级教师，云南省省级骨干教师、云南省基础教育领域省级教学名师初中语文普利辉工作室主持人、文山州七乡教学名师。2015 年 12 月在北京大学参加全国一线教师科研能力培训，2019 年 5 月在厦门国际会展中心参加文山州骨干教师培训，2023 年 6 月在北京师范大学参加云南省"万人计划"工作室领导力研修……完成省州级课题近十项，省级及以上期刊发表论文十余篇，参编《阅读，遇见更美乡村教师》，出版专著《一线教师如何快速成长》，专著《"60问"破解课题研究之谜》。常年公益性指导我州（县）数十校教育科研工作，具有较强的研究能力。

2. 研究基础：课题负责人前期相关研究成果、核心观点及社会评价等。

（1）在省级课题《农村地区辍学问题及策略研究》中，著有成果：宣传剧《全民重教圆民生》，片长一小时零四分钟，宣传剧中将"义务教育法""教育扶贫政策""控辍保学"等相关政策融为一体，以云南民间喜爱的"山歌"形式展现出来。得到了州委组织部的支持，在文山电视台、云南网等媒体报道，点击量十万加。视频上传了腾讯视频，播放量过万。为当地的控辍保学工作敬献了绵薄之力。并有研究论文《加强农村留守儿童教育，严控学生易辍学》发表在《课程教育研究》（2019.05）。

（2）在三项州级课题《农村初中语文教学现状和策略研究》《以校本教研促进教师专业发展的策略研究》《基于核心素养的农村初中语文深度阅读教学实践策略研究》研究中，有科研论文《基于核心素养理念下的初中语文深度阅读教学策略》发表在期刊《中国教师》（2021.08）；《项目化教学方法在初中语文教学中的应用》发表在期刊《中小学教育》（2021.08）；《"互联网+"背景下初中语文教师教学能力发展策略》发表在期刊《教育教研》（2021.12）。在开展教师成长项目研究中参编《阅读，遇见更美乡村教师》，出版专著《一线教师如何快速成长》（湖南人民出版社，2022.11）《"60问"破解课题研究之谜》。在系列科研论文、编著和专著中，我倡导狠抓教师成长、倡导提升教师素养以成为一名核心素养的践行者，并为教师树立成长意识、获取成长密码和探索成长路径提供支持。

3. 承担项目：负责人承担的各级各类科研项目情况，包括项目名称、资助机构、资助金额、结项情况、研究起止时间等。

（1）2017年2月至2018年6月，完成州级课题《农村初中语文教学现状调查和策略研究》研究并按时结项；

（2）2018年2月至2019年6月，完成州级课题《以校本教研促进教师专业发展的粗略研究》研究并结项；

（3）2018年11月至2019年12月，完成省级课题《农村地区辍学问题及策略研究》研究并结项，资助金额3万元；

（4）2022年9月至今，正在开展省部级课题（中国陶行知研究会课题）《县域读书会促进教师专业发展的实践研究》，待结项。

4. 与已承担项目或博士论文的关系：

课题主持人普利辉在 2023 年 1 月至 2027 年 12 月共五年间，主持云南省基础教育领域省级教学名师初中语文普利辉工作室项目开展工作，工作室"五年发展规划"的一个重要研究项目就是"大单元教学研究和设计"，力求形成案例集和专著，为一线初中语文教师提供一定的新课标、大单元教学实施策略。

5. 完成课题的保障条件

（1）本课题研究以省级初中语文名师工作室为依托，研究人员和涉及的二十所省级工作室成员校实践者均为工作室骨干人员，人力、物力、财力都有较强的保障。

（2）课题负责人具有熟练的科研运作能力，保证研究方向明确、成效显著。

（3）课题参与者均为各校初中语文教研组长、县校级学科带头人、骨干教师，在能力、研究时间和信息采集整理方面均有较强的优势。

（4）所需要的仪器、电脑、打印机等相关配备课题负责人单位已经配齐配足，为我们能更好地开展科研提供有利条件。

说明：前期相关研究成果名称、形式（如论文、专著、研究报告等）须与《项目论证》活页相同，活页中不能填写的成果作者、发表刊物或出版社名称、发表或出版时间等信息要在本表中加以注明。

六、预期研究成果

主要阶段性成果（限报 10 项）				
序号	研究阶段（起止时间）	阶 段 成 果 名 称	成果形式	负责人
1	2024 年 3 月	《基于新课标的初中语文大单元教学设计实践研究开题报告》	报告	普利辉
2	2024 年 4 月	《基于新课标的初中语文大单元教学现状调查报告》	报告	安 ×× 李 ××
3	2023 年 9 月至 2024 年 9 月	《新课标、初中语文大单元教学设计等相关理念线上研修心得》（第一轮）	其他	何 ×× 孟 ××
4	2024 年 5-8 月	《初中语文大单元教学设计策略》（第一轮）	论文	全体成员

主要阶段性成果（限报 10 项）				
序号	研究阶段（起止时间）	阶 段 成 果 名 称	成果形式	负责人
5	2023 年 9 月至 2024 年 9 月	《初中语文大单元教学经典案例和教学设计》（第一轮）	专著（初稿）	安××、李××、赵××
6	2024 年 9 月至 2025 年 9 月	《新课标、初中语文大单元教学设计等相关理念线上研修心得（第二轮）》	其他	何×× 孟××
7	2025 年 1 至 2 月 2025 年 7 至 8 月	《初中语文大单元教学设计策略（第二轮）》	论文	全体成员
8	2024 年 9 月至 2025 年 9 月	《初中语文大单元教学经典案例和教学设计（第二轮）》	专著（定稿）	安××、李××、赵××
9	2025 年 9 月至 12 月	结题报告：《基于新课标的初中语文大单元教学设计实践研究》	报告	普利辉

最终研究成果（限报 5 项，其中必含研究报告和系列研究论文）				
序号	完成时间	最 终 成 果 名 称	成果形式	负责人
1	2024 年 4 月 30 日	《基于新课标的初中语文大单元教学现状调查报告》	报告	××
2	2025 年 8 月 31 日	《初中语文大单元教学设计策略》	论文	××
3	2025 年 9 月 30 日	《初中语文大单元教学经典案例及教学设计》	专著	××
4	2025 年 12 月 20 日	结题报告：《基于新课标的初中语文大单元教学设计实践研究》	报告	××
5				

七、经费预算

序号	经费开支科目	金额（万元）	序 号	经费开支科目	金额（万元）
1	资料费	0.2	7	劳务费	0
2	数据采集费	0	8	印刷费	1.1
3	差旅费	0.6	9	成果鉴定费	0.1
4	会议费	0	10	管理费	0
5	设备费	0	11	其他	0
6	专家咨询费	0	12		

续表

序　号	经费开支科目	金额（万元）	序　号	经费开支科目	金额（万元）
合计		3	其中拟自筹费用		3
年度预算（单位：万元）		2023 年	2024 年	2025 年	年
		0.1	0.8	1.1	

注：经费开支科目参见《云南省哲学社会科学研究项目资金管理办法（试行）》

八、经费管理

本单位承诺遵守财务规章制度，如实填报，严格监督项目经费的合理有效使用，保证项目经费专款专用，不挤占和挪用项目经费，在项目结题时提供项目经费使用明细单。

经费管理单位名称：丘……局计财股

开户银行：农行……县支行

银行账号：24……1146

汇入地点（××州<市>××县<市、区>）：××州××县

财务联系电话：087……

财务管理部门公章

负责人签章：

年　月　日

本单位承诺以单位名义支持该项研究，拟资助项目经费 2 万元，用于项目研究、项目鉴定等项目开支，保证项目研究正常进行（注：如无单位资金支持，不填此项）。

单位公章

负责人签章：

年　月　日

九、项目负责人所在单位意见

申请书所填写的内容属实；该课题负责人及参加者的政治和业务素质适合承担本课题的研究工作；本单位能提供完成本课题所需的时间和条件；本单位同意承担本项目的管理任务和信誉保证。

<table>
<tr><td>单位教育科研管理部门公章
年　月　日</td><td>单　位　公　章
单位负责人签名：
年　月　日</td></tr>
</table>

说明：中小学及幼儿园只需在此表上盖单位公章即可。

十、州、市教育科学规划领导小组办公室审核意见

本单位完全了解云南省教育科学规划领导小组办公室的有关管理规定，完全意识到本声明的法律后果由本单位承担。保证课题申报的真实性，认可课题申报人及其所在单位的申报资格，同意上报云南省教育科学规划领导小组办公室。

办公室章
负责人签字：
年　月　日

说明：各高等学校、省属中等职业学校、省属中小学及幼儿园不填写此表。

第十三章　中小学教育研究的成果表述 [1]

一、教育日志

教育日志也称教学日志、研究日志、工作日志等。通过撰写教育日志，教师可以定期回顾和反思自己的教育教学情境。在不断地回顾和反思的过程中，教师对教育教学事件、问题和认知方式与情感的洞察力方面也会不断加强。具体而言，教师将更加深入地理解学生的问题，从多个维度来认识教育中的特殊现象；教师将更加了解自己是如何组织教学的，了解最合适自己的教学方式，了解如何获得支持教学的各种资源。

教育日志中记录的是教师在实践活动中所观察到的、所感受到的、所解释的和反思的内容，是教师所见所闻所感所思的自由写作。日常的记录形式包括备忘录、描述性记录、解释性记录。

（一）备忘录

备忘录是最常见的教育日志形式，它通过研究者试着去回忆、写下特定时段的经历，从而再现教育实践中的生活场景。在撰写时要注意：

（1）及时撰写值得写的备忘录事项，更早回忆，记忆会更清晰；

（2）在靠记忆写备忘录前，不要和任何人讨论，因为讨论会影响和修改记忆；

（3）最好按照事情发生的先后顺序写记录，完整记录很重要，所以日后想起的片段都可以把它附记于后。

（二）描述性记录

描述性记录包含研究活动的说明，教育事项的描述，个人肖像与特征的叙述，对话、手势、声调、面部表情的描写，时间地点，设备的介绍等。

---

[1]　徐世贵，刘恒贺 . 教师怎样做小课题 [M]. 重庆：西南师范大学出版社，2011（8）.

本章节五千余字均摘选于该参考文献。旨在帮助一线教师明确中小学教育研究的成果有哪些表述，推动教师们有针对性地开展科研工作并做合理的记录。

在任何可能的时候，有人说了什么话，最好直接记录并用引号表示，或者用独立的一段文字说明。即使当时的情境不允许及时记录，也要尽可能在事后的第一时间把记忆中比较鲜明的细节、研究对象的话语记录下来。

（三）解释性记录

在教育日志中，除了描述性记录，还应含有解释性记录，如感受、解释、创见、思索、推测、预感、事情的解说，以及对自己的假设、偏见的反思、理论的发展等。

总之，对于作为教师研究成果的教育日志，在撰写中需要注意以下5点：

1. 有些教师不钟情于教育日志，并不是因为他们没有能力写，而是因为受到一些习惯因素的阻碍；2. 日志具有隐私性，其中有些内容不宜直接公布于众；3. 如果可能的话，教师可以和同事们分享自己的日志；4. 教育日志要持续地写，不能"三天打鱼两天晒网"；5. 撰写教育日志要把事项记录和事项分析结合起来。

二、教育反思

教育反思指的是教师以体会、感想、启示等形式对自身教育教学行为进行批判性思考。它不同于教育日志、教育叙事的一般性记录和描述，也不像案例有着明确的问题发现、分析、解决线索，而是在记录教育事实基础上所进行的思考和评判。

教育反思是一种批判性思维活动，而把这些思维活动记录下来，则可以视为一种写作文体。它作为一种研究方式，运用简便，可以贯穿教育教学过程的始终。

（一）教育反思的类型

1. 专题反思与整体反思

专题反思有明确的问题取向，常常围绕一个特定的问题进行多方面的思考，这种反思目标明确、针对性强，分析较为深入。在一定程度上，凡是教育教学中存在的问题都可以成为专题反思的对象。

整体反思常不把反思的对象集中在教育教学的某一个具体问题上，而是总体把握教育教学各方面的行为，就其中突出的问题进行思考。比如，一堂课后，教师可以分析自己在教学中的以下行为：

（1）这堂课是否达到了预期的教学目标？如果达到了，标志是什么？如果没有达到，标志又是什么？

（2）这堂课在哪些方面是成功的？在哪些方面还可以进一步改进？后续的教学打算有哪些？

（3）这堂课的教学设计与实际教学行为有哪些差距？我在课上是如何处理这些差距的？处理的方法是否恰当？

（4）这堂课上发生了哪些令我印象至深之事？这些事情对我来说意味着什么？我以后需要关注什么？

这些行为涉及教学的各个方面，虽然缺乏专题反思的针对性，但可以对自己的教育教学有较为完整的认识，有利于改进日后的教育教学行为。

2. 即时反思与延迟反思

即时反思是教师在教育教学活动结束后立即对活动过程中的现象、问题或活动的成效等进行的反思。这种反思紧跟着教育教学活动进行，反思者可以在头脑中详尽地再现活动的场景等细节，对活动本身作出分析和评判。

有时候教师可能由于这样或那样的原因不是马上对课堂或其他教育情境中的事情作出系统思考，而是在以后结合其他教育事实对其进行综合性的批判分析，这种反思由于反思的时间滞后，可以称为延迟反思。

3. 课前反思、课中反思和课后反思

（1）课前反思

即在备课时思考是否遇到了什么困惑，是否对教材进行了二次开发，对学生实际需要的估计是否合理……

（2）课中反思

即在上课过程中思考学生在课堂上实际参与的热情与程度如何，师生或学生互动是否积极有效，课上是否发生意想不到的事情，如何利用课上的资源改变原有的教学设计进程等。

（3）课后反思

即上课之后思考课堂教学效果如何，存在哪些需要进一步改进的问题，有哪些需要关注的地方或有什么困难，课堂上的一些事对日后的教学有何意义等。

4. 教学要素反思

对教学的反思，通常反思对象：

反思教学设计、反思教学过程、反思学生行为。

（二）教育反思注意事项

1. 秉承新教育理念，形成反思参照标准

教师在开展反思活动时要以新教育理念为出发点，以新课程的基本主张为参照点，注意形成反思的框架标准，对教育教学活动进行评判、思考。

2. 具有鲜明的问题意识，捕捉反思对象

有问题、有障碍，才会有思考、有分析。教师在开展教育反思活动时，要注意形成自身的问题意识，要善于在稍纵即逝的现象中捕捉问题，在貌似没有问题的地方发现问题，有问题的系统的反思是研究性反思区别于日常反思的重要标志。

3. 联系已有经验进行综合分析，构建个人化理论

反思是针对某一现象或问题进行的，但并不意味着反思是就事论事的思维活动，他可以完全引申开来，在思维深处将自己以往的经历和他人相关的经历联系起来，或将已有的理论知识与当下问题的思考联系起来，这样的反思才更有深度，更能提升自己的智慧水平。

4. 要对教育教学行为进行持续不断的系统思考

研究的反思应该是持续的、不间断的、系统的，它摆脱了零散片段思考的状态，将反思渗入教育教学的全过程，从而在很大程度上保证了教育教学的针对性和有效性。

5. 教师要注意将反思的结果用于实践之中

反思本身不是目的，其目的在于切实变革实践，提升教师的教育教学水平。因而，教师一方面要注意对教育教学现象或问题的反思；另一方面，也要注重将反思的成果用于后续的教育教学活动中，不断改进实践状态，提升教育智慧。

三、教育叙事

教育叙事既指教师在研究过程中用叙事的方法所做的某些简短的记录，也指教师在研究中采用叙事的方法写作的成形的研究成果。

（一）教育叙事的特点

教育叙事陈述的是教师在日常生活、课堂教学、教改实践活动中曾经发生或正在发生的事项，也包括教师撰写个人传记、个人经验总结等各种文本。这些实践记录写的是教师心灵成长的轨迹，道出的是教师在教育教学活动中的真情实感。

教师教育叙事研究的主要目的是以自我叙述的方式反思自己的教育教学活动，并通过反思来改进自己的行为，不断提高教育教学质量。

教育叙事研究主要存在以下特点：

1. 叙述的故事是已经过去或正在发生的教育事项；

2. 叙述的故事中包含与事件密切相关的具体人物；

3. 叙述的故事具有一定的情节。

教育叙事研究非常重视教师的日常生活故事及故事的细节，不以抽象的概念或符号代替生活中鲜活生动情节，不以苍白的语言来描述概括的教育事实。

（二）教育叙事的类型

1．按照时间发展的时间顺序逐一陈述，注重突出其关键部分；

2．着重强调教师个人对问题的认识，夹叙夹议地陈述事项全过程；

3．从学生的角度陈述故事，注意使用学生的语言和文化。

（三）教育叙事撰写中的注意事项

1．多项搜集资料——采用观察、访谈、问卷等多种方式；

2．把握事项的主线；

3．注意事项的重点细节；

4．关注事项的分析阐述。

教育叙述虽然以叙述为主，但对所叙之"事"进行分析与解释是必不可少的！

四、教育案例

（一）案例的运用范围

案例反映的教育事实，揭示教育中种种问题，列举形形色色的教育事例。一般而言，案例在医学界使用最早，后来随着社会对法律、法规的强调被引入法学界，而案例引入工商管理学界是 20 世纪初。

在教育界中，教师写作案例，并将案例运用于教师培训，最早是西方的 20 世纪 70 年代。

（二）案例的含义

对案例的理解大致有下列之说：

案例是事项，是对一个实际情境的描述。案例讲述的应该是一个故事，叙述的是故事产生、发展的历程，是对事物或现象的动态性把握。

案例是含有问题或疑难情境在内的事项。事项只是案例必要的条件，而不是充足条件，换句话说，能够称之为事项必须包含问题在内，并且也可能包含解决这些问题的方法。

概括而言，案例是包含问题或疑难情境在内的真实发生的典型事项。

什么样的案例才是一个适宜的、好的案例？大致有这样的标准之说：

一个好的案例应该讲述一个故事；一个好的案例要集中一个中心论题、突出一个主题；一个好的案例描述的是现实生活场景，应该反映的是近五年发生的事；

一个好的案例可以使读者有身临其境的感觉；一个好的案例应该包括从案例反映的对象那里引述的材料；一个好的案例需要对面临的疑难问题提出解决方法；一个好的案例需要对已经做出的解决问题的决策进行评价；一个好的案例要有一个开始到结束的完整情节……

（三）案例的撰写

一个相对完整的案例的结构内容大致包含以下几个部分：

1. 标题

案例有两种确定标题的方式：（1）用事项定标题，即用案例中的突出事项作为标题；（2）用主题定标题，把事项中包含的主题提炼出来作为案例的标题。

2. 引言

引言也可以说是开场白，一般有一两段话就可以。主要描述一个事项的大致场景，反映事项可能涉及的主题。在案例中之所以有"引言"，是因为有些案例篇幅较长，事项以及主题都需详尽阅读和分析才能把握，引言可以使读者对案例的时间和主题大致有些了解。

3. 背景

案例中的事情是发生在一定的时空框架之中的，依托一定的背景。背景的叙述可以分为两个组成部分——间接背景和直接背景。所谓的间接背景是与事情相关，但关联程度并不直接的背景；所谓的直接背景是直接导引事情发生，与事情联系至为密切的背景。

4. 问题

案例有明确的问题意识，是围绕问题来展开的。在论述中需要讲明问题是如何产生的、问题是什么、问题产生的原因有哪些。

5. 问题的解决

问题发现以后，解决问题就成为重要的环节。这个部分要详尽描述，要展开问题解决的过程、步骤，以及问题解决中出现的反复、挫折，也会涉及问题解决的描述。

6. 反思与讨论

反思与讨论并不见得要面面俱到，选择重要的方面或印象深刻的方面加以思考就可以了。

7. 附录

并不是每个案例都有"附录"部分，是否安排"附录"，要视案例的具体情形而定。"附录"中的内容，是对正文中的主题有补充说明作用的材料。

总之，教育案例的主要内容和表达形式是：背景＋问题＋问题的解决＋反思讨论。

（四）案例的作用

1. 案例写作为教师提供了一个记录自己教育教学经历的机会；

2. 案例写作可以促使教师更深刻地认识到自己工作中的重点和难点；

3. 案例写作可以促进教师反思自身行为，提升教学工作的专业化水平；

4. 案例写作为教师之间分享经验、加强沟通提供了一种有效的方式。

五、教学课例

（一）教学课例的含义

教学课例与教育案例是比较容易混淆的两个概念，两者的区别在于：

教育案例自始至终围绕特定的问题展开，是以问题的发现、分析、讨论、解决为线索的。

而课例展现的是某节课或某些课的教学实际场景，虽然其中也包含问题，但问题可能是多元的，没有明确的问题指向，并且对实际情境的叙述、师生对话的描述等常常是列举式的，没有像案例那样经过细致加工。

两者在主要内容和表达形式上更有区别，即案例主要表达的内容和形式是"背景＋问题＋问题的解决＋反思讨论"，课例主要表达的内容和形式是"教学设计＋教学实录（教学情境、教学场景、教学片段）＋教学反思"。

（二）教学课例的形式

1. 教学设计总体思路＋教学情境细致描述＋专题教学反思

这种形式在介绍教学设计意图的基础上，对教学过程中的详尽场景加以叙述，再现课堂教学全过程，使读者有身临其境的感觉，并且就教学中发现的某一问题进行专门思考和讨论。

在教学设计部分没有必要详尽地介绍教学目标的确定、方法的选择、内容的组织等，但有必要分析新的理念。

教学情境细致描述部分要对教学中的师生互动情境做事无巨细的介绍，让没有到现场听课的读者也有身临其境的感觉。

专题反思部分则针对教学过程中的一个比较重要的问题加以思考和讨论。

2. 教学设计说明 + 提炼后的教学场景 + 总体教学反思

这种形式首先对教学设计作简要说明，然后对教学过程中产生的实际素材进行加工，呈现出教学的总体进程，最后再对教学作总体性反思。

教学设计说明部分只要概略地说明这节课教学的总体要求，介绍教学设计的总体意图。

提炼后的教学场景既对教学实际场景作提炼和加工，把教学中实际积累的素材经过分析，分解成不同的教学步骤，呈现出一定的教学脉络和线索。

总体反思部分依据教学的诸多环节进行思考，探讨教学中的师生互动问题。

3. 教学设计 + 教学片段 + 教学反思

这种形式与前两种最大的区别在于，是在教学实录中截取一些有代表性的片段，在呈现这些片段的基础上着重对其中蕴涵的问题进行反思。它既不同于第一种形式原汁原味地再现教学整个过程和场景，也不同于第二种形式对实录素材进行加工处理，是选择课堂实录的要点进行分析。

课例中既不详尽地描述学术教学的全过程，也不对教学复杂场景进行提炼，而是选择其中的一些片段进行展示，在汇总教学片段各方面信息的基础上，就其中蕴涵的问题分析自己的感受和得到的启示。

（三）教学课例的注意事项

1. 注意选择的课要具有一定的代表性、典型性，能够说明一些问题，确实会给自己带来一些新的思考，能从中提升自己的教学智慧；

2. 注意较为详尽地介绍自己的教学设计，要把新课程的相关理念转变为具体的教学方案，用新课程的理念指导自己的教学行为；

3. 注意运用录音、录像，委托他人现场记录等多种不同手段全面收集课堂上的各种信息，只有充分地占有这些信息才能为自己提炼概括、选择教学片段等打下基础；

4. 注意对照教学设计意图反思课堂上的实际行为，分析教学实际进程与教学设计的差距，把课堂上存在的某个问题或某些问题作为深入思考的对象。

第十四章 ××地区"十四五"课题指南

一、申报说明

（一）申报××地区教育科学规划课题以习近平新时代中国特色社会主义思想为指导，贯彻落实习近平总书记关于教育的重要论述和考察××重要讲话精神，贯彻落实《教育部关于加强新时代教育科学研究工作的意见》《中共××省委关于进一步繁荣发展哲学社会科学的实施意见》等文件精神，坚持解放思想、实事求是、与时俱进、求真务实，坚持围绕中心、服务大局，践行新发展理念，充分发挥教育科研工作在教育教学改革中的先导作用，全面提升教育科学研究事业的整体发展水平。

（二）申报××地区教育科学研究规划课题，要体现鲜明的时代特征、问题导向和创新意识，着力推出体现教育研究水准的研究成果。切实发挥教育科研的理论先导、实践探索和决策咨询的作用，使我州教育科研更好地为教育决策服务，为科学制定教育发展战略和发展规划服务，为基层教育改革和发展实践服务，为繁荣教育科学事业服务，把"科研兴教"真正落到实处。

（三）以××地区教育教学改革和发展中的现实问题为主攻方向，以理论研究为支撑、以应用研究为重点，着重"小、精、实、新"。应用研究突出针对性、实用性和推广性，要能够科学解释教育现象，准确描述教育现状，精准把握教育规律，有效解决教育教学实践中存在的实际问题。

二、课题的分类和申报

××地区教育科学研究"十四五"规划课题涉及教育科研的各个领域，在此范围内经过课题申报、评审后，将分别列为重点课题和一般课题两个等级，作为××地区教育科学研究"十四五"规划课题正式立项。课题可由任何教育科研单位、教育学术团体和个人根据《指南》任意选定，自行研究；申请人可在《××地区教育科学研究"十四五"规划课题指南》范围内选择不同的研究角度、方法和侧重点，对课题名称进行适当修改、提炼后申报；申请人也可根据研究兴趣和学术积累自选题目申报，鼓励开展反映××地区教育发展需要和趋势的前瞻性、创新性课题研究，项目名称的表述应科学、严谨、规范、简明，避免引起歧义，课题研究内容重在具有创新性、实用性、先进性、针对性、可操作性和推广性。

课题负责人同年度只能申报一个课题，课题组成员最多只能同时参加两个课题的申请，有"十三五"期间州级课题未结题者，课题负责人不能申报。

三、课题选题范围参考目录

（一）省教育厅教育评价改革试点专项

1. 幼儿园评价改革

2. 幼与小科学衔接体系构建研究

3. 中小学评价改革

4. 职业学校评价改革

5. 普通高等学校评价改革

6. 建立健全教师荣誉制度

7. 深化幼儿园教师评价改革

8. 深化中小学教师评价改革

9. 深化幼儿园园长、中小学校长综合能力评价改革

10. 深化基于教育教学实绩的中小学教师绩效分配改革

11. 完善中小学教师家访制度

12. "双师型"教师认定、聘用、考核改革

13. 高校教师职称制度改革

14. 高校教师科研评价改革

15. 深化德育评价改革

16. 深化体育评价改革

17. 深化美育评价改革

18. 健全劳动教育评价方式

19. 改进基础教育阶段国际理解教育评价

20. 探索开展高中阶段涉外课程评价

21. 完善初（高）中学生综合素质档案建设和使用办法

22. 建立过程性考核与结果性考核相结合的学业考评制度

23．深化学生实习（实训）考核改革

24．改进高校国际交流合作评价

25．探索增值评价

26．深化家校社协同育人改革

27．探索学生、家长、教师以及社区等参与评价的有效方式

28．探索开展学生各年级学习情况全过程纵向评价、德智体美劳全要素横向评价

29．探索建立劳动清单制度

30．探索将艺术类科目纳入中考改革试点

31．探索具有中国特色的高层次学徒制

32．探索基于学分银行的学习成果认定及转化制度

33．探索信息技术、通用技术考试评价方式

34．探索建立中小学教师教学述评制度

35．探索实施教育全行业禁入制度

36．健全地方党政主要负责同志深入教育一线调研、为师生上思政课、联系学校和年终述职必述教育工作等制度

37．社会用人评价改革以及《深化新时代教育评价改革总体方案》要求开展的其他教育评价改革相关项目

（二）教育发展战略研究

1．以核心素养为本的教育教学方式转变的策略或实践研究

2．××州县（市）域普通高中、乡村学校特色化发展策略或模式研究

3．××州县（市）域名校发展战略研究

4．推动州县（市）基础教育均衡发展和学校内涵发展的策略研究

5．基础教育集团化办学实践研究

6．中小学（幼儿园）教育评价的实践行动研究

7．特殊教育学校学科有效教学模式研究

8．中小学校长职级制改革研究

9．中小学（幼儿园）教师"县管校聘"改革研究

10．中小学教研联盟改革研究

11．××州中小学学科中心教研组建设与实践研究

......

（三）教育理论研究

1. 促进学生健康而有个性的发展研究

2. 教育的核心价值研究

3. 提升教师职业幸福感的策略研究

4. 教育学科建设研究

5. 立足实际教学培养学生核心素养的策略研究

6. 基于核心素养促进深度学习的策略研究

7. 农村中小学创客教育的现状与对策研究

8. 中小学慕课教育的现状与对策研究

……

（四）学校德育针对性、实效性研究

1. 学校德育有效衔接研究

2. 中学生社会责任感养成研究

3. 学生文明礼仪教育研究

4. 学生社团组织研究

5. 学生互助合作能力培养研究

6. 学校禁烟、手机、游戏及反毒品教育研究

7. 大众传媒对学生道德影响的研究

8. 学生德育评价机制研究

9. 新时代爱国主义教育的长效机制及其实现路径研究

10. 初高中思政课教师政治素养和专业素养提升路径研究

11. 全面提升中小学校思想政治课教学实效性研究

12. 学校德育的序列化策略研究

13. 劳动教育的实践策略研究

14. 预防未成年人犯罪案例与策略研究

15. "五项管理"实施策略研究

……

（五）义务教育教学研究

1. 缩小校际教育质量差距研究

2. 因材施教策略研究

3. 高效课堂模式的探索与实践研究

4．学生研究性学习方式研究

5．个性化作业设计研究

6．小班额教学研究

7．学生学习共同体研究

8．中小学阅读教学课程研究与应用

9．义务教育均衡优质发展研究

10．学生自主学习能力培养研究

11．优生培养策略研究

12．开展学生心理健康策略的研究

13．学生恐惧症、抑郁症等异常行为干预研究

14．探究性学习方式在学科教学中的有效应用研究

15．"分层导学"的研究与实践

16．学困生教育转化机制研究

17．孤独症儿童少年的教育训练研究

18．"双减"背景下教学策略与教育观念研究

……

（六）高中教育质量水平提升研究

1．普通高中选修课多样化模式研究

2．普通高中走班制教学行为研究

3．基于学科核心素养下的高中课堂有效教学策略研究

4．普通高中课堂教学改革模式研究

5．普通高中校本课程实施研究

6．普通高中生涯规划课程实践研究

7．普通高中学校课程规划实施研究

8．普通高中育人方式转变的研究

9．普通高中学科育人质量提升的策略或实践研究

10．普通高中学生综合素质评价实践研究

11．高考评价体系下的学科教学研究

12．高考评价体系下的考试命题研究

13．深度学习的开发性实验研究

14．教学评一体化开发性实验研究

......

（七）职业教育与地方经济协调发展研究

1. 有效的校企合作机制研究

2. 职业教育学生核心能力培养研究

3. 职业技能比赛研究

4. 企业参与职业教育办学研究

5. 中职和高职教育有效衔接研究

6. 职业教育与普通教育融通研究

7. 职业教育实训教学研究

8. 中等职业教育人才培养质量评价的研究

9. 提高中等职业学生就业率策略研究

10. 激发中等职业学生学习积极性的研究

......

（八）城乡学前教育普及性普惠性发展研究

1. 幼儿教师职业准入标准研究

2. 幼儿教师供给保障机制研究

3. 学前保教结合研究

4. 幼儿游戏教学研究

5. 幼儿资源开发研究

6. 幼儿亲子教育研究

7. 学前教育质量评估研究

8. 幼小科学衔接实施策略研究

9. 农村学前教育发展策略研究

10. 幼儿园教师队伍建设与评价研究

......

（九）教师队伍建设研究

1. 提高教师教育科研能力方式的研究

2. 校本培训与教师专业化成长的研究

3. 新形势下教师职业道德建设的研究

4. 名师成长规律研究

5. 骨干教师培养模式研究

6．促进教师专业化成长的方式研究

7．普通高中教师队伍建设存在的问题与对策研究

8．农村教师队伍基本素养的提高策略研究

9．乡村教师队伍专业发展评价奖励策略研究

10．农村教师职业倦怠预防与转变策略研究

11．教师自我心理调适方法的研究

……

（十）教育信息化发展研究

1．师生信息素养研究

2．网络交互教学成效研究

3．信息技术与学科深度融合的实践研究

4．智慧校园（智慧管理）实践研究

5．基于"互联网+"的教学评一致性教学策略研究

6．人工智能在教育教学中的作用研究

……

（十一）体育卫生艺术教育研究

1．阳光体育活动的实施策略研究

2．提升学生竞技能力方式的研究

3．学校趣味体育研究

4．学生健康行为养成教育研究

5．学生肥胖症防控策略研究

6．学生近视预防和矫正研究

7．学生逃生避难教育研究

8．学生艺术素养培养研究

……

（十二）教育督导、考试与评价机制研究

1．高中教学质量综合评价探索

2．初中教学质量综合评价探索

3．义务教育质量监测结果的运用策略研究

4．PISA考试结果对基础教育的影响研究

第十五章 1000 多个最新通过立项（结题）的省级课题名称汇总

1. 统编教材小学语文写作清单的编制与使用的实践研究
2. 拉伸练习干预运动表现的理论与实证研究
3. 基于"足球"特色的脑体全优能课程实施策略研究
4. 学科融合视域下历史人物教学的校本课程研究
5. 初中政治课堂教学中学生核心素养的培养策略研究
6. 自媒体平台在初中生物课堂有效延伸中的应用研究
7. 以元素美育主题活动为纽带构建家园共育新方法的研究
8. 学校"五育融合"新教育体系建构的实践研究
9. 基于核心素养的创客校本课程开发与实践研究
10. 国家幸福总值 GNH 在初中英语中具体细化的初步研究
11. 初中语文活动课设计研究
12. 项目式学习在初中化学复习课中的应用研究
13. 依托红领巾少年军校活动传承红色基因的实践研究
14. 人教版初中物理教材插图在教学中的功能研究
15. 小学阶段实施项目化学习的有效策略研究
16. 幼儿园教师社会情感能力的培养研究
17. 以文化人视域下初中语文作文教学中"仿写"的实践研究
18. 基于"五育并举"的课后延时服务行动研究
19. 小学低段学生"画"中学数学实践研究
20. 以表现性评价促进学生品德发展的实践研究
21. 基于新"四史"的小学思政课程开发与实施研究
22. 小学开设"儿童哲学"校本课程的实践研究

23. 中学校园足球系列课程开发与实施研究

24. 小学数字化德育评价的实践研究

25. 初高中文言文衔接教学现状及对策研究

26. 中小学思政课程体系的创新与实践研究

27. 新时代"美好教育"的区域发展模式与实践研究

28. 小学阶段推广数学阅读有效提升数学思维能力的实践研究

29. 新时代立德树人背景下小学生党史教育课程开发研究

30. 初中数学假期作业设计有效性的实践研究

31. 象形归类视域下小学汉字文化教育课程的开发研究

32. 多维联动的 3.0 形态园本课程建设研究

33. 小学高年级数学结构化思维培养实践研究

34. 小学数学教学中学生量感能力培养实践研究

35. 初中生历史学科史料实证意识培养途径研究

36. 小学劳动教育全息融合课程实践研究

37. 围绕数学章节"核心问题"有效开展教学设计的研究

38. 城镇化进程中家校阅读共同体的构建与研究

39. 小学职业启蒙教育课程的开发与实施的实践研究

40. 核心素养下初中数学单元主题教学课例研究

41. 基于教学评一致的中考化学复习课教学模式研究

42. 新时代小学劳动教育课程开发与实施研究

43. 小学美术数字化教学的实践研究

44. 戏曲与中学课堂有效融合的实践研究

45. 他者性视域下初中生志愿服务精神培育的实践研究

46. 区域视角下中小学教师培训范式研究

47. 课程思政背景下小学阶段三全育人体系建设实践研究

48. 以研究性学习促进学生学习方式深度变革的实践研究

49. 初中服务性劳动教育策略研究

50. 创新校本教研机制助推教师专业发展的实践研究

51. 基于自主学习的初中体育技能型微课设计及实践研究

52. 基于学生发展核心素养的初中生物学综合实践活动研究

53. 体育与健康素养在高中体育教学中的培养模式研究

54. 小学英语作业设计优化策略研究

55. "以劳育德"视域下劳动教育现状与优化策略研究

56. 基于生态教育理念的四季课程开发与实施研究

57. 小学中高段巧用小古文提升学生语文素养的探索与实践研究

58. "双基地双导师"师训模式实践研究

59. 小学数学发展学生"量感"的行动研究

60. 幼儿园户外体育游戏活动实施策略研究

61. 新时代文明家风背景下"上善家庭"创建的实践研究

62. 小学亲子阅读校本课程开发研究

63. 挖掘农村资源引导幼儿开展游戏活动的研究

64. 小学高年级阅读教学中随文设练的实践研究

65. 家园合作提升幼儿篮球游戏水平的实践研究

66. 生态教育背景下幼儿园黄河泥塑课程开发与实施研究

67. 初中素养教育校本化实施策略研究

68. 园本适性课程的开发与实践研究

69. 建构初中"行知家长课程"实践研究

70. 小学高段科学课程实验中的学生质疑能力培养与评价研究

71. 中学研学旅行校本课程开发与实施研究

72. 依托骨干教师工作坊引领教师专业成长的实践研究

73. 小学生近视成因及应对措施的校本化研究

74. 城乡接合部初中生生涯规划能力提升研究

75. 小学中段绘本阅读与习作教学有效链接策略研究

76. 以"乐实教育"理念引领学校高质量发展实践研究

77. 中小学教师"课堂教学微研究"模式建构与实践

78. 五育融合背景下地方博物馆课程资源开发实践研究

79. 小学全学科读写课程的建构与实践研究

80. 初中语文单元整合分课型教学策略研究

81. 阳光教育理念下小学生生命成长课程建设研究

82. 五育融合视角下构建儿童高质量学校生活路径研究

83. 初中物理教学评价在未来课堂的实践研究

84. 义务教育阶段综合素质评价区域一体化实践研究

85. 小学钧瓷校本课程的开发与实践研究

86. 焦裕禄精神引领下初中生德育活动开展的行动研究

87. 初中新入职教师梯次培养策略研究

88. 小组精细化合作在班级管理中的应用研究

89. 小学高年级有温度的班级文化建设的策略研究

90. 幼儿园生命教育课程研究

91. 基于PAD的智慧课堂教学模式构建及应用研究

92. 小学课堂教学中学生质疑释疑能力培养策略研究

93. 提升当代高中生学习动力的班级管理策略研究

94. 促进学生自主发展的花样课堂管理策略研究

95. 初中物理课堂生成性资源研究

96. 小学语文运用思维导图开展头脑风暴教学策略研究

97. 食育降低小班幼儿应病缺勤率实践研究

98. 中职生自我同一性形成策略研究

99. 基于思想政治核心素养的结构化试题讲评课新样态实践研究

100. ××区域本土历史文化渗透高中语文课堂策略研究

101. 导学案与多媒体配合提升英语课堂效率的研究

102. 小学语文课堂教学中教师理答策略研究

103. 小学生劳动意识和劳动能力培养实践研究

104. "文化传承与理解"视角下的高中古诗词品读教学研究

105. 小学低年级主题场景式学业评价研究

106. 学科核心素养导向下提高高中学生试卷分析能力实践研究

107. 小学数学教师参与式教研活动实施策略研究

108. 传统担当文化对中学生社会责任感教育研究

109. 幼儿园"生态体验式"区域游戏的构建与实施研究

110. 以古典诗词提升初中生语文素养的实践研究

111. 幼儿园"全收获"种植活动实践研究

112. 角色游戏中对幼儿语言发展评价的研究

113. 低年级学生数学语言表达能力培养策略研究

114. 基于本真教育的幼儿实践基地游戏活动研究

115. 疫情特殊时期农村小学网上习作教学实践研究

116. 小学低段学生课堂注意力培养研究

117. 基于群组学习的网络教学管理研究

118. 基于深度学习的小学生学习方式多元化路径研究

119. 集团化办学背景下幼儿教师培训体系的设计研究

120. 校本教材提升高中生英语学科思维品质和学习能力的研究

121. 绘画治疗干预高中生负性情绪效果研究

122. 新时代班级微管理策略研究

123. 高中单亲家庭学生群体个性化管理实践研究

124. ××省专门教育现状与发展对策研究

125. 新高考下的高中语文现代诗教学策略研究

126. 基于课程标准的中职语文微写作教学研究

127. 视障学生职业规划教育课程实施研究

128. 新时代中职生劳动教育实施策略研究

129. 高中物理新教材情境化教学研究

130. ISLE 视角下高中物理实验教学研究

131. 高中生精准教育培养体系理论构架及实践路径研究

132. 高中思想政治学科核心素养下的议题式教学研究

133. 基于园本课程的幼儿园科学活动组织与实施研究

134. 新时代普通高中"大美育"课程整体建构的实践研究

135. 普通高中劳动教育课程体系的建构与实践研究

136. 高中物理研学旅行课程的开发与实践探索

137. 基于真实情景的多学科系列课程开发与应用的实践研究

138. 基于核心素养培育的中学班级文化建设的实践研究

139. ××省新高考背景下基于选课指导的生涯发展教育实施策略研究

140. 高中新入职教师专业成长的校本实践研究

141. 青年教师落实学科核心素养能力的提升策略研究

142. 基于语义场的视频语料库在高中英语词汇教学中的应用

143. 融文化引领下的中职学生成长评价体系构建与实践研究

144. 指向核心素养的高中数学新课程校本化实施研究

145. 基于学科核心素养的高中语文考试评价研究

146. 普通高中思想政治课程标准结构化解读实践研究

147. 五育融合视域下中小学管理育人策略研究

148. 战"疫"背景下初中数学教学与直播课堂有效融合的研究

149. 基于学科核心素养的中小学实验教学学业质量评价研究

150. 中学综合实践活动课程的开发与实施策略研究

151. 高中地理学习方法指导策略研究

152. 小学阶段课外阅读的推进策略研究

153. 幼儿园民间游戏再现与创新的实践研究

154. 以微课为载体的寄宿制高中公共卫生安全教育实践研究

155. 基于"预备五分钟微活动"的高中班级文化建设研究

156. 教育惩戒新规在小学段实施的现状研究

157. 高中有机化学学习进阶研究

158. 小学语文多文本阅读教学课型研究

159. 高考化学解题思路和方法的研究

160. "以文促学"创建特色学校文化研究

161. 义务教育集团化办学现状与发展策略研究

162. 中小学教育科研成果转化策略研究

163. 小学生抗挫折能力提升策略研究

164. 四有体育课堂视角下的竞赛活动研究

165. 学科融合下"黄河文化"校本课程的开发

166. 基于历史学科核心素养的高中历史双螺旋课堂有效教学研究

167. 高中物理低成本实验与课堂教学结合案例研究

168. 话聊在德育体系中的创新实践研究

169. 学科核心素养下高考改革英语"读后续写"实践研究

170. 普通高中分层教学模式的学案应用研究

171. 教育信息化背景下线上与线下教学对教育呈现效果的影响研究

172. 中小学英语语篇教学中有效提问的策略研究

173. 家园共育模式下幼儿园班级环境创设的实践研究

174. 小学高年级劳动教育实践研究

175. 小学数学解决问题中"数形结合"教学实践研究

176. 依托区域红色资源加强青少年革命传统教育的思政课实践研究

177. 延时服务背景下小学生学习力培养策略研究

178. 小学语文中高学段"快乐读书吧"与整本书阅读教学融合策略研究

179. 以整合创新育人活动促进少先队员传承红色基因的实践研究

180. 中小学课后延时服务实施现状与效果研究

181. 幼儿音乐活动有效融合传统文化的策略研究

182. 依托古诗词校本课程建设提升小学生语文素养的策略研究

183. 幼儿园区域游戏材料难度梯度设置策略研究

184. 特殊学校教师儿童情绪管理能力提升的研究

185. 新高考背景下高中学生数学运算核心素养培养策略研究

186. 疫情背景下"互联网 + 家园共育"有效支持策略研究

187. 校园隐性人身伤害成因与对策研究

188. 小学低年级图形化编程教材的开发研究

189. 生本教育下小学数学自主学习策略的研究

190. 小学中低年级师生创意共读模式构建研究

191. 基于语言能力的初中英语第二课堂实践研究

192. 初中语文综合性学习中学生的社会参与能力培养研究

193. 新时代集团化办学初中德育系列主题教育实施路径研究

194. 中学班级管理中意外防控和应急策略研究

195. 抗疫精神融入中职思政教学的实践研究

196. "互联网 +"时代家园共育优化策略研究

197. 户外自主体育活动促进幼儿社会性发展的实践研究

198. 幼儿养成教育的实施策略研究

199. 以生命教育助推学生发展的研究

200. 初中语文教学中家国情怀有效融入的策略研究

201. 小学低年级数学绘本教学实践研究

202. 小学生朗读素养提升策略研究

203. 思维导图在小学英语阅读教学中的应用研究

204. 乡土红色文化与学科教学融合渗透的研究

205. 常态化疫情防控背景下幼儿园生命教育实践研究

206. 地理自制教具在新媒体时代的优化应用研究

207. 小学数学综合实践课教学策略研究

208. 灾难教育中的高中语文校本课程研究

209. 高中地理图像导学中学科素养培育研究

210. 义务教育阶段七年级学困生的成因与对策研究

211. 初中语文部编教材单元作文微型化写作教学实践研究

212. 核心素养下高中数学知识衔接实践研究

213. "互联网+"背景下高中混合式学习实证研究

214. 心理健康教育在学科教学中的渗透研究

215. 初中文科课堂教学导入艺术研究

216. 适合视野下的初中生课业负担研究

217. 小组合作学习提升初中生英语阅读能力的研究

218. 高中化学实验在家庭生活中的应用研究

219. 中小学生语文文本速读能力培养研究

220. 反思性教学在中学课堂中的实践研究

221. 以名师工作室为引领构建小学语文教师发展共同体的研究

222. 幼儿教师团队专业成长实证研究

223. ××地区文化视域下的革命传统教育研究

224. 优秀传统文化融入大课间体育活动的研究

225. 初高中物理教学衔接研究

226. 聋校美术学科与信息技术融合提高教育教学质量的研究

227. 初中数学解题教学思维能力构建研究

228. 项目式学习在小学数学中的应用研究

229. 项目教学法在中职学前教育语文教学中的应用研究

230. 在幼儿园托育教育中发展婴幼儿语言能力实践研究

231. 小学语文课外阅读课程化研究

232. 统编教材背景下"1+X"阅读教学策略研究

233. 中招阅读反拨英语课堂教学策略研究

234. 问题串设置在高中数学教学中的应用

235. 后疫情时代小学生数学思维能力训练研究

236. ××市思政元素与高中思想政治教学融合研究

237. 高中生物探究性实验教学与STEAM教育的融合研究

238. 基于学科核心素养的中学物理"三三式"课堂教学研究

239. 疫情背景下幼儿园生态教育实践研究

240. 基于心理学视角的和谐师生关系构建策略研究

241. 大数据背景下的"雨课堂"混合式教学在提升学生发展核心素养中的实践研究

242. 新课标背景下大语文教育活动实施策略研究

243. 小学劳动教育中培养学生创新意识和实践能力的研究

244. 基于核心素养的小学英语教学板书设计研究

245. 防近视课桌研发与应用效果的实践研究

246. 产出导向法 POA 指导下初中英语话题写作教学模式研究

247. 核心素养下初中英语阅读教学研究

248. 基于高阶思维的小学语文阅读教学策略研究

249. 生长教育特色学校文化构建研究

250. 分级绘本与小学英语新标准教材整合的实践研究

251. 应用网络学习空间推进"乐·福教育"学校特色的实践与研究

252. 有效提高小学生数学阅读能力的方法研究

253. 新教育实验促进学校和师生发展的实践研究

254. 立德树人小学特色教育实践研究

255. 小学人格教育情智课堂教学模式实践研究

256. "互联网 + 教育"视角下的农村班班通教学应用研究

257. 中小学书法社团活动策略研究

258. 初中名著整本书阅读教学策略研究

259. 基于初中语文教师群体成长的"名师课堂"应用策略研究

260. 核心素养下初中语文整本书阅读教学策略研究

261. 利用多媒体技术打造 1+6+1 高中物理高效课堂的研究

262. 普通高中多样化特色化教学发展策略研究

263. 小学数学中高年级利用练习课和复习课培养学生思维能力的实践研究

264. 基于深度学习的小学数学单元整体教学策略研究

265. 太极拳进校园对小学生身心发展的影响及推行策略研究

266. 基于核心素养的问题提出在小学数学教学中的实践研究

267. 小学语文梯度阅读教学实践的研究

268. 城乡接合部中学高质量课堂教学途径研究

269. 新课改背景下小学语文古诗词教学策略研究

270．幼儿园国学经典诵读实践研究

271．以自主教改项目引领教研组建设的研究

272．"心教育"提升小学教师师德素养的实践研究

273．新课程背景下高中生物探究活动教学策略研究

274．品质文化对学校发展的引领作用研究

275．基于数据分析的高三化学智慧课堂精准教学实践研究

276．民间游戏融入幼儿园体育活动的实践研究

277．幼儿园集体活动中调节幼儿情绪的策略研究

278．食育特色课程对促进幼儿健康饮食的实践研究

279．高中生物培养学生核心素养的课程资源开发及应用研究

280．基于审美鉴赏与创造的高中语文师生共读策略实践研究

281．高中生地理核心素养人地协调观培养策略研究

282．小翻转课堂下薄弱高中生物数字化分层教学的探究

283．地方红色文化资源融入中学语文教育的价值与途径研究

284．基于深度学习的高中英语智慧课堂教学模式探究

285．提高县域高中化学教学有效性的策略研究

286．初中在线课堂与传统课堂教学的互补策略研究

287．基于小学数学教材研读与开发策略的研究

288．小学阶段普及推广甲骨文文化的实践研究

289．疫情背景下中学家校共育的途径与方法研究

290．基于数学核心素养的"单元—课时"教学设计实践研究

291．新时代普通高中劳动教育综合育人实践研究

292．STEAM 理念融入高中物理课堂教学的实践研究

293．基于"学习共同体"的初中英语课堂教学实践研究

294．以老城文化资源为依托的小学问题驱动学习研究

295．地域文化与幼儿园园本课程融合的实践研究

296．叙事能力序列化培养在初中语文写作教学中的实践研究

297．基于零起点教学的小学拼音教学研究

298．深度学习视野下小学高段数学综合实践活动的开发与实施

299．人教 A 版高中数学课标教材渗透的数学文化研究

300．小学数学教学培养学生良好纠错习惯的策略研究

301. 构建区域性家庭教育指导课程体系的实践研究

302. 利用交互式电子白板提高初中课堂教学效果的实践研究

303. 故事化教学在初中历史课堂中的应用研究

304. 核心素养下培养小学中高年级学生运算能力的实践研究

305. 高效阅读在小学语文教学中的应用研究

306. 单项深度法在幼儿轻泥创意美术活动中的应用研究

307. 基于智能教育的中学数学积极学习心理研究

308. 中学课堂教学中微课资源有效运用的策略研究

309. 高中英语分级阅读校本课程的开发与实施研究

310. 高中班级管理中养成教育的实践研究

311. 小学生绘本阅读背景下创意习作教学模式实践研究

312. 新课标背景下高中英语写作课堂教学研究

313. 疫情背景下入园幼儿安全感缺失及对策研究

314. 疫情背景下高中生线上教育与传统课堂融合问题研究

315. 幼小衔接背景下运用大型积木开展幼儿主题建构游戏的研究

316. 小学语文高年级小练笔实践研究

317. 模因论指导下高中英语写作的语块输入教学模式研究

318. 微课在高中历史教学中的应用研究

319. 疫情背景下高中班级人文教育实践研究

320. 地方优秀传统文化与小学语文教学融合的研究

321. 基于战"疫"的中学化学微专题教学研究

322. "三圣"文化融入幼儿养正教育实践研究

323. 高中学科教学中渗透职业生涯规划的研究

324. 初中英语读写结合提升学生写作能力的研究

325. 基于优秀地方文化开展研学旅行的实践研究

326. 基于核心素养的小学数学实践作业设计与评价研究

327. 县域高中环境教育校本课程开发与实施研究

328. 小学中年级语文"快乐读书吧"实施策略研究

329. 小学数学说写课程开发与实施研究

330. 推进校际合作实现义务教育优质均衡发展的策略研究

331. 县域普通高中对学生特色化教育的智慧和策略研究

332. 情境创设在教育教学中的应用研究

333. 教育教学中运用积极心理学落实立德树人目标的实践研究

334. 孝文化促进初中生优良品行形成的实践研究

335. 思维品质视域下的数学文化渗透教学策略研究

336. 基于"名师工作室"引领的县域城乡教师发展共同体策略研究

337. 疫情期间中学生线上学习心理疏导策略研究

338. 基于本土文化的研学旅行校本课程开发与实施研究

339. 以学为中心的小学数学课堂教学策略的实践研究

340. 小学课后延时服务策略研究

341. 疫情背景下小学数学教学推进策略研究

342. 利用民间游戏促进幼儿良好交往能力的实践研究

343. 运用体验式团体活动改善农村初中生厌学问题的对策研究

344. 初中语文古诗词高效阅读教学策略研究

345. 新时代县级普通高中体育走班制教学实践研究

346. 提高课堂教学有效性的研究

347. 新时代新特色主题班会的校本研究

348. 关于减轻中学生作业负担的方法研究

349. 依托县域传统特色文化培育小学生文化自信的研究

350. 疫情背景下家校合作促进农村初中生自主学习的策略研究

351. 新时代农村小学语文综合实践活动研究

352. 核心素养导向下小学语文课堂教学设计研究

353. 疫情环境下利用在线教育模式提高小学生学习质量的研究

354. 小学留守儿童教育问题的策略研究

355. 思维导图在初中英语语篇教学中的研究与实践

356. 智慧教室环境下个性化学习策略研究

357. 高中化学教学中渗透创新教育的研究

358. 核心素养背景下物理创新实验的设计和中学生创新能力培养的实践研究

359. 学案教学在高三年级复习备考中的应用研究

360. 高中语文"语文阅读与写作"任务群教学策略研究

361. 小学自主学习"1+5"教学模式的研究

362. "把灾难当教材"小学主题教育实践研究

363. 新课改背景下培养学生学科素养的有效途径研究

364. 初中英语听说课智慧课堂的任务设计方法研究

365. 城乡接合部初中融合德育机制建构与实施研究

366. 利用网络课程资源开展线上学习的策略研究

367. 初中数学教学与核心素养

368. 初中英语分层异步目标教学的实践研究

369. 幼儿园品格教育环境创设实践研究

370. 小学语文综合实践活动中作文资源开发和利用研究

371. 立德树人背景下小学数学阅读教学研究

372. 以悦读经典提升新优质小学文化品位的策略研究

373. 以学校文化体系建设引领城市新建小学发展的路径研究

374. 小学生空间观念培养策略研究

375. 以活动为载体的小学思政教育实践研究

376. 利用错题集提高学生数学素养的策略研究

377. 教研共同体在农村小规模学校发展中的作用研究

378. 高中语文课堂运用小组合作学习的实践研究

379. 云桌面技术在中职计算机实训室管理中的运用研究

380. 基于"本真教育"的教育叙事对提升教师教育素养的实践研究

381. 信息技术 2.0 与课堂教学有效融合的研究

382. 基于本土资源的幼儿园自然课程构建策略研究

383. 新时代小学爱国主义教育创新研究

384. 翻转课堂在小学语文阅读教学中的应用研究

385. 初中毕业生积极心理健康教育模式的实践研究

386. 幼儿日常安全教育研究

387. 基于主题活动的幼儿园植物教育课程开发研究

388. 基于牧野文化资源的地方性园本课程建设实践研究

389. 积极心理学背景下小学心理社团活动课程的开发与实施研究

390. 中学跨学科"主任务推动式"课堂教学实践研究

391. 非遗面塑资源在小学美术课程中的开发利用研究

392. 初中学段班主任"3+1"长短双线的劳动教育实践研究

393．核心素养背景下高中化学教学中的情境创设研究

394．高中生物学课堂教学中科学探究的实施和评价策略研究

395．新时代教育评价改革背景下初中数学教师专业发展路径研究

396．证据推理素养在初中化学教学中的培育研究

397．抗击疫情背景下小学生爱国主义教育研究

398．小学高年级古诗教学问题及对策研究

399．小学识字教学与中华传统文化融合的研究

400．小学综合实践活动中传承中华优秀传统文化的实践研究

401．小学社团建设中螺旋式提升美育实效的策略研究

402．劳动教育和小学思政课程融合的实践研究

403．小学社团校本课程助力学生个性化发展研究

404．基于统编教材的小学低年级写话教学策略的研究

405．立德树人背景下小学经典诵读与德育养成融合的研究

406．基于学生发展指导制度的 高中生学业与生涯课程融合研究

407．初中研学旅行三阶段五环节课程模式研究

408．地方党史融入中学生理想信念教育的路径研究

409．××省红色文化融入初中思政课教学的路径研究

410．幼儿园父职教育的实施策略研究

411．"三个课堂"背景下教师信息技术与学科融合教学能力培养研究

412．课程思政背景下中小学音乐课育人模式研究

413．××省中小学数字教材在课堂教学中的应用研究

414．低年级聋儿绘本教学研究

415．幼儿园自然课程的开发与实施研究

416．幼儿园区角活动与材料投放策略研究

417．农村初中数学"学困生"转化策略研究

418．初中语文读写联动课型实践研究

419．家乡民俗文化主题活动融入幼儿园课程的实践研究

420．深度研磨式教师培训中实现"个性化指导"的研究

421．中职计算机社团提升学生技能研究

422．小学生财商教育的实践与研究

423．地方文化资源在中学语文教学中的应用研究

424. 初高中小说教学衔接路径研究

425. 以艺术体育节为载体，促进区域艺术体育教育跨越式发展的策略与研究

426. 大单元观念下初中英语写作教学研究

427. 运用数学阅读激发小学数学学困生学习力的实践研究

428. 小学阶段结合学科进行体验式家教指导的研究

429. 特殊儿童家校康复课堂研究

430. 小学中高年级生活化作文教学实验研究

431. 战"疫"资源在初中道德与法治教学中运用的研究

432. 提升童声合唱音准水平的实践研究

433. 书写指导微视频规范低年级写字教学的有效性研究

434. 幼儿园数学教育生活化的行动研究

435. 成长思维干预对高中学困生学业成就的促进研究

436. 统编本初中语文"仿写＋创写"作文教学研究

437. 运用"选项教学"发展初中生运动核心素养的实践研究

438. 新冠肺炎疫情下初中生数学自主学习能力培养的研究

439. 多校同步创设趣味英语大课堂的实践研究

440. 特殊教育学校创建全国文明校园的实践研究

441. 新课程实施过程中优化化学实验教学的研究

442. 高中生物教学培养学生科学思维和探究能力策略研究

443. 城乡接合部初中生内驱力唤醒的实践研究

444. 中学生硬笔书法校本课程实施策略研究

445. 小学数学中段"玩中学"提升计算能力的研究

446. 多渠道激发小学生内驱力的策略研究

447. 县城高中语文教学家国情怀培养的现状与策略研究

448. 线上教与学高效结合的途径研究

449. 特殊教育学校精细化管理实践研究

450. "1+3循环"幼儿园园本课程建设研究

451. 单元主题阅读下的小学六年级语文习作课程开发研究

452. 校园足球区域开展现状及对策研究

453. 家校共育实施后进生转化的实践研究

454．小学数学单元整体模块教学的实践研究

455．中小学教师专业发展县域整体推进策略研究

456．普通高中"苯环"式线上教学策略研究

457．小学语文高段课堂小练笔有效性的实践研究

458．民间游戏在幼儿一日活动中的应用

459．CBE 理论下全员运动会在新建校的实施路径研究

460．培智教育生活化教学的实践研究

461．区域推进中小学特色品牌建设策略研究

462．语文素养视域下文学常识"一题一故事"学法指导研究

463．文化生态视野下民间儿童游戏在幼儿园传承的案例研究

464．中学生法治意识培养途径与方法研究

465．中学系统化课外练笔策略研究

466．疫情下小学教学方式实践研究

467．"青蓝工程"促进教师教学能力提升的实践研究

468．图表在小学语文教学中的运用研究

469．群文阅读培养学生语言建构与运用素养的研究

470．基于主题教学背景下高中古典诗词教学实践研究

471．积极心理学视野下高中班级环境的创设研究

472．"学科 +"作业设计的可视化路径研究

473．活用热点素材提升语文核心素养的策略研究

474．初中教学中"可见的学习"教学范式的建构与实践

475．网络直播教学下的初中数学课堂评价与反馈策略研究

476．小学生诚信养成教育的研究

477．核心素养下初中数学发散思维能力培养研究

478．家庭陪伴对中小学生心理健康的作用研究

479．初中体育走班制教学模式实验研究

480．教育戏剧在中小学英语教育中的实践研究

481．小学阶段趣味小古文阅读与积累实践研究

482．小学语文统编教材红色经典作品导读策略研究

483．中小学综合实践基地国防教育模式研究

484．小学数学"微"实践作业设计研究

485. 实践活动对新时代少年阶段成长作用的研究

486. 小学阶段非连续性文本阅读能力培养研究

487. 小学语文阅读策略单元教学研究

488. 家校共育背景下的"双进入"活动实践研究

489. 小学中年级学生成长会话能力培养策略研究

490. 小学数学课堂即时评价实践研究

491. 模型建构在高中生物教学中的应用研究

492. 小学生数学核心素养培育研究

493. 农村小学低年级拼音教学策略研究

494. 核心素养视域下中学生语言学习能力的实践研究

495. 混龄活动中的幼儿社会性发展实践研究

496. 高中学段"三曲四奏"教学方式研究

497. 基于地理实验的微项目学习应用研究

498. 初中语文革命传统教育类文本阅读教学研究

499. 基于统编教材的小学语文教学融入德育活动研究

500. 小学语文普通单元教学中落实语文要素的实践研究

501. 县级薄弱高中留守学生现状调查及对策研究

502. 5-6岁幼儿足球游戏化课程的开发与实施研究

503. 基于母语正迁移的高中英语学困生自然拼读教学研究

504. "235"获得式课堂实践研究

505. 高中语文情境化问题教学策略研究

506. 优质教学资源在初中课堂教学中的运用研究

507. 基于合唱教学的小学生品德培养研究

508. 核心素养下的小学作文创新教学研究

509. 新时代有效开展校本教研的策略研究

510. 核心素养下高中生英语写作中存在的主要问题及对策研究

511. 县域普通高中教师教学素养提升策略研究

512. 小学数学小组合作学习有效性研究

513. 普通高中数学教学的问题与对策研究

514. 小学美术手工教学培养学生创意实践能力的研究

515. 现代初中生亲子关系现状及对策研究

516. 阅读策略单元教学与课外阅读相结合的实践研究

517. 小学道德与法治课体验式学习模式应用研究

518. 基于促进学生全面发展的家校合作实践研究

519. 基于 ELAN 的高中英语阅读教学多模态互动研究

520. 互教互学模式对初中生地理学业成绩的影响研究

521. 挖掘中小学教材内容弘扬中华优秀传统文化的研究

522. 新时代中职学校思政课教学研究

523. 小学数学拓展课实践研究

524. 核心素养下培养小学生数学"会学"能力的实践研究

525. 运用分层教学提升中学课堂教学质量的策略研究

526. 吟唱在小学语文古诗词教学中的运用研究

527. 幼儿园开展红色教育策略研究

528. 基于统编教材"快乐读书吧"的小学整本书阅读策略研究

529. 生本环境下小学阶段整本书阅读教学策略研究

530. 小学语文规范书写教学实验研究

531. 多文本教学中读写结合的实践与研究

532. 小学中段语文阅读教学的研究

533. 农村初中英语课堂教学问题与对策研究

534. 小学数学课堂提问策略研究

535. 疫情背景下提高中小学生自主学习能力实践研究

536. 生物科学史在高中生物学科核心素养养成教育中的应用研究

537. 高中生物课堂中概念教学策略的研究

538. 以美育人视角下提升初中聋生审美素养的研究

539. 聋生记忆方法的探索与研究

540. 记叙文七笔批注法作文评改教学研究

541. 基于核心素养的初中课后服务实践研究

542. 基于数学核心素养的初中综合实践活动研究

543. 儿童视角下小学语文口语交际教学研究

544. 运用思维导图促进小学习作教学的应用研究

545. 激发小学中年级习作兴趣的实践研究

546. 劳动教育与初中学科教学融合的实践研究

547. 以学为中心的小学课堂教学研究

548. 研学旅行提升中学生能力实践研究

549. 问题导向的基础教育课堂教学研究

550. 深度学习理念下初中数学单元主题教学研究

551. 高中地理教学中思政教育渗透提高学生学科素养的实践研究

552. 高中化学德育素材挖掘与思政教育融合的研究

553. 基于PBL的对分课堂在高中化学教学中的实践研究

554. 基于深度学习的普通高中"三维六元"课堂教学模式研究

555. 新高考环境下高中生成长规划教学途径研究

556. 利用本土文化构建幼儿园园本课程的实践研究

557. 以课堂小练笔提升小学高年级学生语文素养的策略研究

558. 实践性作业在统编语文教学中的应用研究

559. 提高初中数学试卷讲评课有效性的研究

560. 核心素养下初中英语教学阅读能力培养研究

561. 利用课外阅读培养高中生地理素养的策略研究

562. 中学政史教学中的家国情怀教育研究

563. 核心素养下初中文科融合式作业设计研究

564. "线上线下"指导小学生课外阅读的实践研究

565. 小学学科教学与劳动教育课程深度融合的策略研究

566. 幼儿园食育工坊组织与实施的实践研究

567. 初中数学统计与概率教学现状及策略研究

568. 统编教材小学高段随文仿写教学实践研究

569. 初中英语教学与信息技术有效融合促进学生深度学习的实践研究

570. 基于成长型思维的班委团队建设实践研究

571. 项目式学习在高中劳动教育的应用研究

572. 基于核心素养的高中物理有效课堂教学评价行为研究

573. 微视频在初中地理教学中应用的研究

574. 运用时政热点教学提升学生学科素养的研究

575. 小学语文中高段"阅读链接"使用策略研究

576. 小学高年级数学多元化家庭作业设计与评价研究

577. 核心素养下高中物理模型建构能力培养研究

578. 基于思维品质培养的初中英语阅读问题设计课例研究

579. 学习强国在初中道德与法治课堂上应用的研究

580. 初中物理学史融入初中课堂教学的实践研究

581. 几何画板在数学教学中的运用研究

582. 网络课程教学推进未来课堂的实践研究

583. 集团化办学模式下中学家校共育实践研究

584. 基于统编教材的小学生课外自主阅读实践研究

585. 小学中年级数学教学与学生生活结合的实践研究

586. 小学语文古诗文吟诵教学策略研究

587. 基于高考评价体系的课堂情境创设的策略研究

588. 群文阅读背景下小学生写作构思能力培养研究

589. 高中化学"学困生"成因及转优对策研究

590. 汉字溯源在小学语文识字教学中的应用研究

591. 突出数学本质发展学生思维能力的实践研究

592. 农村小学生学习倦怠的成因及对策研究

593. 高中数学解题策略研究

594. 中职生德育现状调研研究

595. 语文"读写结合"教学促进英语写作能力提升的实践研究

596. 初中语文教学问题精细化设计策略研究

597. 基于"1+1"德育模式的"一班一品"特色育人策略研究

598. 小学音乐课渗透戏曲艺术教学的策略研究

599. 县域幼儿园德育课程园本化建构与实施研究

600. 统编小学语文教材"快乐读书吧"导读策略研究

601. 普通高中"五环教学"策略研究

602. 学校家庭社会协同育人机制构建研究

603. 用"三五"教育体系落实立德树人目标的策略研究

604. 大数据时代推进儿童阅读课程化实践研究

605. 普通高中学生数学自主创新学习能力培养研究

606. 新时代加强小学劳动教育策略研究

607. 运用信息技术构建小学高效课堂策略研究

608. 立德树人背景下初中生家国情怀意识培育研究

609. 科学入学准备视域下幼儿自我管理的实践研究

610. 建构主义理念下高中英语读后续写教学策略研究

611. 高中数学"自主探究式"学本课堂实践研究

612. 小学班级社会化立体管理实践研究

613. 语文主题学习培育农村学生读写能力的策略研究

614. 经典诵读促进小学生人格养成的研究

615. 素质拓展游戏对大班幼儿合作能力发展的实践研究

616. 高中班级文化建设的实践研究

617. 初中课堂教学中学生自主学习能力培养策略研究

618. 小学社团活动资源整合的实践研究

619. 幼儿园多元化体能活动研究

620. 山区县高中生课业负担调查与减负对策研究

621. 小学语文"有目的阅读"策略研究

622. 传统文化与高中语文教学融合研究

623. 农村初中体育教学与健康教育有效融合的实践研究

624. 初中学困生成因及教育策略的研究结题报告

625. 小学古诗词吟唱教学策略研究

626. 核心素养背景下初中班级文化建设策略研究

627. 中学作文教学生活化研究

628. 提升小学班队会活动有效性的实践研究

629. 农村初中班主任幸福指数提升途径研究

630. 核心素养下初中道德与法治生活化教学的实践研究

631. 农村小学留守儿童教育策略研究

632. 高中生在英语学习中如何运用英语阅读策略的研究

633. 初中数学个性化作业设计和应用研究

634. 基于中原美育精神的地域主题性课程实施策略研究

635. 新课改下农村高中合作学习方式现状及对策研究

636. 依托化学实验情境培养学生科学探究与创新意识的策略研究

637. 小学教师教学反思策略研究

638. 尊重生命幸福成长办园理念实践研究

639. 微课在聋校多学科教学中的应用模式研究

640. 突破初中英语单词记忆障碍的策略与研究

641. 安吉游戏视域下幼儿园劳动游戏实践研究

642. 初中语文必读名著个性化阅读策略研究

643. 基于学生核心素养培养的小学语文阅读教学研究

644. 农村初中语文学科综合性学习实施策略的研究

645. 基于深度学习的初中语文阅读教学的策略研究

646. 高中英语语法教学策略研究

647. 初中数学线上线下混合式教学实践研究

648. 高中学段"师徒结对"师资培养策略研究

649. 核心素养下高中数学"试错"教学策略研究

650. "中医药文化进校园"活动对高中生综合素养提升的研究

651. 基于立德树人的中学地理探究式教学研究

652. 高中思想政治课议题式教学的运用研究

653. 高中美术欣赏教学的策略研究

654. 城乡接合部初中生自我管理能力培养策略研究

655. 利用节日文化教育提升幼儿爱祖国爱家乡情感的策略研究

656. 信息化环境下课堂教学模式实践研究

657. 小学中高年级习作教学策略研究

658. 疫情背景下高中生物网络直播教学现状及对策研究

659. 微课设计与线上教学有效结合的策略研究

660. 高中化学学习中学生受挫成因及对策的研究

661. 基于地理核心素养下生活化情境素材的开发与应用研究

662. 幼儿安全意识和自我保护能力培养的研究

663. 小学语文统编教材中优秀传统文化类文本教学实践研究

664. 廿四节气背景下幼儿园树木资源课程化研究

665. 小学梯度作文的教学实践研究

666. 网络背景下提升教师培训者教育科研能力的实践研究

667. 小学数学教具优化研究

668. 提高小学高年级学生计算能力的策略研究

669. 小学高年级课堂融合数学文化的实践研究

670. 小学数学教学渗透数学思想方法实验研究

671. 基于思维品质培养的小学英语教材整合的研究

672. 小学课堂教学中发展学生问题意识的研究

673. 小学古诗多维改写提高写作能力实践研究

674. 特殊教育学校小学语文识字写字教学研究

675. 农村中学生自主学习能力培养的实践探究

676. 新时代多元化背景下聋童分级阅读的实践与研究

677. 大班幼儿早期阅读能力培养策略研究

678. 新时代农村初中教师与家长间有效沟通的研究

679. 核心素养下聚焦文化意识的高中英语阅读教学探究

680. 数学文化在高三复习教学中渗透的研究

681. 部编新教材"家乡文化生活"校本课程开发与实施策略研究

682. 借助思维导图在小学低年级段进行语文教学的研究

683. 数学文化与小学数学教学有效融合的课例研究

684. 疫情下高中历史教学构建师生学习共同体的策略研究

685. 小学"古诗词小古文"主问题板块式教学研究

686. 初中语文非连续性文本阅读教学策略研究

687. 运用写作支架提升初中生独立写作能力的研究

688. 项目式学习在课程教学中的应用

689. 地理知识融入幼儿园社会领域教育活动的实践研究

690. 游戏化视野下初中数学课堂模式研究

691. 高考二轮复习中学生存在问题研究

692. 基于核心素养的农耕实践与学科教学融合研究

693. 新高考背景下考生多元化选择研究

694. STEAM 教育理念在自制教具活动中的应用研究

695. 高中生物理学科科学思维能力提高策略研究

696. 高中物理概念教学中情境创设策略研究

697. 小学生数学建模能力培养研究

698. 互联网＋视野下初中课外文体活动策略研究

699. 立德树人与养成教育有效融合的研究

700. 高中物理学科探究教学实践研究

701. 中学生心理健康教育研究

702．古诗文诵读提升小学生语文素养的实践研究

703．传统教学与现代信息技术教学优势互补研究

704．基于班本活动的县域民俗文化传承实践研究

705．运用读写模式提高县城高中生英语词汇学习效率的研究

706．核心素养下小学数学综合与实践课教学研究

707．高考改革背景下艺术教学实践研究

708．山区普通高中教育困境研究

709．利用中国传统节日对小学生进行中华传统文化教育的研究

710．小学数学教学情境创设和运用研究

711．提升核心素养减轻学生课业负担的研究

712．新时代乡村高中特色教育研究

713．互联网时代小学数学教学渗透生活的研究

714．高中班级边缘生转化策略研究

715．城郊接合部学校提升班主任工作有效性策略研究

716．情景设置在小学课堂中的应用研究

717．目标引领下高效课堂模式实践研究

718．基于核心素养的生物教学资源开发及应用研究

719．中学英语高效课堂教学策略研究

720．基于智慧教室的学生个性化学习实践研究

721．信息技术在班级管理中的运用研究

722．信息技术优化小学"语文百花园"教学的研究

723．农村小学学困生成因及对策研究

724．小学留守学生闲暇生活现状调查研究

725．学本教学模式下中学生合作学习方式研究

726．基于"生命观念"的高中生物课堂教学行为研究

727．核心素养背景下小学生养成教育实践研究

728．基于核心素养的初中生自我管理能力提升策略研究

729．农村初中生作文教学指导策略研究

730．核心素养视野下初中数学综合与实践教学策略研究

731．新时代县级普通高中劳动教育实践研究

732．目标尝试教学法在化学实验教学中的应用研究

733. 县域小学数学学困生成因调查研究

734. 农村小学生课外阅读指导策略研究

735. 小学高年级学生数学符号意识培养策略研究

736. 小学高年级语文习作教学策略研究

737. 青少年心理危机源及干预策略研究

738. 小学学科核心素养与课程思政研究

739. 基于核心素养导向的学科融合教学实践研究

740. 留守小学生心理健康水平评估与心理危机预防对策研究

741. 初中数学概念课五步三循环教学模式研究

742. 进城务工人员子女良好习惯养成策略研究

743. "先学后教"小学数学课堂模式研究

744. 中小学"渐进式"阅读教学研究

745. 讲好中国故事增强中小学生文化自信实践研究

746. 罗氏 DMLB 硬笔书法教学法在小学语文写字课堂应用实验研究

747. 以新型师生关系提高课堂效率的实践研究

748. 核心素养下小学数学计算教学模式研究

749. 小学中高段整本书阅读教学策略研究

750. 幼儿园生态教育课程体系建构研究

751. 初中阶段劳动教育融入社会主义核心价值观的行动研究

752. 基于核心素养的小学数学作业设计研究

753. 推进父亲在亲职教育中有效参与的策略研究

754. 幼儿园食育课程建构的实践研究

755. 新课程背景下高中英语阅读教学研究

756. 新时代中学生道德自律的困境与提升路径研究

757. 新高考下高中英语以读促写教学模式的应用研究

758. 启发式教学在中小学课堂教学中的应用研究

759. 基于学生核心素养的"学思结合师生互动"教学模式研究

760. 学前教育视角下"四位一体"教育合作研究

761. 运用思维导图梳理数学错题的应用研究

762. 信息技术与其他学科教学深度融合研究

763. 小学语文目标跟踪式课例实践研究

764．基于语文学科核心素养的初中语文教学设计研究

765．幼儿园户外体育活动中游戏材料投放的有效性研究

766．生命教育语文学科化在非常时期的应用研究

767．幼儿园晨间谈话教师指导策略研究

768．疫情防控背景下线上教学优化策略研究

769．高中生数学运算素养低下的原因及对策研究

770．"3+1"高效课堂模式下小组合作学习实践研究

771．基于综合实践活动的小学生命教育实践研究

772．基于课程标准的数学课堂学习目标设置研究

773．书香班级建设的实践研究

774．几何画板在高中数学教学中的应用研究

775．小学语文口语交际课堂教学策略研究

776．基于核心素养视角下的高中化学教学研究

777．信息技术在高中化学教学中的应用研究

778．经典诵读与高中语文教学结合的研究

779．核心素养视域下高中作文课堂教学研究

780．中学大班的教学问题与对策研究

781．核心素养下思维导图优化高中英语阅读教学策略研究

782．新高考背景下高中数学学困生教学策略研究

783．高中生物核心素养中社会责任培养的实践研究

784．小学低年级学生自主识字教学研究方法

785．史料教学在高中历史课堂中的应用研究

786．小学主题班会渗透红色基因实践研究

787．基于深度学习的高中数学教学策略的研究

788．中小学阅读教学中培养学生语文意识的实践研究

789．结合农村生活实践开展高中生物教学的研究

790．初中物理学习兴趣培养研究

791．依托记录卡促进小学生个性习作的研究

792．指向社会热点下的"项目式学习"开发与实施研究

793．基于"双线管理"的小学高段语文阅读教学研究

794．深度学习下微课纠错教学研究

795. 以校本教研推进高中英语人文课堂的策略研究

796. 红色文化与初中语文课堂融合的现状、问题与对策的研究

797. 童蒙养正——小学生品格塑造的实践研究

798. 利用传统礼俗加强高中德育工作研究

799. 初中英语互动课堂教学研究

800. 地域文化融入幼儿园美术课程资源的实践研究

801. 以读促写以写促学理念指导下小学语文多文本阅读教学策略研究

802. 农村小学语文拓展性主题阅读的实践研究

803. 基于地域文化的幼儿园"非遗课程"开发与实施

804. 名师工作室引领幼儿园教师专业成长实践研究

805. 基于核心素养的高中英语外刊阅读教学应用研究

806. 新高考评价体系下教师专业化成长实践研究

807. "5+1"教学模式在高中语文现代文阅读教学中的应用研究

808. 关于××市中学生学业负担状况及成因研究

809. 基于现代教育技术的区域教研实践研究

810. 小学英语课堂中情景教学策略的研究

811. 深度学习视域下小学数学教学评价方式研究

812. 英语深度阅读对初中生思维品质培养的价值研究

813. 小学数学课堂中合作学习的方式与操作研究

814. 新形势下培育学生健康人生的行动研究

815. 中小学教师保持工作积极性的策略研究

816. 疫情下高中数学线上教学实践研究

817. 初中道德与法治课教学与信息技术融合的研究

818. 初中群文阅读读写结合策略研究

819. 县域幼儿园提高托育服务质量的实践研究

820. 幼儿园绘本创作对幼儿品格发展影响的研究

821. 乡土地理资源在地理教学中的应用研究

822. 幼儿园混龄教育促进幼儿社会性发展的实践研究

823. 家校共育中的中学生心理健康教育研究

824. 小学语文课外阅读指导策略研究

825. 智障学生心理健康教育的方法策略

826. 疫情下小学教师信息技术素养培养策略研究

827. 小学生经典诵读与养成教育融合的实践研究

828. 小学高段语文"1+X"多文本阅读与写作整合的策略研究

829. 高中语文整本书阅读课程化研究

830. 小学生课内外阅读指导策略研究

831. 中小学生正确网络观的课堂培养研究

832. 新课程改革实践中普通高中"五育并举"模式探索

833. 核心素养视域下中学地理教学评价研究

834. 体验式学习在小学数学教学中的应用研究

835. 深度学习视角下小学数学微实践作业设计的研究

836. 小学生整本书阅读指导策略的研究

837. 城镇化进程中思维可视法在小学语文教学中的应用研究

838. 基于项目式教学促进学生学科核心素养发展的实践研究

839. 大概念视角下高中思政课议题式教学优化研究

840. "以读促写"在小学语文教学中的探索与实践

841. 核心素养下小学生数学符号意识培养的方法研究

842. 依托乡土资源开发初中研学旅行课程的实践研究

843. 新时代山区特岗教师专业发展的对策研究

844. 开设田园劳动教育课程培养"农夫精神"实践研究

845. 镇域"3+2"幼小一体协同发展实践研究

846. 核心素养下高中英语应用文写作教学策略研究

847. 中小学组合式居家体能训练课程实践研究

848. 疫情背景下初中道德与法治教学有效性研究

849. 高中历史教学开展党史教育实践研究

850. 新时代初中班主任工作策略研究

851. 小学低年级数学游戏课程实践研究

852. 思维导图辅助高中古诗词教学实践研究

853. 培智学生家长亲职压力现状调查研究

854. 以垃圾分类促进幼儿环保行为的实践研究

855. 小学语文阅读教学思维导图应用研究

856. 分级阅读在高中英语自主教学中的应用研究

857. 翻转课堂在艺术特色高中教学中的应用研究

858. 小学语文单元整组教学的实践研究

859. 情景法在小学语文古诗词教学中的应用研究

860. 新时代高中语文"和"文化传承的研究

861. 信息技术与农村小学数学课堂教学深度融合的研究

862. 县域乡村教育振兴问题研究

863. 教育信息化与课程融合语境下的多模态中学课堂生态研究

864. 新闻时评在语文作文教学中的应用研究

865. 依托文本激发中年级学生创编歌曲能力的研究

866. 疫情下初中语文作文线上教学研究

867. 初中生语文阅读由浅入深的能力培养研究

868. 物理数字化实验教学案例及应用效果评价研究

869. 小学语文"快乐读书吧"内容编排与教学策略研究

870. 新时代君子文化融入青少年思想道德教育的路径研究

871. 信息技术环境下提高县城高中课堂教学效率的实践研究

872. 基于核心素养优化学生数学思维的实践研究

873. 中学数学教学落实学科核心素养案例研究

874. 疫情期间激发学生学习内驱力的方法途径研究

875. 疫情背景下的农村中小学爱国教育实践活动研究

876. 以绘本"绘与写"开展阅读教学的案例研究

877. 以多彩活动培养小学生健康人格的实践研究

878. 依托变式训练提升小学生数学思维能力的实践研究

879. 运用"电子白板"优化初中课堂教学的实践研究

880. 高中历史课程落实立德树人的实践研究

881. 小学语文低年级写话教学策略研究

882. 小学数学解决问题策略的研究

883. 小学生全科阅读"一针穿一线"法实践研究

884. 中职教师在教育教学中有效反思的实践研究

885. 疫情背景下中职学校 SPOC 混合式教学模式研究

886. 核心素养理念下小学数学课堂情感教学策略研究

887. 初中数学分层教学的实践研究

888．基于提高学生感受力的写作教学实践研究

889．运用"任务驱动法"构建信息技术高效课堂的教学研究

890．县域义务教育一体化背景下城乡学校结对帮扶研究

891．核心素养导向下统计与概率深度学习案例研究

892．新课标背景下创设和谐高中物理课堂的策略研究

893．学科核心素养视野下高中英语批判性阅读教学策略研究

894．核心素养视角下高中英语阅读教学策略研究

895．小学生自主阅读能力培养研究

896．家庭教育生活化亲子陪伴活动指导策略的研究

897．小学数学教学中教具与学具的开发及应用研究

898．高中政治教学中学案设计的创新性研究

899．县域高中校级名师工作室发展模式研究

900．创意足球游戏的本土化研究

901．基于文本分析下的高考英语阅读"七选五"教学策略的研究

902．小学语文课程资源开发和利用研究

903．中学生厌学情绪调查研究

904．农村高中培养学生自主学习能力的研究

905．高中"物理模型教学法"实践研究

906．新冠疫情下的高中作文教学研究

907．数学学习动机激发的有效策略研究

908．小学德育家校社共育策略研究

909．家校共育安置区初中生幸福生涯综合性实践研究报告

910．核心素养视域下高中主题班会的有效设计与实践研究

911．中华优秀传统文化融入德育课程策略研究

912．高考数学命题中学科核心素养的考查方式方法研究

913．中学奥林匹克竞赛教学策略及管理模式的研究

914．高中生研究能力培养案例研究

915．基于成长共同体的家校共育方式实证研究

916．整合高校场馆资源开发小学馆校课程实践研究

917．基于证据的教学融入"优悦"课堂的案例研究

918．基于全面提高教育质量的中小学党建创新路径研究

919. 基于学科核心素养的初中生急救课程实施研究

920. 疫情灾难背景下初中德育活动课程实践研究

921. 小学跨学科项目式学习案例研究

922. 红色文化教育融入小学多学科教学的策略研究

923. 小学书法教学"1+1"双师融合策略研究

924. 小学美术与音乐学科融合的策略研究

925. 家校合作开展小学生劳动教育的实践与研究

926. 户外自主游戏提高小班幼儿同伴交往能力的策略研究

927. 幼儿道德发展模式与思政下秩序感培养实践研究

928. 文化传承视野下的幼儿园水墨画教学实践研究

929. 疫情期间大班幼儿家庭教育需求及策略研究

930. 基于 STEAM 理念的幼儿园环境创设实践研究

931. 量化积分制在高中班级管理中的应用研究

932. 在高中思政课中加强党史教育落实学科核心素养的实践研究

933. 学科核心素养下高中英语词汇教学策略的研究

934. 自然教育理念下幼儿教师推进生成活动的实践研究

935. 幼儿园田园课程开发实践研究

936. 初中学生综合素质评价体系构建研究

937. 新时代区域德育一体化工作体系构建研究

938. 基于培养核心素养的高中社团活动实践研究

939. 初中学生心理健康教育强化策略研究

940. 初中学生综合素质评价实践研究

941. 推进中小学综合实践活动拓宽育人途径研究

942. 新时代背景下小学数学实践活动拓宽育人途径研究

943. 网络环境下初中生心理问题及教育干预研究

944. 普通高中学困生发展研究

945. 依托名师工作室提升薄弱县区教师专业能力研究

946. 小学生心理健康教育有效实施策略研究

947. 新时代普通高中多样化特色办学实践研究

948. 农村普通高中班主任与学生有效沟通策略研究

949. ××省中小学心理健康教育质量监测与提升策略研究

950. 普通高中育人方式转型的策略和实践研究

951. 小学阶段综合素质评价校本化实施策略研究

952. 基于小组合作的初中班主任工作策略研究

953. 以"有机适应型组织"理论构建区域教研联盟的实践研究

954. 未来学校视角下高中班主任胜任力提升方法研究

955. 儿童本位的深度家园共育创新实践研究

956. 基于立德树人的新时代普通高中班级文化建设研究

957. 新时代普通高中主题班会策划与实施研究

958. 小学集团化办学高效管理实践研究

959. 弘扬大别山精神促进中小学立德树人的行动研究

960. 义务教育阶段学校德育一体化课程开发研究

961. 朋辈教育理念下高中班主任工作策略研究

962. 基于本土历史文化资源的普通高中研学活动策略研究

963. 中小学班主任"学生安全社交能力"培养策略研究

964. 基于深度学习的小学课程实施策略研究

965. 新课改理念下中学生批判性思维培养策略研究

966. 少先队传承红色基因的路径研究

967. 少先队员综合素养评价指标体系研究

968. 少先队常规管理策略创新研究

969. 基于积极心理品质提升的少先队榜样教育实践研究

970. "红色文化"少先队校本课程建设研究

971. 新时代少先队员阶梯式成长激励体系研究

972. 依托"少年团校"构建新时代初中团队一体化红色基因链条实践研究

973. 少先队活动育人创新实践研究

974. 新时代小学生红领巾争章活动策略研究

975. 增强少先队员文化自信的实践研究

976. 农村小学少先队社团活动途径研究

977. 以传统节日文化为主题的少先队活动研究

978. 新时代少先队工农劳动教育实践研究

979. 基于文明素养提升的少先队礼仪教育实践研究

980. 少先队主题活动与小学生品德教育融合的策略研究

981. 社会主义核心价值观融入山区学校教育的团队衔接策略研究

982. 基于全面发展的少先队微队课开发与应用研究

983. 新时代少先队活动传承红色基因的实践研究

984. 少先队弘扬传统节日文化实践研究

985. 自主教育理念下少先队实践活动研究

986. 新时代好少年核心素养培育机制的研究

987. 少先队提高德育实效性的实践研究

988. 政治性与儿童性相融合的少先队活动研究

989. 少先队活动课程传承优秀传统文化实践研究

990. 依托本土红色资源实施红领巾奖章活动的实践研究

991. 中小学实验教学管理机制研究

992. 基于安阳地方文化资源的研学旅行课程研究

993. 现代教育装备在小学作业评价中应用的实践研究

994. 立足高中语文综合实践活动的乡土课程资源开发与研究

995. 小学语文综合性实践活动中地方特色传统文化资源的开发与研究

996. 基于"实习、实验、实践"的综合实践活动课程资源的开发与应用的研究

997. 重构中小学教室照明环境研究

998. 中小学研学旅行课程开发研究

999. 中学创新实验室在 STEAM 教育中应用的研究

1000. 综合实践活动创客空间研究

1001. 创新创客教育推进策略研究

1002. 交互白板一体机在农村中小学课堂教学中的应用研究

1003. 人工智能装备在中小学教育教学中的运用研究

1004. 小学创客空间建设和学科融合的实践研究

1005. ××市及周边地区研学旅行课程的开发与研究

1006. 校外教育与校内教育衔接机制研究

1007. 信息技术在高中物理教学中的应用

1008. 云白板对提高小学数学课堂效率的应用研究

1009. 微课资源与中招实验加试深度融合的研究

1010. 信息技术环境下教学方式优化研究

1011．依托教育装备落实活动育人的实践研究

1012．综合实践活动教学评价研究

1013．虚拟现实技术在初中理化实验教学中的应用研究

1014．中小学开放专用教室开展学生自主实验的实践研究

1015．新技术在中小学实验室建设的应用研究

1016．中小学图书馆图书适应性评价研究

1017．综合防控儿童青少年近视装备解决方案

1018．小学科学实验教学有效性策略的研究

1019．小学综合实践教育基地特色课程开发与实施研究

1020．中小学劳动教育时代特征及路径研究

1021．××族高中生数学学习兴趣培养策略研究

1022．初中语文综合性学习校本化设计与实施研究

1023．基于哈萨克族中学生数据分析素养的中学数学课堂教学研究

1024．初中语文援疆教学典型课例研究

1025．援疆英语教学中培养学生讲述发展好故事能力实践研究

1026．核心素养下数学迁移在高中数学教学中的研究

1027．微课在高中英语语法教学中的应用研究

1028．依托援疆教师提升边疆学校教师专业能力的策略研究

1029．边疆民汉学生小学低段数学计算能力提升策略研究

1030．××民族地区思政教育融入国通语教育的路径研究

1031．基于受援地学情的初中数学教学策略研究

1032．根据受援地学情优化英语教学方式的策略研究

1033．基于核心素养的小学语文情境教学研究

1034．比较法对团场学校阅读教学效能影响的研究

1035．××边疆地区"原生态"习作教学研究

1036．××中学传承中华优秀传统文化实践研究

1037．有氧教育理念下兵团学校英语教学实践研究

1038．中学语文教学落实立德树人根本任务实践研究

1039．基于学情培养初中生信息技术学习兴趣的行动研究

1040．中学生数学学科核心素养培育方法与途径研究

1041．以多样化评价促进兵团中学生历史学习的实践研究

1042. 数字校园环境下小学作文能力个性发展促进策略研究

1043. ××受援学校民族团结教育实践研究

1044. 中华古诗词歌曲融入团场中小学音乐教学的行动研究

1045. 牧区少数民族小学生学习国家通用语言文字的策略研究

1046. 基于提高少数民族学生习作水平的多元积累教学实践研究

1047. 少数民族学生国语水平的多元化提升策略研究

1048. 国学经典引领少数民族中小学生尚德明礼实践研究

1049. 教育戏剧融入小学语文课堂的实践研究

1050. 运用信息技术提升边疆地区学生英语听说能力策略的研究

1051. 中学生地理综合思维方法的培养实践研究

1052. ××学校国语教学融合网络教学资源的实践研究

1053. ××受援地中学生道德与法治学习方式转变策略研究

1054. ××小学生口语交际能力培养策略研究

1055. 基于学情落实初中课程标准的实践研究

1056. 小学数学教学融合信息技术的实践研究

1057. 基于语文核心素养的多民族混合班级课堂教学研究

1058. 小学语文课内阅读与课外阅读结合策略研究

1059. 民族高中学生作文强化训练的实验研究

1060. 初中语文经典诵读实践研究结项材料

1061. 初中数学结果性反思教学行动研究

1062. 小学科学课程融合信息技术教学实践研究

1063. 新时代团场学校思政课教育效能提升策略研究

1064. 青年教师语言表达能力提升实用技术研究

1065. 中学历史教学兵团精神进课堂实践研究

1066. 基于学科核心素养的高中物理课堂教学目标的构建及达成策略研究

1067. 基于开封经验的哈密高中分层教学策略研究

1068. 基于××地域文化的中学课程资源开发

1069. 学科核心素养下高中政史课堂落实爱国主义教育的实践研究

1070. ××教育人才"组团式"精准智慧援疆模式实践研究

1071. "做有未来的教育"区域研究与实践

1072. 基于学习力理论的中小学学业导师课程研究

1073．小学劳动教育与课程资源整合的实践研究

1074．中华优秀传统文化融入幼儿园教育实践研究

1075．智能时代县域教师队伍建设实践研究——以中小学教师研修为例

1076．新时代中小学青年教师专业发展的实践研究

1077．新中国70年来××（省）高等教育的成就与经验研究

1078．"互联网＋"条件下高校教师信息化教学能力提升研究

1079．××省学前教育保教质量监测研究

1080．新时代××省城乡义务教育一体化发展研究

1081．"一带一路"背景下××（地区）中医药对外教育的区域化国际合作策略研究

1082．"一带一路"背景下××（省）高职教育对外开放战略研究

1083．深化××（省）高校民族团结进步教育的有效途径研究

1084．××（省）多民族地区老年教育对积极老龄化的影响研究

1085．××省师范生公共精神的现状及培育路径研究

1086．××省高校本科专业综合评价指标体系的理论与实践运用研究

1087．××省高等教育评估监测信息化平台和数据库建设研究

1088．"一带一路"背景下物流人才培养模式创新研究

1089．中学历史教学中家国情怀素养培育研究

1090．特殊教育幸福课堂"3+2"增效模式研究

1091．新时代立德树人背景下初中学段"家－校－社会"协同育人模式研究

1092．幼儿园主题建构游戏开发与实施研究

1093．视障儿童自我意识与行为问题的关系研究

1094．小学阶段走班制综合实践课与提升学生核心素养实践研究

1095．小学语文图导式作文教学研究

1096．大数据背景下应用型本科会计人才培养研究

1097．基于实践共同体的职前职后教师专业发展一体化研究

1098．基于信息化智慧课堂的混合教学模式研究—以高校数学类课程为例

1099．"一带一路"背景下××（省）边境高校教育对外开放战略研究

1100．××省"撤点并校"留置资源服务农村全民健身的机制研究

1101．音乐治疗在视力障碍儿童心理健康教育中的实践与应用研究

1102．基于学习任务群的高中语文微课设计与应用研究

1103. 心理资本视域下大学生思想政治教育的有效性研究

1104. 新时代下以易班为载体的高校网络思政育人模式构建研究

1105. 课程思政背景下 ×× 省高校大学生网络素养教育途径研究

1106. 高校非自杀性自伤行为学生的心理干预研究

1107. 重要庆典、纪念活动与高校思想政治教育联动的仪式教育实践研究

1108. ×× 省高校辅导员职业幸福感影响因素及提升路径研究

1109. 团体沙盘游戏在大学生心理健康教育中的应用研究

1110. 新时代高职院校学生劳动教育途径研究

1111. 民办高校大学生性心理健康教育与干预方案效果研究

1112. 高校基层党建信息化过程中潜在风险度量模型研究

1113. 总体国家安全观视野下 ×× 省高校国家安全教育慕课研究

1114. 自媒体时代基于大数据分析的高校宗教渗透研判与防范研究

1115. "双高计划"背景下 ××（省）高职院校"三全育人"长效机制与实施路径研究

1116. 高校学生党员发展质量提升创新研究

1117. 高校形成"三全育人"工作格局应用研究

1118. 新时代干部队伍建设视阈下高校干部人事档案工作规范化建设研究

1119. 统筹推进高校和驻地城市基层党建结对共建研究

1120. 高校工会在全员、全程、全方位育人工作格局中的地位和作用研究

1121. 民族院校抵御宗教渗透和防范校园传教对策研究

1122. 基于学习通的"原理"课对分课堂教学改革研究

1123. 推进 ×× 省大中小学特殊教育学校听障学生思政课教学与教材一体化建设对策研究

1124. 美育与高校思想政治理论课有效性融合研究

1125. ×× 省乡村中小学生积极心理品质培养和提升策略研究

1126. 基于 ARCS 模型的省内高职院校德育主题班会开展实效性研究

1127. 大思政背景下地方高校第二课堂立德树人的内涵提升机制研究

1128. ×× 市推进初中思想政治理论课改革创新对策研究

1129. 中小学生积极心理品质培育实践与效果研究

1130. 推进高职院校思想政治理论课实践教学改革创新对策研究

1131. 劳动教育对中小学生心理健康影响研究

1132．基于新高考背景下中学生涯规划课程践行应用研究

1133．绘本创作在中职听障学生积极心理培育中的作用研究

1134．加强小学思想政治教师队伍建设的对策研究

1135．义务教育道德与法治课程衔接的实践研究

1136．新时代中职班主任专业素养提升策略研究（以××市为例）

1137．基于中小学党支部"五强五好"党组织建设的对策研究

1138．小学生积极心理品质培育策略研究

1139．普通高中心理健康教育工作的实效性研究

1140．新考试背景下政史地学科校本教材开发研究

1141．红色文化教育下学校党建与教学融合模式研究

1142．劳动教育对中小学生心理健康影响研究

1143．"互联网+"××省城乡继续医学教育均衡发展的路径研究

1144．基于核心素养的初中语文任务写作教学策略研究

1145．基于教师专业发展的中学校本研修实效性研究

1146．基于网络平台的小学生学习习惯观察与培养的实践研究

1147．以小课题研究促进教师专业发展的实践研究

1148．基于STEAM教育理念的聋哑学校手工校本课程开发研究

1149．基于儿童立场的幼儿德育课程开发与实施研究

1150．××市人教版PEP小学英语语音校本课程开发的实践应用与推广研究

1151．"文学圈"在小学生深度阅读中的实践研究

1152．基于儿童立场的幼儿民族团结教育实践研究

1153．基于语言建构的练语悟文策略研究

1154．××省青少年校园足球精英训练营发展模式研究

1155．城市幼儿园劳动启蒙教育生活化的实践研究

1156．指向入学适应能力培养的幼儿园一日活动中幼小衔接的实践研究

1157．××省学前教育资源配置的空间协调性研究

1158．"和"文化背景下幼儿园传统节日课程的开发与实践研究

1159．基于PPP融资下的云南省普惠性学前教育办学模式应用研究

1160．以生态文明教育促进幼儿园文化建设的实践研究

1161．自主游戏活动中提升幼儿问题解决能力的实践研究

1162. ××（省）边境民族地区普惠性学前教育发展研究

1163. 城乡学前教育一体化实践探索

1164. "语文+"校本课程及其评价体系研究

1165. 核心素养背景下的小学数学概念教学策略研究

1166. "生态语文"阅读观在小学统编教材中的实践研究

1167. 小学数学课堂教学中渗透数学文化的实践研究

1168. 核心素养视域下小学数学教材教法实践研究

1169. 道德叙事在小学《道德与法治》课程中的实践研究

1170. ××（省）少数民族特色资源与中小学版画综合实践活动融合的探究

1171. 集团化办学中高素质教师队伍建设的实践研究

1172. 基于人工智能的城市小学劳动教育课程开发与实施的研究

1173. 基于城市生态建设背景下的小学生态教育的实践研究

1174. 基于语文要素的小学生阅读能力评价实践研究

1175. ××（省）边境民族地区百年小学发展研究

1176. 小学生态文明教育校本课程开发的实践研究

1177. 基于项目式学习的小学心理健康教育课程建设与实施模式研究

1178. "汉字带我游××（地区）"识字教学在小学低段的实践研究

1179. 小学数学问题解决中数学思想方法的实践研究

1180. 核心素养理念下中学语文、思政、历史、地理跨学科融合教学的实践研究

1181. ××地区新型城镇化进程中基础教育响应机制研究

1182. 基于"放管服"改革背景下民办教育集团化办学内部治理的实践研究

1183. 元认知与核心素养视域下的高中化学教学实践研究

1184. 指向核心素养培育的高中物理新教材教学实践策略的整合研究

1185. 基于physical literacy的基础教育体育课程衔接研究

1186. 中考体育改革背景下，市初中体育教学现状与对策研究

1187. 利用异步专递课推进边疆少数民族地区实现教育优质均衡的实践研究

1188. 基于核心素养的高中语文深度学习项目建构与实践研究

1189. 通过名师工作室支教构建城乡英语教师学习共同体的研究

1190. 中学生法制观念培育的方式研究

1191. 部编版初中语文记叙文群文读写转化教学策略研究

1192．基于大数据诊断精准改进普通高中教学的策略研究

1193．核心素养视域下县域高中生涯规划教育与学科教学融合研究

1194．初中物理"微探究"问题情境的创设与实践研究

1195．现代教育视野下培智学校性教育课程的开发与实践研究

1196．新时代××（省）县域基础教育教研水平评估研究

1197．初中生物学实践性校本课程的开发与教学研究

1198．"互联网+"背景下区域性科学教师专业成长的行动研究

1199．初中化学数字化实验教学案例开发及其运用研究

1200．基于垃圾分类的中学环境教育实践研究

1201．基于智能手机内置传感器的中学物理设计性实验研究

1202．××（地区）易地扶贫搬迁学龄儿童基础教育质量保障研究

1203．后疫情时代××省高校毕业生就业质量调查研究

1204．终身学习下基于继续教育为主的不同学习成果之间学分认定与转换研究

1205．××省高等教育国际化发展中的问题及对策研究

1206．××高等教育发展中政府与学校关系及治理效能研究

1207．基于人格靶向干预的校园欺凌防治策略研究

1208．"一带一路"倡议下××（省）职业教育国际化发展的模式及支持政策研究

1209．边疆民族地区教育治理现代化的法治路径研究

1210．高中新教材任务群视野下的群文阅读教学策略研究

1211．边疆少数民族地区乡村教师社会生活现状调查研究

1212．新时代××（省）"体教融合"发展的理念、方法及路径研究

1213．边疆少数民族地区农村初中学生易辍学现状及控辍策略研究

1214．××（省）边疆民族地区留守儿童教育与关爱服务长效机制研究

1215．汉语及工作记忆训练对民汉双语儿童数学学习的促进研究

1216．基于社会网络分析理论的突发公共事件下大学生心理危机干预研究

1217．××（省）民族自治县基础教育治理体系和治理能力现代化研究

1218．××（省）边境地区语文课程培育中华民族共同体意识研究

1219．跨文化视域下民族地区特岗教师专业发展研究

1220．基于"强基计划"的中学基础学科拓展类课程研究

1221. 数字经济时代地方高校本科会计人才的转型培养研究

1222. 县域中小学教育质量监测体系构建研究

1223. ××（省）农村学前教育可持续发展的路径及对策研究

1224. ××（省）边疆民族地区"县管校聘"教师管理制度的政策风险分析及规避策略研究

1225. 多元共治高校青春健康教育体系的构建与实践研究

1226. "三全育人"视域下高校劳动教育实践路径研究

1227. 基于 GeoGebra 的高中物理可视化教学资源开发及教学融合研究

1228. 1+X 证书制度下中职教育校企协同育人合作模式研究

1229. 基于主题教学下中段自闭症学生教育康复模式构建的研究

1230. 小学研学旅行活动课程设计与实践研究

1231. 高校辅导员骨干队伍"221"培养模式探索与实践

1232. 加强 ××（省）边境地区高校学生国家安全教育路径研究

1233. 全媒体时代 ××（省）省高校社会主义意识形态认同研究

1234. 运用革命文化资源提升 ×× 省高校思政课教学效果研究

1235. 政治巡视巡察对高校思想政治工作的监督维度研究

1236. 大中小学思政课一体化建设研究

1237. 学业付出回报失衡对贫困大学生积极心理资本的影响研究

1238. ×× 文化融入大中小幼实践课程一体化的行动研究

1239. 小学党建模式的创新实践研究

1240. 生态教育视域下的托幼一体化教育实践研究

1241. 基于幼儿学习品质提升的幼儿园课程生活化研究

1242. 新时代边疆民族地区幼儿园爱国主义教育课程建设实践研究

1243. 幼小衔接视野下大班幼儿社会适应能力培养的实践研究

1244. 基于 STEM 理念的幼儿园自然教育课程开发与实施研究

1245. 幼儿园户外活动安全风险防控的实践研究

1246. 现代重彩画在幼儿园美术活动中的运用研究

1247. 基于融合教育理念下学前听障儿童入园随班就读的实践研究

1248. 基于本土文化资源开发与利用的幼儿园德育实践研究

1249. 生态文明教育视域下的小学多元评价体系建构

1250. 滇东南苗族聚居地学校传承和弘扬芦笙文化的策略研究

1251．××（省或地区）乡村小学全科教师素养评价与提升研究

1252．边疆民族地区民族团结进步教育课程资源开发

1253．基于翻转课堂培养小学高年级学生数学素养的实践研究

1254．基于关键能力的小学语文课堂教学深度学习研究

1255．基于大数据的小学教师专业发展路径及提升策略研究

1256．基于义务教育质量监测结果应用的小学数学教师实践共同体建设路径研究

1257．××省乡镇小学铸牢中华民族共同体意识教育实践研究

1258．"立德树人"引领下大中小幼思政课一体化议题式教学实践研究

1259．小学数学个性化作业设计研究

1260．小学体育综合育人的实践探索与研究

1261．基于web的小学班级五项管理的实践研究

1262．基于新课程标准的小学数学教学改进实践研究

1263．乡村振兴背景下"直过民族"地区学校家庭社会协同育人策略与实施路径研究

1264．基于"作业管理"下的优化小学数学作业设计研究

1265．基于核心素养下的高中物理电磁学部分自制教具设计（开发）与应用研究

1266．初中数学专题复习课中开展"一题一课"的教学实践研究

1267．新时代普通高中卓越教师培养模式研究

1268．高中数学教师"教师即课程"专业化发展的行动研究

1269．以问题解决为导向的小学积极心理健康教育微课程研究

1270．核心素养导向的基于高中化学问题矩阵的单元整体化教学实践研究

1271．基于××省地方性资源的中学地理研学旅行校本课程开发研究

1272．依托问题式学案的高中地理新教材高效课堂模式的探索与实践研究

1273．基于以体育人的九年一贯制学校体育教学改革实践研究

1274．边境农村初级中学数学课程思政的理论与实践研究

1275．指向深度学习的初中语文大单元教学策略研究

1276．基于名师工作室构建初中英语跨区域教研共同体的实践研究

1277．基于核心素养的高中整体英语阅读教学实践研究

1278．教学评一体化的高中语文整本书阅读教学研究

1279．"三师课堂"在高中教育中的实践研究

1280．新时代边疆民族地区学生综合素质评价研究

1281．××（省、地区）农村基础教育学校教师专业发展研究

1282．大数据背景下中小学生心理测评标准化研究

1283．中小学依托中医药文化研修基地开展劳动教育的实践研究

1284．基于大数据的区域课堂学习真实性评价研究

1285．××少数民族地区非物质文化遗产融入中小学美术特色课程的实践研究

1286．乡村振兴背景下边疆地区劳动教育实施行动研究

1287．系统论视域下西南边疆民族地区学校德育体系建设的困境与对策研究

1288．"五育融合"视域下××（省、地区）农村学校教师评价体系更新研究

1289．基于大数据的"P–C–T"课堂教学模式和评价研究

1290．师范专业认证引领的云南省一流特殊教育专业建设探索与实践

1291．促进××农村基础教育学校教师专业发展的阅读路径研究

1292．园本课程儿歌创编的建构模式与写作范式研究

1293．××省中小学心理健康教育现状及发展策略研究

1294．非遗彝族左脚舞有机融入××（省、地区）中小学课程的实践研究

1295．××（地区）革命故事有机融入学前绘本阅读课程的实践研究

1296．"双减"背景下××（省、地区）中小学课后阅读服务研究

1297．基于多学科融合的××（省、地区）中小学生态美育实践研究

1298．基于深度学习的幼儿园课程设计与实践研究

1299．"双减"政策背景下云南省中小学校体育高效课堂构建研究

1300．××（省、地区）中学生厌学原因分析与对策研究

1301．铸牢中华民族共同体意识下的××（省、地区）学校民族传统体育发展研究

1302．××（省、地区）体育中考改革背景下初中体育课改革的现实困境及实践路径研究

1303．主题绘本在听障学生红色文化教育中的实施机制研究

1304．"文化回应"教学视域下××（省、地区）中小学生体育素养提升策略研究

1305．"双减"政策背景下滇西北地区校园足球高质量发展体系研究

1306．××（省、地区）优秀传统文化融入中小学思政课的教学探索

1307．××（省、地区）幼儿园师幼互动质量评价工具研究

1308．本土非物质文化遗产融入幼儿园各领域活动的实践研究

1309．幼儿入学准备教育的实践研究——基于绘本教育的探索

1310．解决同伴冲突促进幼儿社会情感能力发展的行动研究——以幼儿园户外自主游戏活动为例

1311．基于核心素养的小学生数学推理意识培养的策略研究

1312．基于××（省、地区）非物质文化遗产传承的小学思政课课程资源开发与运用研究

1313．"双减"背景下小学家校共育策略研究

1314．小学科学新课标达成策略及检测体系构建研究

1315．小学一二年级非纸笔测试项目实践与评价的研究

1316．义务教育课程标准实施难点突破之基于PDCA循环法的小学数学项目式学习优化研究

1317．基于立德树人的小学"学校—社工—家庭"服务育人的实践研究

1318．基于小学数学核心素养的一二年级游戏化无纸测评模式研究

1319．以××（省、地区）文化为载体培养小学生中华民族共同体意识的路径

1320．小学语文教学的"深度学习"策略探寻与实践研究

1321．区域义务教育质量监测增值评价模型的构建与实践研究

1322．核心素养背景下地方史与高中历史教学的融合

1323．初中地理新课程跨学科主题学习的实施策略与路径研究

1324．基于学科测试成绩数据分析的普通高中教学改进策略研究

1325．基于核心素养培养的高中地理大单元作业设计的实践研究

1326．传××精神 创新时代校园文化体系的实践研究

1327．基于"5E"教学模式的高中生物实验教学行动研究

1328．基于融媒体学习平台的高中语文深度教学模式研究

1329．基于学习进阶的物理可视化实验体系的开发与利用研究

1330．指向高阶思维培养的高中物理大单元作业设计研究

1331．××（省、地区）普通高中高一数学学困生初高中教学衔接的实践研

究

1332．××（省）"双新"（新高考、新课程）背景下高中数学高效课堂案例开发与实施策略研究

1333．语言运用之经验感同化教学实践研究

1334．核心素养下高中生物深度学习策略研究

1335．基于高中语文核心素养下的群文阅读教学实践研究

1336．"历史学科核心素养"课堂教学实践转化研究

1337．中小学心理健康教育现状分析及对策研究

1338．" 双减 " 背景下县区义务教育阶段作业优化设计实践研究

参考文献

1. 普利辉. 一线教师如何快速成长 [M]. 长沙：湖南人民出版社，2022.

2. 杨伟东. 基础教育教学课题研究十八问（方法篇）[M]. 郑州：大象出版社，2017.

3. 孙涛. 教育科研课题的选题与申报 [M]. 武汉：长江少年儿童出版社，2020.

4. 单鹰. 中小学教师如何做好课题研究 [M]. 北京：北京师范大学出版，2011.

5. 张肇丰. 从实践到文本：中小学教师研究写作方法导论 [M]. 上海：华东师范大学出版社，2016.

6. 郑金洲. 教师如何做研究 [M]. 上海：华东师范大学出版社，2012.

7. 李冲锋. 教师如何做课题 [M]. 上海：华东师范大学出版社，2013.

8. 徐世贵，刘恒贺. 教师怎样做小课题 [M]. 重庆：西南师范大学出版社，2011.

后　记 ①

百年大计，教育为本；教育大计，教师为本。

"建设社会主义现代化强国，对教师队伍建设提出新的更高要求，也对全党全社会尊师重教提出新的更高要求。"在 9 月 10 日教师节当天召开的全国教育大会上，习近平总书记发表重要讲话，站在党和国家事业发展全局的战略高度，对广大教师为国家发展和民族振兴作出的重大贡献给予了高度评价，对建设一支宏大的高素质专业化教师队伍寄予了殷切希望，对加强教师队伍建设提出了明确要求，极大地鼓舞和激励着广大教师在教书育人岗位上为党和人民事业作出新的更大的贡献。

教师是人类灵魂的工程师，是人类文明的传承者。在中华民族 5000 多年文明发展史上，英雄辈出，大师荟萃，都与一代又一代教师的辛勤耕耘是分不开的。新中国成立 69 年来，党和国家高度重视教育事业，建成了世界上最大规模的教育体系，保障了亿万人民群众受教育的权利，有力推动了经济社会发展。今天，我们拥有了 1600 多万人的教师队伍，这是一支了不起的力量。长期以来，广大教师贯彻党的教育方针，教书育人，呕心沥血，默默奉献，自觉承担起传播知识、传播思想、传播真理，塑造灵魂、塑造生命、塑造新人的时代重任，为党和人民培养了一批又一批优秀人才，赢得了全社会的广泛赞誉和普遍尊重。

"经师易得，人师难求。"一个人一生能遇到一位好老师，这是这个人的幸运；一个学校能拥有好老师，这是这个学校的光荣；一个民族拥有源源不断的好老师，这是这个民族发展的根本依靠、未来依托。在这个意义上说，对教师提出高标准、严要求，是天经地义的，既是对学生负责，也是对民族负责。今天，面对新时代新形势对教育提出的新的更高要求，面对建设社会主义现代化强国对教师队伍能

---

① 新华社北京 2018 年 9 月 15 日电 人民日报 9 月 16 日评论员文章:《建设高素质专业化教师队伍——论学习贯彻习近平总书记全国教育大会重要讲话》。

力和水平提出的新的更高要求，我们必须从战略高度上认识到加强教师队伍建设的重大意义，坚持把教师队伍建设作为基础工作，引导教师做有理想信念、有道德情操、有扎实学识、有仁爱之心的好老师，做学生锤炼品格、学习知识、创新思维、奉献祖国的引路人，致力于建设一支宏大的高素质专业化教师队伍。

教师是立教之本、兴教之源。建设高素质专业化教师队伍，就要把习近平总书记提出的明确要求落到实处。师德师风是评价教师队伍素质的第一标准，要拓宽教师文化视野，提高教师综合素养，加强教师教育体系建设，推动教师成为先进思想文化的传播者、党执政的坚定支持者、学生健康成长的指导者和引路人；人民教师无上光荣，每个教师都要珍惜这份光荣，爱惜这份职业，严格要求自己，不断完善自己，执着于教书育人，有热爱教育的定力、淡泊名利的坚守，用爱心培育爱、激发爱、传播爱；全党全社会要弘扬尊师重教的社会风尚，努力提高教师政治地位、社会地位、职业地位，让广大教师享有应有的社会声望，同时教育投入要更多向教师倾斜，不断提高教师待遇，让广大教师安心从教、热心从教。

"三寸粉笔，三尺讲台系国运；一颗丹心，一生秉烛铸民魂。"大力培养造就一支宏大的师德高尚、业务精湛、结构合理、充满活力的高素质专业化教师队伍，让广大教师更好担当起神圣职责使命，我们就一定能为加快推进教育现代化、建设教育强国、办好人民满意的教育打下坚实的基础。